U0620591

邵雍全集

[宋] 邵雍 著

郭彧 于天寶 點校

皇極經世 中

貳

邵堯夫

朱子贊先生像曰天挺人豪英邁蓋世駕風鞭霆歷覽無際手探月窟足躡天根閒中今古醉裏乾坤

上海古籍出版社

皇極經世卷第六

以運經世之七　觀物篇之三十一

經元之甲一
經會之午七
經運之己一百八十六
經世之子二千二百二十一
　經世之子二千二百二十一
甲子［前417年］周威烈王九年，魏城少梁。
乙丑［前416年］秦靈公卒，季父立，是謂簡公。
丙寅
丁卯［前414年］魏伐秦。韓伐鄭。
戊辰［前413年］齊伐晉。魏伐中山。
己巳

庚午［前411年］齊田莊子卒，子太公和繼。趙城平城。

辛未［前410年］魯元公卒，子顯繼，是謂穆公。

壬申［前409年］晉韓武子卒，子景侯虔繼。趙獻子卒，子烈侯藉繼。魏伐秦。

癸酉［前408年］韓伐鄭，取雍丘。魏滅中山。楚簡王卒，子當繼，是謂聲王。

甲戌［前407年］鄭伐韓，取負黍。

乙亥［前406年］宋昭公卒，子悼公購繼。趙以白公仲爲相。①

丙子［前405年］齊宣公卒，子康公貸繼，田會以廩丘叛。②

丁丑

戊寅［前403年］晉韓、趙、魏求爲諸侯于周。

己卯［前402年］周威烈王崩，太子驕嗣位，是謂安王。楚聲王遇盜卒，子疑立，是謂悼王。

庚辰［前401年］秦攻魏陽狐。③

辛巳［前400年］秦簡公卒，子惠公繼。韓景侯卒，子烈侯繼。趙烈侯卒，弟武侯立。魏文侯以

---

①「白」，四庫本作「田」。

②「廩丘」，原作「廩兵」，據四庫本改。

③「陽狐」，原作「陽孤」，據四庫本改。

卜子夏、段干木爲師，西門豹爲將守鄴，吴起爲將守西河，魏成子爲相，①樂羊爲將，同韓、趙伐楚，②至于乘丘。

壬午

癸未

甲申［前397年］韓，盜殺相俠累。

乙酉

丙戌［前395年］晉烈公卒，子孝公繼。

丁亥

戊子［前393年］魏伐鄭，城酸棗，又敗秦軍于注。③楚伐韓，取負黍。

己丑

庚寅［前391年］齊田和徙其君康公于海上，食一城。秦伐韓宜陽，取六邑。④韓、趙大敗楚師于大梁。

---

① 「魏」，四庫本作「田」。

② 「伐」，底本原作「代」，據四庫本改。

③ 「于」，底本不清楚，據四庫本補。

④ 「取六邑」，四庫本作「拔六城」。

辛卯［前390年］魯伐齊于平陸。①齊伐魏，取襄陵。

壬辰［前389年］秦伐魏陰晉。②

癸巳［前388年］齊田和會魏文侯于濁澤，求爲諸侯。魏請于周及諸侯，皆許之。

經世之丑二千二百二十二

甲午［前387年］周安王十五年。秦惠公卒，子出公繼。③韓烈侯卒，子文侯繼。魏文侯卒，子武侯繼。趙武侯卒，烈侯子敬侯繼。④

乙未［前386年］田和稱諸侯于齊，列于周紀。魏攻趙邯鄲。

丙申［前385年］韓伐鄭，取陽城，伐宋，執宋公于彭城。魏城安邑及王垣。趙破齊師于靈丘。⑤齊太公和卒，子桓公午繼。秦庶長改殺出公及其母，⑥迎靈公之子于河西，⑦立之，是謂獻公。

---

①「伐」，四庫本作「敗」。
②「陰」，四庫本作「侵」。
③「子出公」，四庫本作「出子悼公」。
④「烈侯」，據四庫本補。
⑤四庫本無「師」字。
⑥「公」，四庫本作「子」。
⑦「河西」，「西」原作「上」，據四庫本改。

丁酉［前384年］趙破齊師于廩丘。

戊戌［前383年］魏敗趙師于兔臺。

己亥［前382年］齊、魏以衛伐趙，取剛平。

庚子［前381年］趙會楚伐魏，取棘蒲。楚悼王卒，宗室作亂，殺吴起，①王子繼，是謂肅王，②誅害吴起者七十餘家。③

辛丑［前380年］齊伐燕，取桑丘。

壬寅［前379年］齊康公死于海上。齊桓侯卒，子因齊立，是謂威王。

癸卯［前378年］晉孝公卒，子静公俱酒繼。韓、趙、魏伐齊，至于靈丘。

甲辰［前377年］韓文侯卒，子哀侯繼。趙攻中山，戰于房子。魯穆公卒，子共公繼。

乙巳［前376年］周安王崩，太子喜嗣位，是謂烈王。魏武侯、韓哀侯、趙敬侯同滅晉而三分其地，以静公爲家人，食端氏一城。

丙午［前375年］韓滅鄭，徙都之。趙敬侯卒，子成侯繼。宋休公卒，子辟公繼。

丁未

① 「宗室作亂殺吴起」，四庫本作「盗殺相吴起」。

② 「肅王」，「肅」原作「簡」，據四庫本改。

③ 「七十餘」，原作「十七」，據四庫本改。

戊申［前373年］魯伐齊，入陽關。趙伐齊，至博陵。

己酉［前372年］魏拔齊薛陵，攻趙北藺。趙拔衛鄉邑七十三。①宋辟公卒，子剔成繼。

庚戌［前371年］韓嚴弑其君哀侯，立其子懿侯。魏武侯卒，公子爭國，趙伐魏，立公子罃，是謂惠王。趙敗秦軍于鄗安。

辛亥［前370年］趙伐齊取甄，②魏敗趙師于覃懷。齊威王烹阿大夫，封即墨大夫萬家。楚肅王卒，弟良夫繼，是謂宣王。

壬子［前369年］周烈王崩，弟扁嗣位，是謂顯王。齊西敗趙、魏之師于濁澤。趙輸長城。③魏入觀齊。魏敗韓師于馬陵。

癸丑［前368年］韓、魏及周一。④

甲寅［前367年］趙、韓分周爲二。

乙卯［前366年］魏會趙攻秦，不利于宅陽。⑤

① 「衛」，原作「魏」，四庫本同，據《史記》卷四三《趙世家》改。
② 「取甄」，四庫本作「至鄄」。
③ 「輸長城」三字原脱，據四庫本補。
④ 「及周一」，四庫本作「攻周」。
⑤ 「宅」，四庫本作「洛」。

丙辰［前365年］齊攻秦，不利于石門。魏伐宋，取儀臺。

丁巳［前364年］周顯王西賀秦獻公。魏與秦會于杜平。

戊午

己未［前362年］秦獻公卒，子孝公繼，敗魏師于少梁。魏敗韓師于澮。

庚申［前361年］魏拔趙皮牢。

辛酉［前360年］周致文武胙于秦孝公。①東周君惠公卒，子傑繼。韓、趙、魏伐齊。

壬戌［前359年］秦用衛鞅。韓懿侯卒，子昭侯繼。

癸亥

經世之寅二千二百二十三

甲子［前357年］周顯王十二年。宋取韓黄池。齊封騶忌爲成侯。

乙丑［前356年］趙會燕于河上，會齊于平陸。魯、衛、宋、鄭朝魏。

丙寅［前355年］魯共公卒，子康公繼。齊會趙于郊，會魏于平陸，會秦于杜平。

丁卯［前354年］秦敗魏師于元里，取少梁。魏圍趙邯鄲。

---

① 四庫本無「周」字。

戊辰［前353年］韓攻東周君，取陵觀及邢丘。齊田忌、孫臏救趙，敗魏師于桂陵。①是年，齊始稱王。

己巳［前352年］秦大良造衛鞅會韓、趙之師圍魏襄陵。

庚午［前351年］韓用申不害爲相。秦、趙伐魏，魏歸趙邯鄲，盟于漳水之上。

辛未［前350年］趙成侯卒，世子繼，是謂肅侯。秦開阡陌，大築冀闕于咸陽，②自雍徙都之。

壬申

癸酉［前348年］趙奪晉君端氏，徙之屯留。秦初爲賦。

甲戌

乙亥［前346年］魯康公卒，子景公繼。

丙子

丁丑

戊寅［前343年］周顯王錫秦孝公，命爲伯。齊威王卒，子宣王辟彊繼。

己卯［前342年］諸侯西賀秦。

---

① 四庫本無「師」字。

② 「冀闕」，「闕」原作「室」，據四庫本改。

庚辰[前341年]齊救韓、趙,①田忌、田嬰、孫臏大敗魏師于馬陵,獲將龐涓及世子申。

辛巳[前340年]楚宣王卒,子威王繼。秦奪魏河西七百里。魏去安邑,徙都大梁。

壬午

癸未[前338年]秦孝公卒,子惠文君繼,是謂惠王。商鞅奔魏,魏不受,復入于秦。②

甲申[前337年]秦惠文君夷商鞅族。蘇秦入秦,不受。③

乙酉[前336年]周顯王西賀秦。孟軻爲魏卿。

丙戌[前335年]秦拔韓宜陽。魏惠王卒,子襄王繼。齊宣王會魏襄王于鄄。

丁亥[前334年]蘇秦會趙、燕、韓、魏、齊、楚六國之師,盟于洹水之上以攻秦,至于函谷。韓作高門。是年,楚滅越,獲其王無彊,盡取其地,東開地至浙江。魏始稱王。齊田嬰爲相。④

戊子[前333年]燕文公卒,子易王立。韓昭侯卒,子惠王立。楚敗齊師于徐州。齊田嬰詐楚,故不利。

己丑[前332年]齊會魏伐趙,又伐燕,取十城。

---

① 「齊」後,四庫本有「人」字。四庫本無「趙」字。

② 四庫本無「復」字。

③ 「不」前,四庫本有「秦」。

④ 四庫本無「齊」字。

庚寅[前331年]秦伐魏。

辛卯[前330年]宋亂，公弟偃弑其君，代立，是謂元王。

壬辰[前329年]楚威王卒，子懷王槐繼。魏伐楚，取陘山。秦伐魏，取汾陰。

癸巳[前328年]秦用張儀爲相。陳軫適楚。楚滅蜀。魏輸秦上郡。

經世之卯二千二百二十四

甲午[前327年]周顯王四十二年。齊會魏攻韓之桑丘。

乙未[前326年]趙肅侯卒，子定繼，是謂武靈王。齊用孟軻爲上卿。

丙申[前325年]孟軻去齊。

丁酉[前324年]秦始稱王。齊宣王卒，子湣王地繼。秦築上郡塞。

戊戌[前323年]韓、燕稱王。楚破魏襄陵，八城，①移兵攻齊。秦張儀會齊、楚，執政于齧桑。

己亥[前322年]秦張儀出相魏。燕會韓、魏二君于區鼠。

庚子[前321年]周顯王崩，子定嗣位，是謂慎靚王。是年，趙始稱王。齊封田嬰于薛。盜殺蘇秦于齊，蘇代復相燕。燕易王卒，②子噲繼，子之專國。蘇代使齊。

---

① 「八」，四庫本作「入」。

② 四庫本無「易」字。

辛丑[前320年]宋伐楚，取地三百里，始稱王。秦、齊交婚。

壬寅[前319年]魏襄王卒，子哀王繼。張儀復相。①

癸卯[前318年]楚會齊、趙、韓、魏、燕攻秦，不利，齊獨後。秦樗里疾大敗六國之師，獲將申差及韓、魏二公子。

甲辰[前317年]齊敗魏師于觀津，與秦争雄雌。魯景公卒，子平公繼。秦敗韓師于濁澤，韓請割名都[一以助伐楚，既而背之]，②秦又伐韓，敗韓師于岸門，楚救不至。燕王噲以國屬子之。

乙巳[前316年]齊伐燕。秦伐趙，拔中都及西陽。

丙午[前315年]周慎靚王崩，子延繼，是謂赧王，稱西周君。秦拔義渠二十五城，又取韓之石章。

丁未[前314年]楚、齊和親。燕亂，將市被攻子之不克，反攻世子，又不克，死。

戊申[前313年]楚攻秦，不利。秦伐齊，楚救不至。秦張儀紿楚，③樗里疾攻趙。

己酉[前312年]楚懷王大伐秦，不利，又伐，又不利。秦庶長魏章會齊、韓之師大敗楚師于藍田，

---

①「相」後，四庫本有「秦」字。

②「一以助伐楚既而背之」九字原脱，據四庫本補。

③「紿」，四庫本作「結」。

又敗之于丹水之陽，獲其將屈丐，遂取漢中地，置黔中郡。韓宣王卒，世子蒼繼，是謂襄王。齊以五都兵攻燕。燕亂，國人立太子平，是謂昭王。

庚戌[前311年]楚屈原使齊。秦張儀使楚，會楚、齊、韓、趙、魏、燕六國西事秦，至咸陽而秦惠王卒，世子武王繼。①燕起金臺，以禮郭隗，樂毅自魏往，②鄒衍自齊至，劇辛自趙至。

辛亥[前310年]秦會魏于臨晉，張儀、魏章適魏，③樗里疾、甘茂爲相。

壬子[前309年]楚合齊以善韓。

癸丑[前308年]秦武王會魏哀王于應，會韓襄王于臨晉。

甲寅[前307年]東、西二周君相攻。楚圍韓之雍氏。④秦甘茂拔韓之宜陽，武王舉周鼎，絶臏而死，⑤國人迎母弟稷于趙而立之，是謂昭襄王，太后臨朝稱制，魏冉專政。趙武靈王改用胡服。

乙卯[前306年]秦復韓武遂，嚴君疾、向壽爲相，甘茂適魏。

---

① 四庫本無「世」字。
② 「往」，四庫本作「至」。
③ 「魏」，四庫本作「衛」。
④ 「氏」，四庫本作「邱」。
⑤ 「臏」，四庫本作「脈」。

丙辰[前305年]楚絶齊以善秦。

丁巳[前304年]秦昭襄王會楚懷王于黄棘，①復之上庸。

戊午[前303年]齊、韓、魏攻楚，楚求救于秦。魯平公卒，子文公賈繼。秦取韓武遂，拔魏蒲坂。

己未[前302年]秦復魏蒲坂，會韓于武遂。

庚申[前301年]楚伐秦，不利。秦昭襄王會齊、韓、魏伐楚，敗之于重丘。

辛酉[前300年]齊孟嘗君入秦爲質。

壬戌[前299年]楚懷王放大夫屈原于江濱，與秦昭襄王會于武關，不復，國人迎太子横于齊而立之，是謂頃襄王，其弟子蘭爲令尹。齊歸秦涇陽君，孟嘗君自秦逃歸。秦會齊、魏伐楚，取八城。趙拔燕中山，攘地北至代，②西至九原。③

癸亥[前298年]齊會韓、魏伐秦，至于函谷。秦伐楚，取十六城。趙武靈王稱主父，會群臣于東宫，廢太子章而授庶子何位，④是謂惠文王，以肥義爲之相。北略地，南入秦，稱使者。

經世之辰二千二百二十五

---

①「秦昭襄王會楚懷王」，四庫本作「秦昭王與楚懷王會」。

②「代」前，四庫本有「燕」字。

③「原」，四庫本作「源」。

④「位」，四庫本作「立」。

甲子[前297年]周赧王十八年。楚懷王于秦逃歸，不克。

乙丑[前296年]楚懷王死于秦，①楚遂絶秦。魏哀王卒，子昭王繼。齊會韓、魏、趙、宋五國之兵攻秦，至鹽氏而還。秦與韓、魏河北及封陵以和。韓襄王卒，子釐王繼。趙主父滅中山，徙其王于膚施，封廢太子章于代，號安陽君，使田不禮爲之相。

丙寅[前295年]秦免樓緩相，穰侯魏冉復相，率師攻魏。趙安陽君及田不禮作難，②公子成及大夫李兑平之，主父死于沙丘宫。

丁卯[前294年]秦向壽伐韓，拔武始。

戊辰[前293年]楚與秦復和。韓伐秦，不利。秦左庶長白起大敗韓及諸侯之師于伊闕，取城五，坑軍二十四萬，獲將公孫喜。

己巳[前292年]楚逆婦于秦。秦魏冉免相，大良造白起伐魏取垣，攻楚拔宛。

庚午[前291年]秦魏冉復相，封陶邑，司馬錯伐韓軹及鄧。

辛未[前290年]齊有田甲之難，免孟嘗君相。魏獻河東地方四百里入秦。韓獻武遂二百里入秦。趙會齊伐韓。

---

① 「死」，四庫本作「卒」。

② 四庫本無「田」字。

壬申［前289年］齊復孟嘗君相。秦伐韓，拔六十一城。

癸酉［前288年］齊、秦約稱東、西帝，復罷。

甲戌［前287年］齊孟嘗君謝病。①秦昭襄王巡漢中及上郡、河北，拔魏新垣及曲陽。

乙亥［前286年］齊滅宋，至于泗上，十二諸侯、鄒、魯之君皆稱臣，南取楚之淮北，西侵韓、趙、魏。魏獻秦安邑，秦伐魏之河内，攻韓之夏山。

丙子［前285年］齊孟嘗君以薛屬魏。秦昭襄王會楚頃襄王于宛，會趙惠文王于中陽，伐齊拔九城。

丁丑［前284年］燕樂毅會秦、楚、韓、趙、魏五國之師伐齊，大敗齊師于濟西，遂入臨菑，拔城七十，拜樂毅上卿，封昌國君，留圍齊即墨及莒。齊湣王保莒。楚使淖齒救齊，殺齊湣王于莒。莒人立其子法章，是謂襄王。荀卿行祭酒。

戊寅［前283年］楚頃襄王會秦昭襄王于鄢。秦穰侯伐魏至于國。

己卯［前282年］秦昭襄王會韓釐王于新城，會魏昭王于新明，伐趙拔二城，伐韓取六邑。

庚辰［前281年］楚會魏、趙伐秦。秦伐楚，魏冉復相。趙使藺相如入秦獻璧。

辛巳［前280年］楚割上庸及漢中，請和于秦。秦白起拔趙二城，司馬錯拔楚上庸。燕昭王卒，

---

①「孟嘗君」，「君」原作「郡」，據四庫本改。

子惠王繼，以騎劫代樂毅將。①樂毅奔趙。趙惠文王與秦昭襄王會于澠池，藺相如相。

壬午［前279年］齊田單大破燕軍于即墨，②獲將騎劫，復城七十，迎襄王自莒入臨菑，封田單安平君。秦白起拔楚西陵。

癸未［前278年］楚頃襄王出奔陳，郢陷于秦。大良造白起破楚入郢，燒夷陵，以郢爲南郡，封起武安君。

甲申［前277年］秦拔楚巫及黔中，作黔中郡。魏昭王卒，子安釐王繼。

乙酉［前276年］楚東收江旁十五邑以扞秦。③魏拔秦二城，封無忌信陵君。

丙戌［前275年］秦兵圍大梁，魏入温請和。秦以穰侯爲相國。韓暴鳶救魏，不利。趙廉頗拔魏房子、安陽。

丁亥［前274年］魏芒卯攻韓，④不利。秦師救韓，敗趙、魏之師十五萬于華陽，魏入南陽請和，以其地爲南陽郡。

戊子［前273年］韓釐王卒，子桓惠王繼。趙取東胡地。

---

① 四庫本無「將」字。

② 「破」，四庫本作「敗」。

③ 「收」，四庫本作「取」。

④ 「芒卯」，「芒」原作「苙」，據四庫本改。

己丑［前272年］楚黄歇奉太子完入秦爲質求平，又助韓、魏伐燕。齊田單拔燕中陽。①秦會楚、韓、趙、魏伐燕。燕惠王卒，子武成王繼。趙藺相如伐齊。

庚寅［前271年］秦穰侯伐齊，取剛壽，以廣陶邑。范雎自魏入秦。

辛卯［前270年］秦師伐韓，以逼周。

壬辰［前269年］秦中更胡傷攻趙閼與。趙奢擊之，有功，封馬服君，與廉頗同位，秦人爲之少懼。

癸巳［前268年］秦拔魏懷城。②

經世之巳二千二百二十六

甲午［前267年］周赧王四十八年。秦太子卒于魏。

乙未［前266年］秦拔魏郪丘，罷穰侯相國及宣太后權，以客卿范雎爲相，封應侯，魏冉就國。趙惠文王卒，③子丹繼，是謂孝成王，太后專政。

丙申［前265年］齊襄王卒，子建繼。田單救趙。秦以安國君爲太子，宣太后卒，拔趙三城，進圍邯鄲。趙出長安君爲質于齊，求救。趙勝爲相，封平原君。

① 四庫本無「齊」字。

② 「城」，四庫本作「義」。

③ 「惠文王」原作「文惠王」，據四庫本改。

丁酉[前264年]齊用田單爲相。秦白起攻韓，拔九城。

戊戌[前263年]楚頃襄王卒，太子完自秦亡歸，繼，是謂考烈王，以左徒黄歇爲令尹，號春申君，封于吴，食淮北地。秦白起拔韓南郡。

己亥[前262年]楚獻地于秦乞和。秦五大夫賁伐韓，拔五十城，①以斷太行路。韓馮亭以上黨入于趙，趙受韓上黨。廉頗軍長平。

庚子[前261年]楚伐魯，取徐州。秦白起攻趙長平。

辛丑[前260年]秦武安君大敗趙軍于長平，進圍邯鄲。趙以趙括代廉頗將，長平遂陷，兵四十萬爲秦所坑。

壬寅[前259年]秦分軍爲三，罷武安君白起將，以王齕代攻趙，拔趙武安及皮牢，司馬梗北定上黨。趙使蘇代使秦。

癸卯[前258年]秦加范睢相國，王齕圍邯鄲，張唐攻魏。燕武成王卒，子孝王繼。趙平原君求救于楚、魏。

甲辰[前257年]楚春申君、魏信陵君救趙。秦起武安君白起，不克，殺之于杜郵。

乙巳[前256年]周赧王會齊、韓、趙、魏兵出伊闕攻秦，不利，西奔秦。秦昭王滅周，盡入其地三

---

①「五十」，四庫本作「十五」。

十六城，徙其王于㽚狐。楚滅魯，以齊荀卿爲蘭陵令。

丙午［前255年］秦徙周民及九鼎于咸陽。蔡澤自燕入秦，代范雎相。燕孝王卒，子喜繼。

丁未［前254年］楚、齊、韓、燕、趙皆服命于秦，魏獨後，秦使將軍樛伐之，取吴城。

戊申［前253年］秦郊上帝于雍丘。趙徙都鉅鹿。

己酉［前252年］趙平原君卒。

庚戌［前251年］秦昭襄王卒，太子安國繼，是謂孝文王，立三日又卒，子楚立，是謂莊襄王，以華陽夫人爲后，子政爲太子。吕不韋爲丞相，封文信侯，食河南十萬户。楚春申君入弔于秦。燕將栗腹攻趙，不利。趙廉頗破燕軍于鄗，封頗信平侯。①

辛亥［前250年］東周君會諸侯攻秦不利，没于秦。秦丞相吕不韋平東周，盡入其地，置三川郡，徙其君于陽人。趙廉頗伐燕，圍其國。

壬子［前249年］秦蒙驁拔趙太原，拔韓滎陽及成皋。

癸丑［前248年］秦蒙驁拔魏高都，又舉趙三十城。楚、齊、魏、韓、燕、趙攻秦，不利。

甲寅［前247年］秦莊襄王卒，太子政繼，是謂始皇帝，以吕不韋爲相國，號仲父，同太后專政，李

---

① 四庫本無「頗」字。

斯爲舍人。齊田單屠聊城。魏無忌自趙歸國，率楚、齊、韓、趙、燕五國之師，攻秦軍于河外，①走蒙驁，追至函谷。

乙卯［前246年］秦蒙驁平晉陽。②

丙辰［前245年］趙孝成王卒，子偃繼，是謂悼襄王，以樂乘代廉頗將，頗奔魏。

丁巳［前244年］秦蒙驁攻魏拔二城，攻韓拔十二城。

戊午［前243年］魏安釐王卒，③子景湣王繼，④信陵君亦卒。趙將李牧拔燕二城。

己未［前242年］秦拔魏二十城，置東郡。趙伐燕，獲將劇辛。

庚申［前241年］楚考烈王會齊、韓、趙、魏、燕五國之兵伐秦，至于函谷，不利，東徙都壽春，春申君就國于吴。

辛酉［前240年］秦拔魏之汲，趙拔魏之鄴。

壬戌［前239年］秦封嫪毐長信侯，關政于内。韓桓惠王卒，子安繼。

癸亥［前238年］長信侯嫪毐作難，攻蘄年宫不克，伏誅，徙太后于雍，流蜀者四千家。楚考烈王

---

①「攻」，四庫本作「敗」。

②「蒙」字原脱，據四庫本補。

③四庫本無「安」字。

④「繼」，四庫本作「卒」。

卒，子幽王悍繼。

經世之午二千二百二十七

甲子［前237年］秦始皇帝十年。呂不韋坐嫪毐事免相，李斯爲相。齊、趙來置酒。復華陽太后于甘泉宮。

乙丑［前236年］秦王翦、桓齮拔趙九城。趙悼襄王卒，子遷繼。秦兵攻鄴。

丙寅［前235年］秦會魏伐楚及韓，文信侯呂不韋自殺。

丁卯［前234年］秦桓齮大敗趙軍十萬于平陽。韓公子非使秦，不還。

戊辰［前233年］秦桓齮破趙宜安及赤麗。①韓王安朝秦。

己巳［前232年］秦伐趙，一軍攻鄴，一軍攻狼孟。燕太子丹自秦逃歸。趙李牧扞秦有功。

庚午［前231年］魏獻秦麗邑。

辛未［前230年］秦内史騰滅韓，獲其王，以其地爲潁川郡。

壬申［前229年］秦王翦下井陘，大破趙軍，進圍鉅鹿。趙以趙葱代李牧，②顏聚代司馬尚將。

癸酉［前228年］秦王翦滅趙，獲其王，以其地爲趙郡。楚幽王卒，母弟猶立，庶兄負芻殺猶，代

---

①「麗」，四庫本作「巖」。

②「趙葱」、「葱」原作「忽」，據四庫本改。

立。魏景湣王卒，子假繼。趙亡，公子嘉稱王于代，①會燕軍于上谷。

甲戌［前227年］秦王翦破燕軍于易水。燕荆軻使秦，不還。

乙亥［前226年］秦王翦、王賁滅燕，獲其太子丹。翦謝病，還，拔楚十城。②

丙子［前225年］秦王賁滅魏，決河灌大梁，獲其王。

丁丑［前224年］秦王翦破楚，殺其將項燕。楚喪師于鄿，③走壽春。

戊寅［前223年］秦王翦、蒙武滅楚，獲其王，以其地爲楚郡。

己卯［前222年］秦王賁平遼東，獲燕王，平代，獲趙太子。王翦定越，以其地爲會稽郡。

庚辰［前221年］秦王翦滅齊，獲其王，以其地爲齊郡。東至海及朝鮮，西至臨洮、羌中，南至北嚮户，北至陰山、遼東。分天下地爲三十六郡，罷侯置守。鑄天下兵爲十二金人。徙天下豪富十二萬户于咸陽。大建宫室，作阿房。爲萬世業，稱始皇帝，更以建亥月爲歲首。

辛巳［前220年］西巡狩。至于隴右、北地，及回中乃復。

壬午［前219年］東巡狩。至于鄒嶧，封太山，禪梁甫，南登瑯琊。丞相隗林、王綰、卿士李斯、王戊、五大夫趙嬰、將軍楊樛及九侯，勒帝功于金石，表于海上。遂南至于衡山，浮江自南郡

① 「公子嘉」，原作「太子喜」，四庫本同，據《資治通鑑》卷六改。
② 四庫本無「十」字。
③ 「鄿」，四庫本作「蘄」。

由武關乃復。

癸未［前218年］東巡狩，至于博浪沙中遇盜，遂登之罘，①刻石紀功，北由上黨乃復。

甲申

乙酉

丙戌［前215年］北巡狩。至于碣石，由上郡乃復。使蒙恬擊胡，取河南地。

丁亥［前214年］南取陸梁地，爲桂林、象郡。又北斥匈奴，②自榆中並河以東屬之陰山，爲三十四縣。城河上，爲塞。又使蒙恬渡河取高闕、陶山、北假中，以築亭障。

戊子［前213年］置酒咸陽宫，聚天下書，焚之。

己丑［前212年］聚天下學士于驪山，坑之。廣阿房宫，自咸陽達于渭南。

庚寅

辛卯［前210年］南巡狩。至于雲夢，左丞相馮去疾留守，右丞相李斯從行，少子胡亥請行，至九疑浮江，東至于會稽，又北至于瑯琊，③由平原達沙丘，崩。左丞相李斯、宦氏趙高矯帝書，④

---

① 「之罘」，原作「罘罳」，據四庫本改。
② 「匈奴」，「匈」原作「兇」，據四庫本改。
③ 「瑯琊」，四庫本作「琅邪」。
④ 「矯」，四庫本作「假」。

更立少子胡亥，賜上郡太子、將軍蒙恬死。遂還咸陽，胡亥立，是謂二世皇帝。葬始皇帝于驪山。

壬辰［前209年］宦氏趙高爲郎中令，①專政。東巡狩，至于會稽北，又至于遼東乃復。大殺王族及群臣。復廣阿房，徵天下材士，以五萬人爲屯衛，②咸陽三百里内不得食其穀。③戍卒陳勝稱王于楚。關東郡邑皆殺其令長以應陳勝而西攻秦。陳勝將武臣稱王于趙，魏咎稱王於魏，狄人田儋稱王于齊，楚人項梁兵會稽，④徐人劉季稱兵豐沛。陳勝兵西攻秦，至于戲。

癸巳［前208年］秦殺右丞相馮去疾、將軍馮劫及囚左丞相李斯，諫罷阿房故也。將軍章邯滅陳勝于城父，⑤破項梁于定陶，平田儋于臨濟，渡河北攻趙。田儋死，其弟榮立儋子市爲王。陳勝將秦嘉立勝子景駒爲王，項梁殺景駒，求楚懷王孫心，立之，保盱眙。項梁死，其子羽軍彭城，其將劉季軍碭山。楚王心收項梁軍，自盱眙徙彭城，以劉季爲碭郡長，封武安侯，

① 「郎中令」，原作「中郎令」，四庫本同，據《史記》卷六《秦始皇本紀》改。後同。
② 「屯衛」，「衛」原作「尉」，據四庫本改。
③ 四庫本無「内」字。
④ 「兵」，原作「稱王」，據四庫本改。
⑤ 「章邯」，「章」原作「張」，據四庫本改。

俾南略地而西攻秦，以項羽爲魯國公，封長安侯，俾北救趙而西攻秦，約先入關者王。

經世之未二千二百二十八

甲午［前207年］秦二世三年。郎中令趙高稱丞相，殺李斯及弒其君胡亥于望夷宮，代立不克，立二世兄之子嬰爲王。嬰立，夷趙高三族。沛公兵十萬由武關入，至咸陽，秦子嬰降于軹道，收圖籍，封宮室府庫，示秦人以約法三章，①還軍灞上，以待東諸侯。項羽北救趙，殺大將軍宋義，②至鉅鹿大敗章邯軍于洹水，秦軍降者二十萬，西坑之于新安，③合齊、趙、魏、韓、燕五國之兵四十萬，由函谷而入，會沛公于戲，而屠咸陽，殺子嬰，收子女玉帛，焚宮室府庫。

乙未［前206年］項羽渝約，自主封建。立楚王心爲義帝，徙之江南，都郴。封沛公季爲漢王，遷之漢中，都南鄭。分秦關中爲三：一封降將章邯爲雍王，都廢丘；一封降將司馬欣爲塞王，都櫟陽；一封降將董翳爲翟王，都高奴。分齊爲三：一封齊將田都爲臨菑王，都臨菑；一封齊將田安爲濟北王，都博陽；一封齊王田市爲膠東王，徙即墨。④分楚爲三：一

①「秦」，四庫本作「衆」。
②「宋義」，「義」原作「毅」，據四庫本改。
③「西」，四庫本作「悉」。
④「徙」，四庫本作「都」。

封楚將英布爲九江王，都六；一封楚將共敖爲臨江王，都江陵；一封番君吴芮爲衡山王，①徙邾。②分趙爲二：一封楚將張耳爲常山王，都襄國；一封趙王歇爲代王，徙鴈門。③分韓爲二：一封楚將申陽爲河南王，都洛陽；一封韓將韓成爲韓王，④都陽翟。分魏爲二：一封趙將司馬卬爲殷王，⑤都朝歌；一封魏王豹爲魏王，徙平陽。⑥分燕爲二：一封燕將臧荼爲燕王，都薊；一封燕王韓廣爲遼東王，徙無終。⑦封吴芮將梅鋗十萬户侯，趙歇將陳餘環三縣。田市將田榮不及封。羽自稱西楚霸王，⑧王梁地九郡，都彭城。諸王之在戲下者，咸遣罷兵就國。羽亦東出，使人殺義帝于江上，殺韓王成，以鄭昌代之。臧荼殺韓廣于燕，并有其地，田榮殺田都、田安、田市于齊，并有其地，稱齊王。彭越受榮符以覆梁地，陳餘受榮兵以破常山。趙王歇自代遷都鉅鹿。張耳走漢。項羽北破田榮于齊。榮死，弟横立榮子廣，復保城陽。

① 「番君」，「番」原作「蕃」，據四庫本改。
② 「徙」，四庫本作「都」。
③ 「徙」，四庫本作「都」。
④ 四庫本無「韓將」二字。
⑤ 「司馬卬」，「卬」原作「印」，據四庫本改。
⑥ 「徙」，四庫本作「都」。
⑦ 「徙」，四庫本作「都」。
⑧ 「霸」，四庫本作「伯」。

丙申［前205年］漢王自南鄭東，收三秦、二韓五諸侯兵，①合三河士五十六萬，東伐楚。入彭城，取重寶美女，爲置酒高會。項羽至自伐齊，大破漢軍于睢水，②殺十餘萬，并獲漢王父母妻子。漢王退保滎陽，築甬道以通敖倉粟。使將韓信、張耳攻魏、趙，丞相蕭何兵至自關中。自此，日戰于京、索間。

丁酉［前204年］楚圍漢于滎陽，拔之。紀信、周苛、樅公死之。③漢退師保成皋。九江王英布降于漢。彭越破楚軍于下邳。韓信、張耳平魏、趙，還軍脩武。漢王自成皋北渡河至脩武。使張耳收兵趙地。④韓信伐齊。盧綰、劉賈南渡白馬津，會彭越攻楚。楚又拔漢成皋。

戊戌［前203年］漢復取成皋，與楚對兵廣武。韓信平齊，乞封假王。項羽請和，約分天下于鴻溝。歸漢王父母妻子。⑤還軍至陽夏，漢軍復至，楚復敗漢軍。漢又大會韓信、彭越、英布及諸侯兵于垓下。

己亥［前202年］漢滅楚。項羽死于東城，漢王以魯國公禮葬羽于穀城。楚之諸侯而王者並降

---

① 四庫本無「諸」字。
② 「破」，四庫本作「敗」。
③ 「周苛」，「苛」原作「奇」，「樅公」，「樅」原作「摐」，據四庫本改。
④ 「趙」，四庫本作「越」。
⑤ 「王」字原脱，據四庫本補。

封侯。封齊王韓信爲楚王，治下邳；建成侯彭越爲梁王，治定陶；九江王英布爲淮南王，治廣陵；韓王信爲韓王，治陽翟；衡山王吴芮爲長沙王，治臨湘。肇帝位于氾水之陽，西都長安，大建宫室。燕王臧荼不恭命，①攻下代郡，往平之，獲臧荼，以太尉盧綰爲燕王。齊王田廣卒，叔横立，入于海。

庚子［前201年］帝游雲夢，會諸侯于陳。執楚王韓信歸，降爲淮陰侯。分其地爲二，一封劉賈爲荆王，治淮東；一封弟交爲楚王，治淮西。别封子肥爲齊王。徙韓王信爲太原王。匈奴寇馬邑，韓王信以衆叛。帝尊父太公爲太上皇。

辛丑［前200年］帝北征韓王信于銅鞮，信走匈奴，遂征匈奴，②至于平城。匈奴圍帝于平城七日。樊噲北定代。以兄仲爲代王。

壬寅［前199年］建未央宫。代王劉仲自鴈門逃歸，廢爲合陽侯，以陳豨爲代王。

癸卯［前198年］大朝諸侯于未央宫。趙相貫高事覺。

甲辰［前197年］太上皇及太上后崩。陳豨以鴈門叛，帝北征。誅淮陰侯韓信并夷三族。蕭何爲相國。

---

①「荼」，四庫本作「茶」。

②「征」，四庫本作「及」。

乙巳［前196年］梁王彭越以定陶叛，平之，夷三族。淮南王英布以廣陵叛，兼有淮東西地。

丙午［前195年］帝征淮南，平之，夷英布三族。周勃平代，獲陳豨于當城。帝崩，太子盈踐位，是謂惠帝，太后吕氏臨朝稱制，蕭何、曹參、陳平、周勃輔政，葬高祖于長陵。盧綰以燕叛。

丁未［前194年］太后殺趙王如意及母夫人戚氏。齊王肥獻陽城，爲魯元公主湯沐邑。

戊申［前193年］相國蕭何卒，曹參爲相國。

己酉［前192年］城長安。

庚戌［前191年］除挾書律。

辛亥［前190年］相國曹參卒，王陵爲右丞相，陳平爲左丞相。

壬子［前189年］太尉樊噲卒，周勃爲太尉。

癸丑［前188年］惠帝崩，立無名子爲帝，葬惠帝于安陵，封吕氏四人爲王、六人爲侯，罷王陵相，進陳平右丞相，以審食其爲左丞相。闢政于內，①太后專制，名雉。

甲寅

乙卯

丙辰

①「于」字據四庫本補。

丁巳[前184年]幽無名子于永巷，殺之。立恒山王義爲帝。①

戊午[前183年]尉它稱帝南越。

己未[前182年]匈奴寇狄道。

庚申[前181年]太后殺趙王友，以梁王呂産爲相國、趙王呂禄爲上將軍，分統南北軍。

辛酉[前180年]太后呂氏崩。丞相陳平、太尉周勃、朱虚侯劉章、曲周侯酈商及子寄誅呂産，②獲南北軍，夷呂氏三族，廢恒山王義，迎高祖中子代王恒于鴈門，立之，是謂文帝。以宋昌爲衛將軍，專南北軍，丞相陳平讓周勃右丞相而爲左丞相，灌嬰爲太尉，張武爲中郎。

壬戌[前179年]以皇子啓爲皇太子。周勃免相，陳平兼左右丞相。

癸亥[前178年]丞相陳平卒，周勃復相。始作銅虎符。

經世之申二千二百二十九

甲子[前177年]漢孝文皇帝三年。免周勃相，以灌嬰爲相。王興居以濟北叛，平之。匈奴寇北地。

乙丑[前176年]絳侯周勃下廷尉。

---

①「義爲帝」，原作「爲義帝」，據四庫本改。

②「誅」後，四庫本有「呂禄」二字。

丙寅
丁卯[前174年]王長以淮南叛，徙之蜀。放賈誼于長沙。
戊辰
己巳
庚午
辛未
壬申
癸酉
甲戌[前167年]除肉刑。
乙亥
丙子[前165年]祀上帝。
丁丑
戊寅[前163年]改稱元年，是謂後元。
己卯
庚辰
辛巳

壬午

癸未［前158年］匈奴寇雲中、上郡。命六將屯備，周亞夫軍細柳。

甲申［前157年］文帝崩，太子啓踐位，是謂孝景皇帝，葬太宗于灞陵。

乙酉［前156年］與匈奴約和親。

丙戌

丁亥［前154年］吴王濞、膠西王卬、楚王戊、趙王遂、濟南王辟光、菑川王賢、膠東王雄渠七國連叛。誅御史大夫晁錯。七國平。梁孝王霸有東土。

戊子［前153年］以皇子榮爲皇太子。

己丑［前152年］以公主嬪于匈奴。

庚寅

辛卯［前150年］廢皇太子榮，以膠東王徹爲皇太子。太尉周亞夫爲丞相。

壬辰［前149年］改稱元年，是謂中元。

癸巳

經世之酉二千二百三十

甲午［前147年］漢孝景皇帝十年。周亞夫免相。

乙未

丙申
丁酉
戊戌[前143年]載改元年，①是謂後元。周亞夫下獄，死。
己亥
庚子[前141年]景帝崩，皇太子徹踐位，是謂孝武皇帝，葬景帝于陽陵。
辛丑[前140年]改建元元年。
壬寅[前139年]竇嬰免相，田蚡免太尉。
癸卯
甲辰
乙巳
丙午
丁未[前134年]改元元光，始令郡國貢孝廉，董仲舒起焉。
戊申[前133年]命將五兵三十萬大伐匈奴，不利。
己酉

---

① 「載」，四庫本作「再」。

庚戌[前131年]竇嬰棄市。田蚡卒。

辛亥[前130年]廢皇后陳氏,以衛子夫爲皇后,①弟青爲將軍。

壬子[前129年]命將四大伐匈奴,無功。

癸丑[前128年]改元元朔。

甲寅[前127年]衛青伐匈奴有功,收河南,置朔方、五原郡。

乙卯

丙辰[前125年]匈奴寇上郡。

丁巳[前124年]匈奴寇鴈門,衛青伐之有功,拜大將軍。公孫弘爲丞相,封平津侯。

戊午[前123年]衛青征匈奴,大有功。霍去病爲嫖姚校尉。張騫通西域有功,封博望侯。

己未[前122年]改元元狩,獲白麟故也。淮南王安、衡山王賜二國叛,平之。册據爲皇太子。

庚申[前121年]霍去病征匈奴,至于居延,拜驃騎將軍。李廣征匈奴無功,謫爲庶人。

辛酉

壬戌[前119年]衛青、霍去病、李廣大伐匈奴。李廣自殺。

癸亥[前118年]丞相李蔡自殺。

---

① 「子夫」,四庫本作「夫人」。

經世之戌二千二百三十一

甲子[前117年]漢孝武皇帝二十四年。大司馬霍去病卒。

乙丑[前116年]改元元鼎。

丙寅[前115年]丞相翟青下獄，死。

丁卯[前114年]徙函谷關于新安。

戊辰[前113年]封方士欒大爲樂通侯。

己巳[前112年]南越王相吕嘉叛。諸侯坐酎金輕，奪爵者一百六十人。丞相趙周下獄死。①樂通侯欒大坐誣罔，棄市。西羌及匈奴寇五原。

庚午[前111年]南寇平。東越王餘善叛。卜式爲御史大夫。②

辛未[前110年]改元元封。帝征匈奴，至于北海。東越殺餘善降。有事于東、西、中三嶽及禪梁甫。東巡狩，至于碣石。西歷九原，歸于甘泉。

壬申[前109年]復巡太山，作瓠子隄。朝鮮寇遼東。

癸酉[前108年]朝鮮殺其王右渠以降。祀汾陰后土。

①「趙周」，「周」原作「同」，據四庫本改。

②「卜式」，「卜」原作「下」，據四庫本改。

甲戌

乙亥[前106年]南巡狩，至于盛唐。大司馬衛青卒。

丙子[前105年]西幸回中及祀汾陰后土。①

丁丑[前104年]改元太初。東巡大山。②更以建寅月爲歲首。西伐大宛。起建章。

戊寅[前103年]北幸河東，祀后土。騎二萬征匈奴，不復。

己卯[前102年]東巡海上。匈奴寇張掖、酒泉。

庚辰[前101年]李廣利平大宛，獲其王及汗血馬。

辛巳[前100年]改元天漢。中郎將蘇武使匈奴。③北幸河東。

壬午[前99年]東巡至于海上，又西幸回中。將軍李陵征匈奴，不還。

癸未[前98年]東巡太山，又北幸常山。匈奴寇鴈門。

甲申[前97年]大伐匈奴，不利。朝諸侯于甘泉宫。

乙酉[前96年]改元太始。

丙戌[前95年]西幸回中。

---

① 「汾陰」，「汾」原作「分」，據四庫本改。

② 「大」，四庫本作「太」。

③ 「匈奴」，「奴」原作「使」，據四庫本改。

丁亥［前94年］東巡海上。

戊子［前93年］東巡太山。

己丑［前92年］改元征和。①巫蠱事起。

庚寅［前91年］太子殺江充，相劉屈釐攻太子，②戰于長安，太子敗死，皇后自殺，諸邑公主皆坐巫蠱死。

辛卯［前90年］大伐匈奴。巫蠱事覺，誅丞相劉屈釐。

壬辰［前89年］東巡海上。天下疲于兵革。

癸巳［前88年］改元後元。重合侯馬通叛。

經世之亥二千二百三十二

甲午［前87年］漢孝武皇帝五十四年。册皇子弗陵爲皇太子。帝幸盩厔五柞宫，崩。大司馬霍光受顧命。③太子弗陵嗣皇帝位，是謂昭帝。葬世宗于茂陵。大將軍霍光專政。

乙未［前86年］改元始元。

丙申

---

① 「征」，原作「正」，據四庫本改。

② 「劉屈氂」，「氂」原作「釐」，據四庫本改。後同。

③ 「受」字據四庫本補。

丁酉

戊戌

己亥

庚子

辛丑［前80年］改元元鳳。誅鄂邑長公主及燕王旦，左將軍上官桀謀害霍光事覺故也。

壬寅

癸卯

甲辰［前77年］丞相田千秋卒。

乙巳［前76年］丞相王訢卒。

丙午

丁未［前74年］改元元平。帝崩，昌邑王賀立，葬昭帝于平陵。①賀立不明，大將軍霍光廢之，迎戾太子孫詢，立之，是謂孝宣皇帝。邴吉爲相。②

戊申［前73年］改元本始。

---

①「昭帝」，原作「世宗」，據四庫本改。

②「邴」，四庫本作「丙」。

己酉〔前72年〕命將五兵十五萬，大伐匈奴。
庚戌
辛亥〔前70年〕皇后許氏遇毒，崩。霍光以女上皇后。
壬子〔前69年〕改元地節。
癸丑〔前68年〕大司馬大將軍霍光卒，子禹繼事。
甲寅〔前67年〕册皇子奭爲皇太子。
乙卯〔前66年〕大司馬霍禹謀逆事覺，夷三族，廢皇后霍氏。
丙辰〔前65年〕改元元康。
丁巳〔前64年〕册王氏爲皇后。
戊午〔前63年〕太子太傅疏廣、太子少傅疏受謝病，歸東海。
己未
庚申〔前61年〕改元神雀。趙充國伐西羌。
辛酉
壬戌〔前59年〕蕭望之爲御史大夫。
癸亥〔前58年〕潁川太守黄霸賜爵關内侯。河南太守嚴延年棄市。

以運經世之八　觀物篇之三十二

經元之甲一

經會之午七

經運之庚一百八十七

經世之子二千二百三十三

經世之子二千二百三十三

甲子[前57年]漢孝宣皇帝十七年。改元五鳳。左馮翊太守韓延壽棄市。貶蕭望之爲太子太傅，坐慢丞相邴吉也。平通侯楊惲棄市，坐怨望也。

乙丑

丙寅[前55年]丞相邴吉卒。黄霸爲相。

丁卯

戊辰[前53年]改元甘露。

己巳

庚午［前51年］匈奴呼韓邪單于來朝。①于定國爲相。
辛未
壬申［前49年］改元黄龍。宣帝崩于未央宫，皇太子奭踐位，是謂孝元皇帝。
癸酉［前48年］改元初元。葬中宗于杜陵。
甲戌［前47年］册皇子驁爲皇太子。盗殺蕭望之。
乙亥
丙子［前45年］幸河東。
丁丑
戊寅［前43年］改元永光。
乙卯②
庚辰［前41年］西羌平。
辛巳
壬午

① 「呼韓邪」，「邪」原作「增」，據四庫本改。
② 是年，四庫本有「西羌叛。韋玄成爲相」八字。

癸未［前38年］改元建昭。

甲申

乙酉［前36年］匡衡爲相。

丙戌

丁亥

戊子［前33年］改元竟寧。帝崩，皇太子驁即位，①是謂孝成皇帝。葬高宗于渭陵。王鳳爲大司馬大將軍，專政。

己丑［前32年］改元建始。

庚寅

辛卯［前30年］王商以誣免相。②匡衡爲庶人。

壬辰［前29年］河大決。王商爲相。

癸巳［前28年］改元河平。

經世之丑二千二百三十四

---

①「即」，四庫本作「踐」。

②「以誣」，四庫本作「薛宣」。

甲午［前27年］漢孝成皇帝六年。
乙未
丙申
丁酉［前24年］改元陽朔。京兆尹王章下獄死。張禹爲相。
戊戌［前23年］王音爲御史大夫。
己亥［前22年］大司馬王鳳卒，弟音繼事。
庚子
辛丑［前20年］改元鴻嘉。
壬寅［前19年］幸雲陽。
癸卯［前18年］廢皇后許氏。
甲辰
乙巳［前16年］改元永始。封王莽新都侯。册趙飛燕爲皇后。
丙午［前15年］大司馬王音卒。王商爲大司馬，翟方進爲相，孔光爲御史大夫。
丁未
戊申［前13年］大司馬王商免，王根爲大司馬。
己酉［前12年］改元元延。

庚戌

辛亥

壬子

癸丑［前8年］改元綏和。

甲寅［前7年］成帝崩，皇太子欣踐位，是謂孝哀皇帝。太后王氏臨朝稱制。大司馬王根專政。葬成帝于延陵。王根罪免，丁明爲大司馬，①孔光爲丞相。

乙卯［前6年］改元建平。册傅氏爲皇后，傅喜爲大司馬，朱博爲大司空。

丙辰［前5年］傅喜免，丁明復爲大司馬。孔光免。朱博自殺。

丁巳［前4年］相平當薨，②王嘉爲相。

戊午［前3年］息夫躬下獄死。

己未［前2年］改元元壽。王嘉以下獄死。③大司馬丁明免。

庚申［前1年］哀帝崩，元帝孫中山王子衎即位，是謂孝平皇帝，年方九歲，太后衛姬臨朝，以王

① 「大司馬」，「大」字據四庫本補。
② 「平當」，四庫本作「王商」。
③ 「王」前，四庫本有「相」字。四庫本無「以」字。

莽爲太傅，輔政王室。元始五年，立莽女爲皇后。①

辛酉［1年］改元元始。封大司馬王莽安漢公。

壬戌

癸亥

經世之寅二千二百三十五

甲子［4年］漢孝平皇帝四年。王莽以女上皇后。

乙丑［5年］王莽弑帝于未央宫，立元帝孫孺子嬰，莽加九錫。

丙寅［6年］王莽改元居攝。

丁卯［7年］王莽稱假皇帝。翟義立嚴鄉侯信于東都，莽將王邑滅之。

戊辰［8年］王莽改元初始。

己巳［9年］王莽竊國命，改國爲新室，元曰建國，降孺子嬰爲定安公。

庚午②

辛未

---

① 此年，四庫本作「三公分職，董賢爲大司馬，孔光爲大司徒，彭宣爲大司空。帝崩，太皇太后王氏稱制，罷董賢大司馬，以王莽爲大司馬、録尚書事，廢太后趙氏，迎元帝庶孫中山王衎，立之，是謂平帝。莽哀帝于義陵。王莽專政」。

② 是年，四庫本有「王莽大殺宗室。校書郎揚雄投天禄閣，不克死」十八字。

壬申

癸酉

甲戌[14年]王莽改元天鳳。四夷交侵中國。

乙亥

丙子

丁丑①

戊寅

己卯[19年]校書郎揚雄卒。②

庚辰[20年]王莽改元地皇。兵起緑林。

辛巳

壬午[22年]劉玄稱兵宛、鄴。③劉秀及兄伯升稱兵舂陵。

癸未[23年]劉玄稱帝，元曰更始，以劉伯升爲司徒，劉秀爲太常偏將軍。是年，大破莽將王尋、王邑軍于昆陽三輔，遂滅莽于漸臺。劉玄拜劉秀破虜大將軍，行大司馬事，使持節巡撫河

---

① 是年，四庫本有「羣盜起」三字。

② 「揚雄」，「揚」原作「楊」，據四庫本改。

③ 「鄴」，原作「業」，據四庫本改。

北。王郎〔以王〕子林稱帝邯鄲。①

甲申〔24年〕劉玄西入長安，殺漢孺子嬰。大將軍劉秀北徇薊，還拔邯鄲，誅王郎，受劉玄蕭王，又號爲銅馬帝，破赤眉大彤於射犬。赤眉西入函關，攻更始。李憲自立稱王。淮南秦豐自號楚黎王。董憲起東海。延岑稱兵漢中。②

乙酉〔25年〕蕭王肇帝位于河朔之鄗，國曰漢，元曰建武，南次洛陽，③都之。赤眉陷長安，稱帝，殺劉玄。公孫述稱帝成都，元曰龍興。劉永稱帝睢陽。隗囂稱兵隴右。盧芳稱兵安定。彭寵稱王薊門。

丙戌〔26年〕赤眉焚長安宮室、陵寢。銅馬、青犢、尤來立孫登爲帝于上郡，④其將樂方殺之。

丁亥〔27年〕赤眉降漢于宜陽，長安平。蓋延平劉永于睢陽。隗囂以西州格命。李憲稱帝淮南。

戊子

---

① 「以王」二字原脱，據四庫本補。

② 四庫本此年作「劉玄西入長安，殺漢孺子嬰。大將軍劉秀北狥薊還，拔邯，鄲誅王郎，受玄封蕭王，又敗銅馬賊于鄡，又敗赤眉賊于射犬。赤眉西攻長安。劉永擅命。睢陽公孫述稱王巴蜀。李憲稱王淮南。秦豐稱王黎邱。張步稱兵瑯琊。董憲稱兵東海。延岑稱兵漢中。田戎稱兵夷陵」。

③ 「次」，四庫本作「拔」。

④ 「青」，四庫本作「赤」。

己丑[29年]彭寵爲家奴所殺,來降,封不義侯,薊門平。朱祐平秦豐于黎丘,滅張步于臨淄。盧芳稱帝五原。帝徵嚴光,不起。

庚寅[30年]馬成平李憲于淮南。吴漢平董憲于東海。隗囂以西州入于蜀。

辛卯

壬辰[32年]西征。馮異、竇融破隗囂于隴右。

癸巳[33年]隗囂死,子純立。來歙、馮異伐蜀,入天水。

經世之卯二千二百三十六

甲午[34年]漢光武皇帝十年。西征,滅隗純于隴右。

乙未[35年]西征蜀,至于南陽。吴漢、岑彭大破蜀軍于荆門。

丙申[36年]吴漢拔成都,誅公孫述及將田戎、岑延。

丁酉[37年]盧芳自五原亡入匈奴。

戊戌[38年]天下平。

己亥[39年]大司徒歐陽歙下獄死。

庚子[40年]交阯女徵側叛。青、徐、幽、冀盗起。

辛丑[41年]南巡。廢皇后郭氏爲中山太后,册貴人陰氏爲皇后。

壬寅[42年]西巡。史歆以成都叛,吴漢復平之。馬援伐交阯。幸長安。

癸卯［43年］南巡。馬援平交阯，封新息侯。廢皇太子彊爲東海王，以東海王莊爲皇太子。①
甲辰［44年］大司徒戴涉下獄死。
乙巳
丙午
丁未
戊申
己酉［49年］馬援破武陵蠻。
庚戌［50年］作壽陵。
辛亥
壬子
癸丑
甲寅［54年］東巡狩。
乙卯

① 「莊」，四庫本作「陽」。「子」後，四庫本有「改名莊」三字，屬下讀。

丙辰[56年]東封太山，禪梁甫。改元中元。西幸長安。馮魴爲司空。①

丁巳[57年]帝崩。皇太子莊踐位，是謂孝明皇帝。葬世祖于原陵。

戊午[58年]改元永平。

己未

庚申

辛酉

壬戌[62年]北巡。②

癸亥[63年]東巡。③

經世之辰二千二百三十七

甲子[64年]漢孝明皇帝七年。

乙丑

丙寅

丁卯[67年]南巡狩。

---

①「馮魴」，「魴」原作「房」，據四庫本改。

②「巡」後，四庫本有「至于鄴」三字，下讀。

③「巡」後，四庫本有「至于岱」三字，下讀。

戊辰

己巳[69年]牟融爲司空。

庚午[70年]河大決。

辛未

壬申[72年]東巡狩。

癸酉[73年]司徒邢穆、駙馬都尉韓光下獄死。①

甲戌

乙亥[75年]帝崩。皇太子炟踐位,②是謂孝章皇帝。葬顯宗于節陵。

丙子[76年]改元建初。

丁丑

戊寅

己卯[79年]鮑昱爲太尉。③桓虞爲司徒。詔于白虎觀議五經異同。

庚辰

---

① 「駙馬」,「駙」原作「附」,據四庫本改。
② 「炟」,原作「坦」,據四庫本改。
③ 「鮑昱」,「昱」原作「宣」,據四庫本改。

辛巳

壬午［82年］廢皇太子爲清河王，①立皇子肇爲皇太子。北幸鄴，西幸長安。

癸未［83年］東巡狩。

甲申［84年］改元元和。南巡狩。鄧彪爲太尉。②

乙酉［85年］東巡狩。

丙戌［86年］北巡狩。

丁亥［87年］改元章和。南巡狩。

戊子［88年］帝崩。皇太子肇踐位，是謂孝和皇帝。太后竇氏臨朝稱制。竇憲爲車騎將軍，專政。葬肅宗于敬陵。以鄧彪爲太尉、録尚書事。③

己丑［89年］改元永元。竇憲敗匈奴于稽落山。以竇憲爲大將軍。④

庚寅

辛卯［91年］帝加元服。班超平西域。

---

① 「子」下，四庫本有「慶」字。

② 「彪」，四庫本作「弘」。

③ 四庫本無「以」字。

④ 此年四庫本作「改元永元。竇憲敗匈奴于稽落，勒功燕然，還爲大將軍」。

壬辰［92年］竇憲作逆事覺，伏誅。帝始親萬機。

癸巳

經世之巳二千二百三十八

甲午［94年］漢孝和皇帝六年。

乙未

丙申

丁酉［97年］司徒劉方有罪自殺。

戊戌

己亥

庚子［100年］張酺罷太尉，張禹爲太尉。

辛丑［101年］魯恭爲司徒。

壬寅［102年］廢皇后陰氏，册貴人鄧氏爲皇后。徐防爲司空。

癸卯［103年］南巡。

甲辰［104年］司徒魯恭罷免，徐防爲司徒，陳寵爲司空。

乙巳［105年］改元元興。帝崩。皇子隆立，是謂殤帝。太后鄧氏臨朝稱制。車騎將軍鄧騭專政。

丙午[106年]改元延平。葬穆宗于慎陵。帝又崩，鄧騭迎章帝孫祐立之，是謂孝安皇帝。葬殤帝于康陵。尹勤爲司空。

丁未[107年]改元永初。①魯恭爲司徒，張禹爲太尉，張敏爲司空。周章謀廢立不克，自殺。

戊申[108年]鄧騭爲大將軍。

己酉[109年]帝加元服。

庚戌[110年]海寇亂。

辛亥[111年]西羌入寇。張禹免太尉。

壬子[112年]太后鄧氏有事于太廟。劉愷爲司空。

癸丑

甲寅[114年]改元元初。司馬苞爲太尉。

乙卯[115年]册閻氏爲皇后。劉愷爲司徒，袁敞爲司空。

丙辰[116年]李咸爲司空。

丁巳

戊午

---

①「永初」，「初」原作「和」，據四庫本改。

己未

庚申[120年]改元永寧。楊震爲司徒。

辛酉[121年]改元建光。太后鄧氏崩，帝始親政事。特進鄧騭、度遼將軍鄧遵下獄死。①

壬戌[122年]改元延光。

癸亥[123年]司徒楊震爲太尉。

經世之午二千二百三十九

甲子[124年]漢孝安皇帝十八年。東巡。廢皇太子保爲濟陰王。楊震罷太尉，馮石爲太尉。

乙丑[125年]帝南巡，崩于葉。太后閻氏臨朝稱制，閻顯爲車騎將軍，專政。立章帝玄孫北鄉侯懿，誅大將軍耿寶，葬恭宗于恭陵。懿又卒，車騎將軍閻顯及大長秋江京閉宫門，擇立它子，中黄門孫程十九人殺江京，迎濟陰王立之，②是謂孝順皇帝。顯兵入北宫，不勝。孫程取閻顯及江京之黨，殺之，亂乃定。以王禮葬北鄉侯。馮石爲太傅，劉喜爲太尉，李郃爲司徒。

丙寅[126年]改元永建。皇太后閻氏崩。桓焉爲太傅，朱寵爲太尉，朱倀爲司徒。

---

①「度」，原作「渡」，據四庫本改。

②「王」，原作「侯」，據四庫本改。

丁卯

戊辰

己巳[129年]帝加元服。龐參爲太尉，王龔爲司空，劉俊爲司徒。

庚午[130年]班勇棄市。

辛未

壬申[132年]改元陽嘉。册梁氏爲皇后。

癸酉[133年]施延爲太尉。

甲戌[134年]黄尚爲司徒，王卓爲司空。

乙亥

丙子[136年]改元永和。王龔爲太尉。

丁丑[137年]郭虔爲司空。

戊寅[138年]劉壽爲司徒。

己卯[139年]誅中常侍張逵。①

庚辰

---

①「張逵」，「逵」原作「達」，據四庫本改。

辛巳［141年］趙誠爲司空，梁冀爲大將軍。

壬午［142年］改元漢安。遣張綱等八使持節巡行天下。廣陵寇亂。趙峻爲太尉，胡廣爲司徒。

癸未［143年］彭門寇亂。

甲申［144年］改元建康。帝崩。皇太子炳踐位，是謂沖帝。太后梁氏臨朝稱制，大將軍梁冀專政。葬敬宗于憲陵。盜發憲陵。免尚書欒巴爲庶人。

乙酉［145年］改元永嘉。帝崩。太后梁氏、大將軍梁冀迎肅宗孫纘立之，是謂質帝。葬沖帝于懷陵。江淮寇亂，九江賊稱黃帝，歷陽賊稱黑帝。

丙戌［146年］改元本初。①梁冀弑帝，迎肅宗曾孫志立之，是謂桓帝。李固罷免。梁冀專政。

丁亥［147年］改元建和。梁冀以女上皇后。杜喬爲太尉，胡廣罷免。李固、杜喬下獄死。

戊子［148年］帝加元服。趙誠爲太尉，袁湯爲司徒。

己丑

庚寅［150年］改元和平。太后梁氏崩。

辛卯［151年］改元元嘉。黃瓊爲司空，尋罷免。

壬辰

---

① 「本初」，「本」原作「太」，據四庫本改。

癸巳[153年]改元永興。袁成、逢隗爲三公。

經世之未二千二百四十

甲午[154年]漢孝桓皇帝八年。黄瓊爲太尉，尹頌爲司徒。

乙未[155年]改元永壽。韓縯爲司空。

丙申

丁酉

戊戌[158年]改元延熹。

己亥[159年]皇太后梁氏崩。大將軍梁冀謀逆事覺，夷三族。黄門單超擅命，①胡廣、韓縯減死。②

庚子[160年]白馬令李雲直諫，死于獄。太山及長沙寇亂。

辛丑[161年]武庫火。

壬寅

癸卯

① 「黄門」，「門」原作「開」，據四庫本改。

② 「減」，原作「滅」，據四庫本改。

甲辰[164年]南巡。楊秉爲太尉。①

乙巳[165年]廢皇后鄧氏,册貴人竇氏爲皇后。陳蕃爲太尉,竇武爲大將軍。

丙午[166年]黨錮事起,司隸李膺等三百人下獄。

丁未[167年]改元永康。帝崩。太后竇氏臨朝稱制。

戊申[168年]竇武迎肅宗玄孫解犢侯宏立之,②是謂靈帝。竇武録尚書事,專政。改元建寧。葬威宗于宣陵。中常侍曹節、王甫殺太傅陳蕃、大將軍竇武及尚書尹勳、侍中劉瑜、屯騎校尉馮述,夷其族,徙太后竇氏于南宫,謀誅宦氏不克故也。胡廣爲太尉,劉寵爲司徒。

己酉[169年]朋黨事復起,殺李膺等百人。

庚戌

辛亥[171年]帝加元服,册宋氏爲皇后。

壬子[172年]改元嘉平。太后竇氏崩。誣構事大起。

癸丑[173年]段熲爲太尉,③楊賜爲司空。

甲寅[174年]李咸爲太尉。

---

①「楊秉」,「秉」原作「東」,據四庫本改。

②「侯」前,四庫本有「亭」字。

③「段熲」,原作「叚潁」,據四庫本改。後同。

乙卯［175年］五經文皆刻石于太學。袁隗爲司徒。

丙辰［176年］劉寬爲太尉，楊賜爲司徒。①

丁巳［177年］大伐鮮卑。孟彧爲太尉，②陳耽爲司空。

戊午［178年］改元光和。合浦、交阯内寇。廢皇后宋氏。大鬻爵，至三公。袁滂爲司徒。

己未［179年］諸貴臣下獄，死者相繼，宦氏誣故也。劉郃爲司徒，③段熲爲太尉，張濟爲司空。

庚申［180年］陳耽爲司徒。册何氏爲皇后。

辛酉［181年］作宫市，帝遊，以驢爲駕。

壬戌

癸亥

經世之申二千二百四十一

甲子［184年］漢孝靈皇帝十七年。④黄巾寇起。鄧盛爲太尉，張温爲司空。侍中向栩、張鈞下

---

① 「司徒」，「徒」原作「空」，據四庫本改。

② 「孟彧」，「彧」原作「郁」，據四庫本改。

③ 「劉郃」，「郃」原作「劭」，據四庫本改。

④ 「漢」前，四庫本有「改元中平」四字。

獄死。閹人大起誣構。①黄巾平。

乙丑[185年]黑山賊起。崔烈爲司徒,張延爲太尉,許相爲司空。三輔寇亂。陳躭、劉陶坐直言死。

丙寅[186年]張温爲太尉。江夏兵起。前太尉張延下獄死。

丁卯[187年]賣官至關内侯。曹嵩爲太尉。三輔盗起,漁陽賊稱帝。

戊辰[188年]天下群盗起,黄巾賊復寇郡國稱帝。②置八校尉,以捕天下群盗。馬日磾爲太尉,曹操爲典軍校尉,袁紹爲中軍校尉,董重爲驃騎將軍。

己巳[189年]帝崩。皇太子辯踐位。皇太后何氏臨朝稱制,大將軍何進專政。改元光熹。封皇弟協爲渤海王。殺上軍校尉蹇碩、驃騎將軍董重及太皇太后董氏,議立協故也。徙協爲陳留王。中常侍張讓、段珪殺大將軍何進,中郎袁術以兵攻東宫,張讓、段珪以帝及陳留王走北宫,③何苗攻北宫,司隸校尉袁紹兵入,大殺閹豎。讓、珪以帝及陳留王出走小平津,尚書盧植兵追及之,讓、珪投于河死,盧植以帝及陳留王還宫。改元昭寧。董卓自太原入,廢帝爲弘農王,立陳留王協,是謂獻帝。徙太后何氏于永安宫。改元永漢。卓殺太后何氏及

①「構」,四庫本作「搆」。
②「郡」,四庫本作「羣」。
③「走」,原作「是」,據四庫本改。

弘農王辯于永安宫，①稱相國，專制。黄琬爲太尉，楊彪爲司徒，荀爽爲司空。袁紹入冀州。

庚午［190年］改元初平。天下兵起。群校尉推袁紹爲主，同攻董卓。卓大殺宗室及官屬，遷帝西都長安。孫堅起兵荆州。白波賊寇東郡。劉虞爲太傅，种拂爲司空。

辛未［191年］董卓稱太師，大焚洛陽宫闕及徙居民于長安。孫堅敗董卓兵于陽人，入洛，脩完諸帝陵寢，引軍還魯陽。黑山賊寇常山，黄巾賊擾太山。

壬申［192年］董卓將王允、吕布誅卓于長安，夷三族。卓將李傕、郭汜陷長安，殺王允。吕布走袁紹。傕、汜擅政。以皇甫嵩爲太尉，淳于嘉爲司徒。曹操破黄巾于壽張。孫堅卒，子策代總其衆。

癸酉［193年］李傕、郭汜屠三輔。朱儁爲太尉，趙温爲司空。袁紹、袁術交兵東方。

甲戌［194年］改元興平。帝加元服。楊彪爲太尉。孫策據有江南。

乙亥［195年］李傕、郭汜争權，相攻于長安。楊定、楊奉、董承以帝東還。②曹操破吕布于定陶，遂有兖州。布走劉備。

丙子［196年］帝還洛陽，改元建安。曹操徙帝都許昌。

---

①「殺」，四庫本作「弑」。

②「董承」，「承」原作「丞」，據四庫本改。

丁丑［197年］袁術稱帝九江，拜袁紹大將軍。①曹操破袁術于揚州。吕布襲劉備于下邳。劉備走曹操。

戊寅［198年］曹操平吕布于下邳，兼有徐州。

己卯［199年］袁術死。袁紹破曹操將公孫瓚于易水。②孫策破劉勳于廬江。

庚辰［200年］曹操大敗袁紹于官渡。劉備去曹操奔劉表于荆南。江南③孫策卒，弟權繼事。

辛巳

壬午［202年］袁紹卒，子尚繼事，以弟譚爲將軍。

癸未［203年］袁尚、袁譚相攻，譚敗，奔曹操。

甲申［204年］曹操破袁尚于鄴，兼有冀州。尚走青州，譚復奔尚。

乙酉［205年］曹操滅袁氏于青州，譚死，尚走烏丸。

丙戌［206年］曹操破高幹于太原，幹走荆州。

丁亥［207年］曹操破烏丸于聊城，袁尚走遼東，死。

戊子［208年］曹操殺太中大夫孔融，遂領丞相。荆州劉表卒，子琮繼事。劉備起諸葛亮于南

---

① 「拜」，四庫本作「并」。

② 「袁紹破」三字據四庫本補。「于」前原有「屯」字，據四庫本删。

③ 「南」，四庫本作「州」。

陽，亮以吴周瑜兵大破曹操于赤壁，遂有荆州，稱牧，治公安。

己丑[209年]孫權會劉備于京口，劉備表孫權爲徐州牧，孫權表劉備爲荆州牧。

庚寅[210年]曹操起銅爵臺于鄴。孫權南收交州。①

辛卯[211年]曹操平關中。益州劉璋會劉備于葭萌。孫權自京口徙治秣陵。

壬辰[212年]曹操割河已北屬鄴。②孫權城石頭，改秣陵爲建業。

癸巳[213年]曹操以冀之十郡稱魏國公，加九錫。劉備攻劉璋于成都。孫權扞曹操于濡須。③

經世之酉二千二百四十二

甲午[214年]漢獻帝二十六年。曹操弑皇后伏氏及二皇子，④又破張魯米賊于漢中。劉備克成都，據有巴、蜀。孫權取劉備三郡。

乙未[215年]曹操以女上皇后，又平張魯于漢中。孫權、劉備連兵攻曹操。

丙申[216年]曹操進爵爲魏王，南伐吴。

丁酉[217年]曹操用天子服器。孫權稱表曹操，報以婚禮。

---

①「收」，四庫本作「牧」。

②「已」，四庫本作「以」。

③「扞」，四庫本作「捍」。

④「弑」，四庫本作「殺」。

戊戌[218年]少府耿紀、司直韋晃殺曹操不克，伏誅。操攻劉備，進攻漢中。

己亥[219年]劉備取曹操漢中，稱王。孫權取劉備荆州，稱牧。關羽死之。

庚子[220年]改元建康。曹操卒，子丕繼事。是年，丕代漢命于鄴，是謂文帝，改國曰魏，元曰黄初。降帝爲山陽公。葬太祖曹操于西陵。自鄴徙都洛陽。

辛丑[221年]魏郊祀天地。是年，劉備稱帝成都，建國曰蜀，元曰章武，諸葛亮爲相。孫權自建業徙都鄂，改鄂爲武昌。

壬寅[222年]魏加兵于吴。蜀伐吴不利，敗于猇亭。是年，孫權稱王武昌，是謂文帝，建國曰吴，元曰黄武，通使于蜀，以脩前好。

癸卯[223年]蜀主備卒于白帝城，太子禪繼，是謂後主，改元建興。魏與蜀和親。

甲辰[224年]魏伐吴。

乙巳[225年]魏伐吴，治兵廣陵。①蜀諸葛亮平四郡蠻。

丙午[226年]魏帝丕終，太子叡嗣位，是謂明帝，司馬懿爲驃騎大將軍。

丁未[227年]魏改元太和，有事于南郊及明堂。蜀諸葛亮出師漢中。

戊申[228年]蜀諸葛亮圍魏陳倉。吴破魏石亭。

---

① 「治」，原作「始」，據四庫本改。

己酉[229年]蜀克魏武都。吴孫權稱帝，改元黄龍，自武昌復徙都建業。

庚戌[230年]魏伐蜀，假司馬懿黄鉞。蜀諸葛亮攻魏天水。

辛亥[231年]蜀圍魏祁山。①

壬子[232年]蜀息軍黄沙。吴改元嘉禾。

癸丑[233年]魏改元青龍。蜀伐魏，師出褒斜。

甲寅[234年]魏南伐吴至于壽春，西伐蜀至于渭南。②蜀諸葛亮卒于師。吴伐魏，師出合肥。

是年，漢山陽公卒。

乙卯[235年]魏大起洛陽宫室，司馬懿爲太尉。蜀以蔣琬爲大將軍，專國事。

丙辰

丁巳[237年]魏改元景初。公孫淵以遼東叛，稱王。

戊午[238年]魏司馬懿平遼東。蜀改元延熙。吴改元赤烏。

己未[239年]魏明帝叡終，齊王芳繼，司馬懿及曹爽輔政。

庚申[240年]魏改元正始。

---

① 「祁山」，「祁」原作「岐」，據四庫本改。

② 「渭」，原作「魏」，據四庫本改。

辛酉[241年]吴全琮伐魏,軍出淮南。

壬戌[242年]蜀姜維伐魏,軍出漢中。

癸亥[243年]魏帝加元服。司馬懿伐吴至于舒。蜀蔣琬伐魏,軍出漢中。吴伐魏,軍出六安。

經世之戌二千二百四十三

甲子[244年]魏主芳五年。蜀主禪二十一年。吴主權二十三年。魏曹爽伐蜀無功。

乙丑[245年]蜀伐魏,費禕師出漢中。吴將馬茂作難,夷三族。

丙寅

丁卯[247年]魏曹爽專政,何晏秉機。司馬懿稱病。

戊辰[248年]蜀伐魏,費禕師出漢中。

己巳[249年]魏曹爽奉其君謁高平陵,太傅司馬宣王稱兵于内,夷大將軍曹爽及其支黨曹義、曹訓、曹彦、何晏、丁謐、鄧颺、畢軌、李勝、桓範、張當三族,①迎帝還宫,改元嘉平,復皇太后。懿加九錫,專國事。

庚午[250年]魏伐吴南郡。

① 「丁謐」,「謐」原作「謚」,據四庫本改。

辛未[251年]魏司馬懿宣王卒，子師繼事。吴改元太元。

壬申[252年]魏伐吴，不利。吴改元神鳳，權卒，子亮繼，改元建興。

癸酉[253年]吴、蜀伐魏。

甲戌[254年]魏亂，司馬師廢其君芳，立高貴鄉公髦，改元正元，師假黄鉞，專制，稱景王。蜀伐魏，姜維拔魏三城。吴改元五鳳。

乙亥[255年]魏司馬師伐吴，平淮南，還許昌卒，子昭繼事，①爲大將軍録尚書事，專制。蜀姜維敗魏軍于臨洮。吴孫峻敗魏于壽春。②

丙子[256年]魏改元甘露，大敗蜀軍于上邽。司馬昭稱文王，假黄鉞。吴改元太平，大將軍孫峻卒，國亂。

丁丑[257年]魏大將軍諸葛誕以揚州叛，入于吴。蜀伐魏，姜維師出洛谷。吴王亮始親政事。③

戊寅[258年]魏司馬昭伐吴，拔壽春，誅諸葛誕。蜀改元景耀，宦氏黄皓專政。吴亂，大將軍孫綝廢其君亮，立亮弟休，改元永安。綝作逆，伏誅。

己卯

---

① 「子」，當爲「弟」。

② 「魏」後，四庫本有「軍」字。

③ 「王」，四庫本作「主」。「政事」二字原脱，據四庫本補。

庚辰[260年]魏亂，司馬昭弑其君髦，立常道鄉公璜，改元景元。昭加九錫，稱晉國公，①專制。

辛巳

壬午[262年]魏鄧艾、鍾會伐蜀。

癸未[263年]魏滅蜀，徙其君于洛陽。蜀改元炎興，是年國亡。吴出軍壽春救蜀，不克。

甲申[264年]司馬昭進爵爲晉王，增郡二十，用天子服器，改元咸熙，以檻車徵鄧艾。鍾會以蜀叛。吴孫休卒，濮陽王興、中軍張布廢休子𩅦，②立權廢子和之子皓，改元元興。皓立，誅興及布。

乙酉[265年]魏司馬昭卒，子炎繼事。是年，炎代魏命，是謂武帝，改國爲晉，元曰太始。降其君璜爲陳留王，徙于鄴。吴徙都武昌，改元甘露。

丙戌[266年]吴改元寶鼎，復還建業。

丁亥[267年]晉立子衷爲皇太子。

戊子[268年]吴伐晉。

己丑[269年]吴改元建衡，南伐交阯。③

---

①「晉國公」，「晉」原作「進」，據四庫本改。

②「𩅦」，四庫本作「而」。

③「阯」，四庫本作「趾」。後同。

庚寅[270年]吴孫秀奔晉。

辛卯[271年]吴平交阯。蜀劉禪卒于晉。

壬辰[272年]晉賈充以女上太子妃，遂爲司空。吴改元鳳凰。

癸巳[273年]晉何曾爲司徒。吴師寇晉弋陽。

經世之亥二千二百四十四

甲午[274年]晉武帝十年。吴主皓十年。①晉分幽州，城平州。

乙未[275年]晉改元咸寧。吴改元天册。②

丙申[276年]晉東西夷十七國内附。吴改元天璽。③

丁酉[277年]晉四夷内附。吴改元天紀，將邵凱、夏祥逃入于晉。

戊戌[278年]吴劉翻、祖始逃入于晉。

己亥[279年]晉命賈充督楊渾、瑯琊王伷、王渾、王戎、胡奮、杜預、唐彬、王濬七將兵二十萬伐吴。是年汲人發魏襄王塚，得書七十五卷。

庚子[280年]晉平吴，徙孫皓于洛陽，改元太康。

---

① 「主」，四庫本作「王」。

② 「册」，四庫本作「璽」。

③ 四庫本無「改元天璽」四字。

辛丑
壬寅[282年]東西夷二十九國修貢。山濤爲司徒，衛瓘爲司空。賈充卒。
癸卯[283年]孫皓卒。魏舒爲司徒。
甲辰
乙巳
丙午
丁未
戊申
己酉[289年]汝南王亮爲司馬，假黄鉞。
庚戌[290年]改元太熙。武帝崩，太子衷踐位，是謂惠帝，册妃賈氏爲皇后，改元永熙。葬武帝于峻陵。王渾爲司徒，何劭爲太師，裴楷爲少師，和嶠爲少保，王戎爲少傅，衛瓘爲太保，石鑒爲司空。
辛亥[291年]改元永平。①皇后賈氏專制，夷十二大臣族，太傅楊駿、太保衛瓘、汝南王亮

① 「永平」，四庫本作「元康」。

皆被戮焉。廢太后楊氏爲庶人，徙之金墉。遣諸王就國。改元元康。趙王倫爲大將軍。①

壬子[292年]賈氏弒皇太后楊氏于金墉。②

癸丑

甲寅

乙卯[295年]武庫火。

丙辰[296年]張華爲司空。秦雍寇亂。齊萬年稱兵涇陽，楊茂搜稱兵百頃。

丁巳[297年]王戎爲司徒，何劭爲僕射。

戊午

己未[299年]賈后廢皇太子遹爲庶人，及其二子送之金墉。裴頠爲僕射。

庚申[300年]改元永康。皇后賈氏徙皇庶人于許昌，殺之。趙王倫、梁王肜廢皇后賈氏爲庶人，送金墉，殺之，誅宰相張華及僕射裴頠、侍中賈謐，又誅嵇康、吕安、石崇、潘岳于東市。

① 「大將軍」，四庫本作「征西將軍」。
② 「氏」，四庫本作「后」。

倫假黄鉞，①稱相國，②專制，以彤爲太宰，册羊氏爲皇后。賈氏黨趙廞以成都叛。③

辛酉［301年］趙王倫竊命，徙帝于金墉，改元建始。齊王冏、成都王穎、河間王顒兵入誅趙王倫及其黨，迎帝反正。冏大司馬，專制，以穎爲大將軍，顒爲太尉，改元永寧。流人李特殺趙廞于成都。張軌以涼州叛。

壬戌［302年］長沙王乂、河間王顒、成都王穎、新野王歆、范陽王虓兵入誅齊王冏，送其族于金墉，殺之。乂稱太尉，專制，改元太安。流人李特以六郡稱牧廣漢。④

癸亥［303年］河間王顒、成都王穎、東海王越執長沙王乂，送之金墉，殺之。顒稱太宰，專制于長安。陸機、陸雲兵死。石冰以徐、揚亂。⑤李特攻成都不克，死，子雄繼。

以運經世之九　觀物篇之三十三

經元之甲一

---

①「假」，原誤作「解」，據四庫本改。

②「相國」，四庫本作「國相」。

③「趙廞」，「廞」原作「欽」，據四庫本改。下同。

④「牧」，四庫本作「兵」。

⑤「石冰」，「冰」原作「水」，據四庫本改。「徐揚」，四庫本作「楊徐」。

經會之午七

經運之辛一百八十八

經世之子二千二百四十五

經世之子二千二百四十五

甲子[304年]晉惠帝十四年。河間王顒廢皇后羊氏及皇太子覃，徙之金墉。表成都王穎爲太弟，加九錫，鎮鄴。改元永安。右衛將軍陳軫復羊氏皇后及覃太子，大會司徒王戎及東海王越、高密王簡、平昌公模、吴王晏、豫章王熾、襄陽王範、左僕射荀藩八部兵，奉帝北伐鄴，師敗于湯陰，嵇紹死之。帝如北軍。穎以帝歸鄴，改元建武。顒將張方入洛，復廢皇后羊氏及覃太子。安北將軍王浚、東瀛公騰以烏丸攻鄴，①穎師敗，帝還洛陽。河間王使張方徙帝西都長安，亦復羊氏皇后及永安年號，廢穎太弟，②以豫章王熾爲太弟，改元永興，王戎豫朝政。始分東西臺。是年，李雄逐羅尚于成都，稱王。單于左賢王劉淵稱王離石，國曰漢，元曰元熙。

乙丑[305年]東海王越嚴兵徐方。范陽王虓抗師許昌。成都王穎擁兵河北。③河間王顒又復

① 「丸」後，四庫本有「兵」字。
② 「穎」前，四庫本有「廢」字據四庫本補。
③ 「河」後，四庫本有「間」字

廢羊氏皇后，以穎爲大將軍，都督河北。虓、越將周權入洛，又復羊氏皇后。洛陽令何喬殺周權，又廢羊氏皇后。虓、越攻穎不已，①穎敗，棄鄴走洛陽。虓、越攻洛陽，穎奔顒于長安。漢劉淵攻晉劉琨于板橋，不利。

丙寅[306年]東海王越、范陽王虓兵攻長安，河間王顒、成都王穎走南山。虓、越將祁弘、宋胄以帝東還洛陽，復以羊氏爲皇后，改元光熙。越稱太傅。録尚書事，專制。虓爲司空，卒，越遂弑帝，立太弟熾，是謂懷帝。引温羡爲司徒，王衍爲司空。顒、穎野死。李雄稱帝成都，國曰蜀，元曰太武，謂之後蜀。

丁卯[307年]晉改元永嘉。東海王越稱大丞相，鎮許昌。以后父梁芬爲太尉。成都王黨汲桑陷鄴。王彌稱兵青、徐。漢劉淵破晉河東諸郡。晉劉琨獨保晉陽。

戊辰[308年]劉淵稱帝蒲子，改元永鳳，拔晉平陽，居之。王彌、石勒附于漢。石勒攻常山，王彌攻洛陽，焚建春門。

己巳[309年]東海王越入洛，殺大臣十餘人，以左僕射山簡征東南大將軍，②都督荊州，南鎮襄陽。③漢劉淵改元河瑞。石勒兵出鉅鹿，王彌兵出上黨，劉聰兵出壺關，同攻晉洛陽。

---

① 「越」後，四庫本有「兵」字。

② 四庫本無「南」字。

③ 「襄陽」，「陽」字據四庫本補。

庚午[310年]東海王越徵兵天下，諸侯咸無從者，自率兵出許昌。漢劉淵卒，子和繼，弟楚王聰殺和代立，①改元光興，以北海王義爲皇太弟，劉曜爲相國，石勒爲大將軍。

辛未[311年]天下亂。晉詔兖州苟晞會諸侯兵伐許昌，會東海王越卒，乃止。是年，洛陽陷，王衍爲石勒獲，②王師十二敗，帝及傳國六璽皆没于寇，長安亦陷，南陽王模亦没于寇。漢劉曜、王彌、石勒拔晉洛陽，俘其帝于平陽，改元嘉平。劉曜拔晉長安，保之。石勒害王彌于己吾而并其衆。蜀李雄拔晉梓潼及涪城，改元玉衡。

壬申[312年]晉懷帝在平陽，賈疋逐劉曜于長安三輔，與閻鼎、梁芬、梁綜、麴允、麴特奉秦王鄴爲皇太子，③以入長安。鎮東將軍瑯琊王睿帥亡衆大集壽春。苟晞保蒙城不利，降于石勒。劉琨保晉陽不利，奔常山。拓跋猗盧以兵六萬來救，大敗劉曜、劉粲于狼孟，④劉琨復保陽曲。漢劉聰納劉殷女二人爲皇后，孫四人爲貴妃，拔晉太原，復失之。

癸酉[313年]晉懷帝死于平陽，皇太子鄴稱帝長安，是謂愍帝，改元建興，以梁芬爲司徒，麴允爲使持節領軍、録尚書事，索綝爲尚書左僕射，瑯琊王睿爲左丞相、都督陝東諸軍事，南陽王保爲

① 「弟」，四庫本作「叔」。
② 「石勒獲」，四庫本作「軍帥」。
③ 「鄴」，原作「業」，據四庫本改。下同。
④ 「孟」，四庫本作「猛」。

右丞相、都督陝西諸軍事。山東郡縣悉陷于寇，漢石勒鎮襄國。曹嶷攻下三齊，據有廣固。

甲戌［314年］晉以瑯琊王睿爲大司馬，荀組爲司空，①劉琨爲大將軍，封涼州張軌爲太尉。西平郡王軌卒，子寔繼，稱西河王，國曰涼，元曰永興，城姑臧，是謂前涼。漢劉聰立三皇后，改元建元。劉曜圍晉長安，石勒圍晉幽州。

乙亥［315年］晉進左丞相、瑯琊王睿大都督中外軍事，②右丞相、南陽王保爲相國，司空荀組爲太尉，大將軍劉琨爲司空。陶侃平江表，獲杜弢。漢劉聰立皇星后，③授石勒專命俾征伐。④勒拔晉濮陽。

丙子［316年］晉長安陷于寇，帝出降于豆田中。漢劉曜拔晉長安，俘其帝于平陽，改元麟嘉。石勒拔晉太原。劉琨走幽州，依段匹磾。

丁丑［317年］晉帝在平陽。瑯琊王睿渡江，稱晉王于建康，元曰建武。以西陽王羕爲太尉，⑤王敦爲大將軍，王導都督中外。帝死于平陽。

---

①「荀組」，原作「荀祖」，據四庫本改。下同。
②「軍」前，四庫本有「諸」字。
③「皇」，原作「星」，據四庫本改。
④「伐」後，四庫本有「晉」字。
⑤「羕」，原作「羲」，四庫本作「業」，據《資治通鑑》卷九〇改。

戊寅[318年]晉王睿稱帝建康，①改元大興，②以子紹爲太子，是謂東晉元帝。劉琨爲段匹磾所害。王敦稱牧荆州，王導開府建康。漢劉聰卒，子粲繼，改元漢昌，將靳準殺粲，代立。相國劉曜自長安入至赤壁稱帝，改元光初，加大將軍，勒九錫，封趙國公。國人誅靳準以迎曜。

己卯[319年]晉南陽王保保祁山，稱晉王。漢劉曜還長安，改國曰趙，是謂前趙，殺石勒使者王循。石勒稱王襄國，國曰趙，元曰趙王，③是謂後趙，以張賓爲之相，號大執法，以弟虎爲之將，號元輔。

庚辰[320年]晉南陽王保走桑城，死。涼亂，張茂殺寔，代立，改元永和。④

辛巳[321年]晉王導爲司空。⑤幽州陷，段匹磾没于石勒。鮮卑慕容廆受晉持節，都督遼東、遼西。

壬午[322年]晉改元永昌。大將軍王敦以武昌叛，破石頭，稱丞相，⑥都督中外。太保西陽王羕

---

① 「帝」後，四庫本有「于」字。
② 「大」，四庫本作「太」。
③ 四庫本無「王」字。
④ 自「涼亂」至句末，四庫本作「涼亂，殺張寔，寔弟茂代領其衆」。
⑤ 「空」後，四庫本有「録尚書事」四字。
⑥ 「稱」，四庫本作「自爲」。

進位太宰，加司空。王導進位尚書令。石虎寇太山。梁碩以淮陰叛。①帝憂憤死，皇太子紹嗣位，是謂明帝。石勒拔劉曜河南。

癸未[323年]晉改元太寧。王敦假黄鉞。劉曜、石勒皆入寇。趙劉曜拔晉陳安，收隴城、陜城及上邽。②趙石勒滅晉曹嶷于廣固。涼張茂稱藩于前趙。

甲申[324年]晉王敦寇江寧，帝御六軍敗敦于越城，敦死于蕪湖。王導爲太宰。③蜀李雄以兄之子班爲太子。涼張茂卒，兄子駿立，改元太元。④

乙酉[325年]晉以子衍爲皇太子。石勒入寇，以陶侃爲征西大將軍，都督荆、湘、梁、雍。明帝終，太子衍嗣位，是謂成帝，太后庾氏稱制，司徒王導録尚書事，同中書令庾亮闞政。⑤遼西亂，段遼弑其主自立。趙石勒拔晉司、兖、豫三州及劉曜新安、許昌。⑥

丙戌[326年]晉改元咸和。進王導大司馬，假黄鉞，都督中外軍事。蜀李雄攻進涪城。⑦趙石

---

① 「碩」，原作「顧」，據四庫本改。
② 「陜城」，四庫本作「陜西城」。
③ 「宰」，四庫本作「保」。
④ 「太元」，四庫本作「太光」。
⑤ 「闞」，四庫本作「輔」。
⑥ 「兖」，原作「衮」，據四庫本改。
⑦ 「進」，四庫本作「晉」。

勒攻晉汝南。

丁亥[327年]晉豫州祖約、歷陽蘇峻、彭城王雄、章武王休連兵犯建業，司馬流距戰不克，死于慈湖。

戊子[328年]晉蘇峻敗王師于西陵，①入宫，稱驃騎將軍，録尚書事，徙帝于石頭。虞潭與庾冰、王舒稱義三吴，②會征西將軍陶侃、平南將軍温嶠、平北將軍魏該，③圍峻白石，④滅之。峻弟逸代，總其衆。韓晃寇宣城。祖約奔石勒。勒大敗劉曜於洛陽，獲之，遂滅前趙，用徐光爲中書令。

己丑[329年]晉蘇逸據石頭，⑤帝野次。滕含敗逸于石頭，逸退保吴興。王允之敗逸于溧陽，⑥滅之。趙石生進收長安，石虎破上邽，殺劉熙、劉胤三千人，進平隴右。

庚寅[330年]晉陸玩、孔愉爲左右僕射，⑦起新宫于苑。陶侃擒郭默于尋陽。蜀李雄攻晉巴

---

①「王」，四庫本作「内」。
②四庫本無「與」字。
③「北」，原作「比」，據四庫本改。
④「峻」後，四庫本有「于」字。
⑤「據」，四庫本作「拔」。
⑥「王允之」，「之」字，據四庫本補。「溧陽」，「溧」原作「漂」，據四庫本改。
⑦「玩」原作「阮」，據四庫本改。下同。

東。涼張駿稱藩于石勒。趙石勒稱帝，自襄國徙都鄴，改元建平。

辛卯［331年］晉以陸玩爲尚書令。

壬辰［332年］晉徙居新宫，①進太尉陶侃大將軍。趙石勒卒，子弘繼，改元延熙，加石虎九錫，專政，稱丞相魏王，殺中書令徐光及右長史程遐。

癸巳［333年］晉遼東公慕容廆卒，子皝繼。蜀李雄卒，子班繼，叔父壽專政。趙亂，石堪出奔譙城，②石朗稱兵洛陽，石生抗軍長安，石虎咸滅之。

經世之丑二千二百四十六

甲午［334年］東晉成帝九年。蜀李班爲庶兄越所殺，立雄子期，改元玉恒，越專政。涼張駿受晉大將軍命。

乙未［335年］晉改元咸康。石虎入寇，假大司馬王導黄鉞，出兵戍慈湖、牛渚、蕪湖。趙亂，石虎殺弘代立，稱攝天王，改元建武。

丙申

丁酉［337年］鮮卑慕容皝稱王遼東。趙石虎稱趙天王。③

---

①「宫」，原作「官」，據四庫本改。

②「堪」，原作「弘」，據四庫本改。

③「趙」，原作「正」，據四庫本改。

戊戌[338年]單于冒頓拓跋什翼犍稱王定襄，國曰代，元曰建國。蜀亂，李壽自漢中入，殺期代立，改國爲漢，元曰漢興。慕容皝攻後趙。

己亥[339年]晉王導卒。伐蜀。

庚子[340年]晉陸玩爲司空。遼東慕容皝獻伐石虎之捷。漢李壽拔晉丹州。

辛丑[341年]晉慕容皝求爲假燕王，徙居和龍。

壬寅[342年]晉成帝崩，母弟瑯琊王岳立，是謂康帝。封成帝二子，丕爲瑯琊王，奕爲東海王。①中書監庾冰、中書令何充、尚書令諸葛恢輔政。②漢李壽卒，子勢繼，改元太和。

癸卯[343年]晉改元建元。

甲辰[344年]晉康帝崩，太子聃繼，是謂穆帝，太后稱制。趙石虎伐涼不利，伐燕有功。

乙巳[345年]晉改元永和。會稽王昱録尚書六條事，③專政。

丙午[346年]晉桓温伐蜀。漢李勢平李弈，改元嘉寧。涼張駿卒，子重華繼，改元永樂。趙石虎攻涼金城。

---

①「奕」，原作「弈」，據四庫本改。
②「尚書令」，四庫本作「參録尚書事」。
③「昱」下，四庫本有「爲撫軍大將軍」六字。

丁未[347年]晉桓温滅蜀，徙李勢于建康。蜀復亂，范賁稱帝成都。涼張重華敗石虎于枹罕。①趙石虎攻晉竟陵。

戊申[348年]晉桓温爲征西大將軍，入長安，至于灞上。遼東慕容皝卒，子儁繼。
己酉[349年]晉平蜀亂。鮮卑慕容儁稱王遼東，②國曰燕，元曰燕元，是謂前燕。趙石虎稱帝，改元大寧。③虎卒，子世繼，張豺爲相，專制。内難作，石遵自關右入，殺世及張豺代立。石冰自薊門入，殺遵不克。石閔殺遵，立石鑒，改元青龍，閔稱大將軍，專政。苻洪稱兵廣川。④
庚戌[350年]趙石鑒殺大將軍閔及李農不克，閔殺鑒代立，復姓冉氏，改國曰魏，元曰永興，大滅石氏宗室。鑒弟祇稱帝襄國，以將劉顯南攻冉氏不克，殺祇以降。閔破襄國，誅顯，滅其族。將苻健自枋頭入關，⑤逐杜洪于長安，據之。將魏統以兖州、冉遇以豫州、樂弘以荆州、鄭系以洛州入于晉。⑥劉淮以幽州入于燕。燕南略地至幽、冀。

① 「枹」，原作「抱」，據四庫本改。
② 「儁」，四庫本作「雋」。
③ 「大」，四庫本作「太」。
④ 「苻」，原作「符」，據四庫本改。
⑤ 「苻健」，原作「符徤」，據四庫本改。下同。
⑥ 「弘」，四庫本作「引」。

辛亥[351年]趙將周成以廪丘、高昌以野王、樂立以許昌、李歷以衛州請附于晉。劉啓、姚弋仲亦奔于晉。魏冉閔攻燕不利，死，國亡。石虎將苻健稱天王于長安，國曰秦，元曰皇始，是謂前秦。敗晉軍于五丈原。燕慕容儁南伐魏，滅冉閔于昌城。

壬子[352年]晉武陵王晞爲太宰，會稽王昱爲司徒，大將軍桓温爲太尉。魏冉智以鄴降。燕慕容儁稱帝，自和龍徙居中山，改元天璽。秦苻健稱帝長安。

癸丑[353年]涼、秦相攻。涼張重華卒，子耀靈繼，①伯父祚殺耀靈代立，改元和平。②

甲寅[354年]晉太尉桓温伐秦至灞上，秦苻健敗晉軍于白鹿原，又敗之于子午谷。

乙卯[355年]晉將段龕敗燕軍于狼山。右軍王羲之辭官歸。涼宋混、張瓘殺張祚，立耀靈弟玄靚，改元太始。燕南攻晉，不利。秦苻健卒，子生繼。

丙辰[356年]晉桓温敗姚襄軍于伊水，遂復洛陽。秦苻生改元壽光。③

丁巳[357年]晉改元升平，帝加元服，王彪之爲左僕射。燕改元光壽，自中山徙都鄴。秦苻生虐用其人，雄子堅殺生代立，去帝稱天王，改元永興，以王猛、吕婆樓、强汪、梁平老爲之輔。④

① 「耀」，四庫本作「曜」，下同。
② 「和」，原作「永」，據四庫本改。
③ 「光」，四庫本作「元」。
④ 「汪」，原作「注」，據四庫本改。

戊午［358年］晉將馮鴦以衆入于燕。燕拔晉上黨。

己未［359年］晉伐燕不利，燕敗晉于東阿。秦改元甘露，以王猛爲中書令，尹京兆。

庚申［360年］晉仇池公楊俊卒，子世繼。燕慕容儁卒，子暐繼，改元建熙，慕容恪爲太宰，專政，慕容評爲太傅，慕容根爲太師，慕容垂爲河南大都督。根作逆，伏誅。

辛酉［361年］晉穆帝終，立成帝子瑯琊王丕，是謂哀帝。

壬戌［362年］晉改元隆和。燕師攻晉洛陽。

癸亥［363年］晉改元興寧。桓温爲大司馬，假黄鉞，都督中外軍事，北伐。涼張天錫殺玄靚代立，①改元太清。燕將慕容評攻晉許昌。

經世之寅二千二百四十七

甲子［364年］東晉哀帝三年。餌丹有疾，太后稱制。燕、秦入寇洛陽。

乙丑［365年］晉哀帝終于餌丹，母弟瑯琊王奕立。洛陽陷于燕。司馬勳以梁州叛，稱成都王。秦改元建元。匈奴二右賢王以朔方叛，平之。②

丙寅［366年］晉改元太和。會稽王昱爲丞相。燕、秦入寇。涼張天錫受晉命大將軍，都督隴

① 「張」，原作「帥」，據四庫本改。
② 「二」，四庫本作「左」。

右。燕拔晉魯郡，秦拔晉南鄉。

丁卯[367年]燕攻晉竟陵，秦攻晉涼州。

戊辰[368年]秦苻雙以上邽、苻柳以蒲坂叛，①王猛悉平之。

己巳[369年]晉大司馬桓温北伐燕不利，歸罪袁真，袁真以壽陽入于燕。燕大將慕容垂敗晉師于枋頭，以衆降秦，評害功故也。秦救燕有功，取燕之金墉，責無信也。

庚午[370年]晉壽陽袁真卒，子瑾繼。桓温敗瑾于壽陽。廣漢及成都寇亂。王猛滅燕于鄴，徙慕容暐于長安，收郡五十七，猛留鎮鄴。

辛未[371年]晉桓温平壽陽，獲袁瑾以歸，廢其君奕爲海西王，立會稽王昱，改元咸安，是謂文帝，温稱丞相，鎮姑熟，專制，殺太宰武陵王晞、新蔡王晃，仍降海西王爲公及害其二子與母。

壬申[372年]晉命百濟餘句爲鎮東將軍，②領樂浪守。庾希以海陵叛，入于京口。文帝昱終，子曜嗣，是謂武帝，桓温還姑熟。秦王猛平慕容桓于遼東，滅仇池公楊纂于秦州。

癸酉[373年]晉改元寧康。大司馬桓温卒，太后稱制，王彪之爲尚書令，謝安爲尚書僕射，專

---

① 「柳」，原作「抑」，據四庫本改。「坂」，四庫本作「阪」。

② 「百」，原作「苗」，據四庫本改。

政。張天錫貢方物。秦拔晉成都及梓潼。

甲戌［374年］晉桓石破秦軍于墊江。張育稱王于蜀，秦復平之。

乙亥［375年］秦大將軍王猛卒。

丙子［376年］晉改元太元，帝加元服。[①]皇太后委政桓沖，桓豁爲將軍，謝安爲尚書，監録尚書事。秦滅前凉，徙張天錫于姑臧，又平朔方，獲拓跋什翼犍，[②]徙之長安。

丁丑［377年］晉、秦二國抗衡天下。

戊寅［378年］晉作新宫。

己卯［379年］晉敗秦軍于淮南，秦拔晉襄陽。[③]

庚辰［380年］晉李遜以交阯叛。秦苻洛以和龍叛。

辛巳［381年］晉謝石爲尚書僕射，桓石攻秦有功。四夷六十二國脩貢于秦。

壬午

癸未［383年］晉伐蜀，敗秦軍于武當。秦苻堅舉國南伐，晉謝安帥謝琰、謝玄、桓沖、桓伊大敗秦

---

① 四庫本無「帝」字。

② 「拓」，原作「托」，據四庫本改。下同。

③ 「秦拔晉襄陽」，四庫本作「遂拔秦襄陽」。

師于肥水，進圍洛陽。秦苻堅喪師壽春，①苻融没于戰，②諸將咸叛。慕容垂稱王滎陽，北居中山，國曰燕，元曰燕元，是謂後燕，攻苻丕于鄴。丁零翟真以行唐叛。③仇池楊世入于晉。④

甲申[384年]晉假謝安黃鉞，都督軍事，鎮廣陵，⑤領荆南十五州，復襄陽。秦苻朗以青州降。秦苻堅來乞師，遣劉牢之救鄴。秦將姚萇稱王萬年，國曰秦，元曰白雀，是謂後秦。慕容沖稱王阿房，慕容泓稱王華池，慕容永稱王長子，呂光稱王酒泉。萇、沖兵互逼長安。⑥燕北伐高句麗，復遼東故也。

乙酉[385年]晉謝安救秦，至于長安，復洛陽以還，卒。秦苻堅没于姚萇，子丕自鄴攻晉陽，稱帝，改元太安。慕容沖屠長安。秦將乞伏國仁稱牧洮罕，⑦國曰秦，元曰建義，是謂西秦。燕慕容垂南平鄴，徙都之。秦姚萇獲苻堅于五將山，歸殺之于新平。⑧是年，冒頓拓跋什翼

---

①「春」，四庫本作「陽」。
②「苻」前，四庫本有「秦」字。
③「丁零」，原作「句町」，據四庫本改。後同。
④「池」後，四庫本有「公」字。
⑤「鎮」，原作「領」，據四庫本改。
⑥「兵互逼」，四庫本作「稱兵進逼」。
⑦「洮罕」，四庫本作「秦河二州」。
⑧「平」，四庫本作「市」。

珪稱王定襄之成樂，國曰魏，元曰登國，是謂後魏道武皇帝。

丙戌［386年］秦苻丕爲慕容永所敗，走晉東垣，①爲晉將馮該所殺，其衆奔杏城。苻登稱帝隴東，②改元太初。苻堅將吕光稱牧姑臧，國曰涼，元曰太安，是謂後涼。燕慕容垂稱帝于鄴，改元建興。慕容沖爲將段隨、韓延所害，③其衆奔垂。慕容永稱帝長子。秦姚萇稱帝，徙居長安，改元建初。

丁亥［387年］晉以子德宗爲太子，敗翟遼于洛口。秦苻登東攻姚萇，封乞伏國仁爲苑川王。

戊子［388年］秦苻登攻姚萇，不利。秦乞伏國仁卒，弟乾歸立，稱河南王，改元太初，徙都金城。

己丑［389年］晉陸納爲尚書令。彭城妖賊亂。翟遼圍滎陽。秦姚萇西攻苻登。涼吕光稱三河王，改元麟嘉。

庚寅［390年］晉敗翟遼于滑臺，永嘉寇亂。秦苻登攻姚萇，不利。

辛卯［391年］晉王珣爲左僕射，謝琰爲右僕射。

壬辰［392年］晉蔣喆以青州亂。慕容垂平丁零翟釗于滑臺。西秦乞伏乾歸開地至巴及隴。

癸巳［393年］秦苻登攻姚萇，不利。秦姚萇卒，子興繼，去帝稱王。

---

①「坦」，原作「桓」，據四庫本改。

②「帝」後，四庫本有「于」字。

③「段隨韓延」，原作「段木延」，據四庫本改。

經世之卯二千二百四十八

甲午[394年]東晉孝武帝二十二年。後魏道武皇帝十年。秦苻登攻姚興不利，戰死，子崇立，奔湟中，稱帝，改元延初，爲乞伏乾歸所滅。燕慕容垂平慕容永于長子。秦姚興復稱帝槐里，①改元皇初。涼吕光徙居樂都。

乙未[395年]燕慕容垂攻魏不利，魏破燕師于黍谷。②

丙申[396年]晉武帝泛舟于泉池，没，太子德宗嗣位，是謂安帝，會稽王道子專政。燕慕容垂拔魏平城，垂卒于上谷，子寶繼，改元永康。太原陷于魏，魏拔燕并州，圍中山，稱帝，改元皇始。涼吕光稱天王，改元龍飛。

丁酉[397年]晉改元隆安。兖州王恭、豫州庾楷、吴郡王欽各以城叛。燕慕容寶北走龍城，慕容詳稱帝中山，慕容麟殺詳代立，③慕容德自丁零入，④又殺麟代立，徙居鄴。中山陷于魏。吕光寇西秦，自金城復徙居苑川。涼吕光將秃髮烏孤稱王廉川，國曰涼，元曰太初，是謂南涼。涼吕光將沮渠蒙遜立段業爲牧于張掖，國曰涼，元曰神璽，是謂北涼。

①「槐」，四庫本作「魏」。
②「黍谷」，四庫本作「參合陂」。
③「麟」，原作「普隣」，據四庫本改。下同。
④「德」，原作「賀隣」，據四庫本改。

戊戌[398年]晉北伐燕，師敗于管城。兖州王恭、豫州庾楷、荆州殷仲堪、廣州桓玄兵犯建業，敗內師于白石。假會稽王道子黄鉞，玄師敗走潯陽。杜炯以京口亂。①燕慕容寶南伐，至于黎陽乃復，將蘭汗殺寶代立于龍城，稱昌黎王，改元青龍，寶子盛誅蘭汗，稱王，改元建平，稱帝，再改元長樂。鄴陷于魏，范陽王慕容德自鄴南走滑臺，稱王，改元上元，②是謂南燕。魏拔燕之鄴及信都，改元天興，自盛樂徙居平城。涼禿髮烏孤克金城，敗吕光于街亭，稱武威天王。

己亥[399年]秦姚興拔晉洛陽。燕慕容德拔晉青州。仇池楊盛稱藩于晉。妖賊孫恩陷晉會稽，晉謝琰、劉牢之往伐，劉裕始參軍政。秦姚興去帝號稱王，改元弘始。魏南攻滑臺。涼吕光傳子紹位，稱太上皇。光卒，兄篡殺紹代立。③涼禿髮烏孤徙居樂都，烏孤卒，弟利鹿孤立，又徙居西平，仍附于姚興。涼段業稱天王，改元天璽，大將沮渠蒙遜出守西安。燕慕容德逐辟閭渾于廣固，徙居之，滑臺没于魏。

庚子[400年]晉司馬劉裕敗孫恩于臨海，以揚州元顯爲十六州都督。燕慕容盛去帝號，稱庶人

---

①「炯」，四庫本作「冏」。

②「上元」，四庫本作「年」。

③「弘」，四庫本作「洪」。

天王,①破高句麗。秦姚興破西秦,俘其王乞伏乾歸于長安。涼呂篡改元咸寧,大司馬呂弘殺篡不克。②涼利鹿孤改元建和。涼將李暠稱牧秦州,國曰涼,元曰庚子,是謂西涼。燕慕容德稱帝廣固,改元建平。

辛丑[401年]晉平孫恩,劉裕出守下邳。燕慕容盛將段璣行弑盛,叔父熙誅璣稱帝,改元光始。秦姚興放乞伏乾歸還苑川。涼呂超弑其君篡,③立其兄隆,改元神鼎,稱藩于姚興。涼禿髮利鹿孤稱西河王。涼大將沮渠蒙遜自西安入,殺段業,代立,改元永安。

壬寅[402年]晉改元元興。桓玄據荆州,建牙夏口。假揚州元顯黄鉞,顯軍敗,玄入于建業,稱侍中丞相録尚書事,又稱太尉,總百揆。乃殺都督元顯及會稽王道子,以瑯琊王德文爲太宰,改元大亨。劉軌以冀州叛。④秦姚興伐呂光有功,拒魏不利,魏敗秦軍于蒙坑。涼禿髮利鹿孤卒,弟傉檀立,⑤改元弘昌,徙居樂都。涼沮渠蒙遜稱藩于姚興。

癸卯[403年]晉加桓玄九錫,稱相國、楚王,用天子器服。玄竊命,徙其帝于永安宫,降爲平固

---

① 「天」,原作「大」,據四庫本改。
② 「弘」,四庫本作「宏」。
③ 「弑」,四庫本作「殺」。
④ 「冀」,原作「翼」,據四庫本改。
⑤ 「檀」,原作「擅」,據四庫本改。下同。

王，遷之潯陽，改國曰楚，元曰永始。①

甲辰[404年]晉帝在潯陽。劉裕唱義，帥沛國劉毅、東海何無忌二州兵大破桓玄兵于京口，又敗玄將桓弘于廣陵、吴甫之于江乘、皇甫敷于羅落。玄逼帝走江陵，裕又敗玄兵于溢口。玄復逼帝東下，裕又敗玄兵于崢嶸洲，又破之于覆舟山，迎帝入江陵。玄敗死于枚洄洲，其將桓振復陷江陵，幽帝。譙縱以成都叛，稱王。秦姚興入十二郡脩好，②貢于晉。魏改元天錫。涼呂隆奔姚興，國亡。涼傉檀去年號，求姑臧於姚興。燕慕容德卒，兄之子超立。

乙巳[405年]晉平桓振。帝自江陵還建業，改元義熙。劉裕都督中外，録尚書事，還鎮丹徒。涼傉檀受姚興命，徙姑臧。燕慕容超改元太上。涼李暠徙居酒泉，改元建初，稱藩于晉。

丙午[406年]晉伐蜀，敗譙縱于白帝。孔安國爲尚書左僕射，大將軍劉裕開府京口。仇池楊盛稱藩。燕慕容超三將奔晉。③燕慕容熙將馮跋殺熙，立慕容雲，復姓高氏，稱王，改元正始。秦姚興將赫連勃勃稱天王于朔方，國曰夏，元曰龍昇。

丁未[407年]晉劉裕入朝，殺東陽太守殷仲文、南蠻校尉殷叔文、晉陵太守殷道叔、永嘉太守駱

---

①「永」，四庫本作「光」。
②四庫本無「好」字。
③「將」，原作「軍」，據四庫本改。

球。①姚興攻秃髮傉檀及赫連勃勃。乞伏乾歸復稱王苑川，改元更始。涼秃髮傉檀攻沮渠蒙遜及赫連勃勃。

戊申[408年]晉劉裕入總朝政，北敗慕容超于臨朐，出大峴，進圍廣固。魏國亂，后萬人同子申弑其君珪，②次子紹誅萬人及申，自立，是謂明帝。《魏史》云：賀夫人及子紹弑珪。③秦乾歸南攻姚興。涼傉檀復稱王姑臧，改元嘉平。夏勃勃南攻姚興。

己酉[409年]晉劉裕滅南燕，徙慕容超于建業。後燕國亂，將馮跋用幸臣離班殺雲，④代立，稱天王，改元太平，是謂北燕。魏改元永興。秦乾歸平枹罕。⑤夏赫連攻姚興。⑥

庚戌[410年]晉始興賊盧循兵寇建業，劉裕大破之，循走潯陽，再破之于豫章。裕假黄鉞。蜀兵陷巴東。秦乞伏乾歸〔爲〕兄之子公府所殺，⑦子熾磐誅公府而自立，⑧改元永康。涼沮渠蒙遜攻李暠有功。夏赫連勃勃攻姚興不利。

---

①「球」，四庫本作「求」。
②「弑」，四庫本作「殺」。
③「夫」，四庫本作「大」。「紹」，四庫本作「如」。
④「將」前，四庫本有「苻」字。
⑤「枹」，原作「抱」，據四庫本改。
⑥「連」後，四庫本有「勃勃」二字。
⑦「爲」字據四庫本補。按：據《資治通鑑》卷一一六記載，乞伏乾歸死當爲壬子年六月事。
⑧「磐」，原作「盤」，據四庫本改。後同。

辛亥［411年］晉劉裕南攻盧循。①盧循走交州，死。劉毅以江陵叛。涼沮渠蒙遜攻秃髮傉檀，有功。夏赫連勃勃攻姚興，不克。

壬子［412年］晉劉裕殺劉藩及謝琨，遂平劉毅于江陵。涼傉檀徙居樂都，姑臧陷于沮渠蒙遜。涼蒙遜拔秃髮傉檀姑臧，徙居之，稱西河王，改元玄始。②

癸丑［413年］晉朱齡石平蜀。魏改元神瑞，與秦姚興和親。秦熾磐破土谷渾于澆河。涼傉檀攻蒙遜，不利。夏改元鳳翔，城統萬。③

甲寅［414年］秦乞伏熾磐滅南涼秃髮傉檀。

乙卯［415年］晉荆州刺史司馬休之、雍州刺史魯宗之叛，裕攻破之，逐之于江陵。劉穆之爲尚書僕射。④秦姚興卒，子泓繼，弟弼作難不克。⑤魏改元太常。

丙辰［416年］晉劉裕北伐姚泓，拔洛陽，進逼潼關。加裕九錫，總百揆，封宋國公。秦姚泓改元永和，洛陽陷于晉，姚懿、姚恢内叛，兵逼長安，姚紹平之。秦乞伏熾磐拔沮渠蒙遜河湟。

---

①「攻」，四庫本作「敗」。
②「玄」，四庫本作「弘」。
③「城統萬」，四庫本作「築統萬城」。
④「僕」前，四庫本有「左」字。
⑤「難」，四庫本作「亂」。

夏赫連勃勃拔姚泓陰密。

丁巳[417年]晉劉裕平長安，滅後秦，執姚泓以歸，以子義真守長安，裕加宋王。魏南攻晉，兵敗于河曲。①涼李暠卒，子歆立，改元嘉興。

戊午[418年]晉劉裕弑其君德宗，立其弟瑯琊王德文，②是謂恭帝。長安陷于夏。涼李歆稱藩于晉。夏赫連勃勃拔晉之長安，稱帝，改元昌武。③

己未[419年]晉改元元熙。宋王劉裕自揚州入，用天子服器。秦乞伏熾磐改元建弘。夏赫連勃勃還居統萬，改元真興。

庚申[420年]劉裕代晉命于揚州，是謂武帝，改國曰宋，元曰永初。降其君德文爲零陵王。

辛酉[421年]宋零陵王德文卒。

壬戌[422年]宋武帝劉裕終，子義符繼。魏攻宋滑臺。

癸亥[423年]宋改元景平。魏攻宋金墉，明帝終，④太子燾繼，⑤是謂太武皇帝。涼沮渠蒙遜滅

① 「曲」，四庫本作「西」。
② 「德文」，原作「昌明」，據四庫本改。
③ 「昌武」，原作「武昌」，據四庫本改。
④ 「帝」後原有「紹」字，據四庫本删。
⑤ 「太」字據四庫本補。

西涼，執李歆歸于姑臧。

經世之辰二千二百四十九

甲子［424年］宋帝義符二年。臣徐羨之、傅亮行弒，立其弟義隆，是謂文帝。還都建業，改元元嘉。魏太武元年，改元始光。

乙丑［425年］魏武帝以崔浩爲相。夏赫連勃勃卒，子昌繼，改元承光。①

丙寅［426年］宋文帝誅執政徐羨之、傅亮，謝晦以荆州叛，平之。魏拔夏之長安。

丁卯［427年］魏西破夏赫連昌。

戊辰［428年］魏改元神䴥。武帝破夏于統萬，俘赫連昌以歸，西北開地三千里。秦乞伏熾磐卒，子暮末繼，②改元永弘。③涼沮渠蒙遜改元承玄。夏之統萬陷于魏，弟定代立，徙居平涼，改元勝光。④

己巳

① 「光」，原作「先」，據四庫本改。
② 「暮」，原作「慕」，據四庫本改。後同。
③ 「弘」，原作「嘉」，據四庫本改。
④ 「勝」，四庫本作「始」。

庚午[430年]宋之金墉陷于魏。燕馮跋卒，弟弘殺跋之子翼，①代立，改元太興。魏拔宋洛陽。涼沮渠蒙遜改元義和。夏赫連定攻秦暮末。

辛未[431年]宋之滑臺陷于魏。夏滅西秦于苑川，俘其君乞伏暮末。魏滅夏于平涼，俘其君赫連定。②

壬申[432年]宋謝靈運棄市于廣州。魏改元延和，遼西内附。

癸酉[433年]宋謝惠連卒。涼沮渠蒙遜卒，子牧犍繼，改元永和。

甲戌[434年]魏南開地至漢中。

乙亥[435年]魏改元太延。

丙子[436年]宋誅檀道濟。魏滅北燕，虜馮弘于遼西。

丁丑

戊寅

己卯[439年]魏滅北涼于姑臧，③獲沮渠牧犍以歸。

庚辰[440年]魏改元太平真君，與宋稱南北朝。

---

① 四庫本無「之」字。

② 「俘」，原作「浮」，據四庫本改。

③ 「滅」，四庫本作「伐」。

辛巳
壬午
癸未[443年]魏克仇池。
甲申
乙酉
丙戌[446年]魏毀象教。①
丁亥[447年]魏攻長安。②
戊子
己丑
庚寅[450年]魏南開地江淮,③夷宰相崔浩三族。
辛卯[451年]魏改元正平,伐宋至于瓜步。

① 「象教」,四庫本作「經像佛教」。
② 「攻」,四庫本作「城」。
③ 「南」後,四庫本有「伐」字。

壬辰[452年]魏國亂。中常侍宗愛弑其君武帝,①立南安王余,②改元承平,又殺之。群臣迎武帝孫濬立之,是謂文成皇帝,改元興安。夷宗愛三族。元壽樂爲太宰,都督中外,録尚書事。③

癸巳[453年]宋國亂。太子劭弑其君文帝,代立,改元太初。少子武陵王駿稱帝新亭,克建康,誅元凶,④改元孝建,⑤是謂孝武皇帝。

經世之巳二千二百五十

甲午[454年]宋孝武皇帝二年。魏文成皇帝三年,改元興光。

乙未[455年]魏改元太安。

丙甲

丁酉[457年]宋改元大明。

戊戌

---

① 「侍」,原作「寺」,據四庫本改。

② 「南安王余」,原作「南定王餘」,據四庫本改。

③ 「事」,四庫本作「官」。

④ 「凶」,原作「二」,據四庫本改。

⑤ 「孝建」,原作「建武」,據四庫本改。

己亥
庚子［460年］魏改元和平。
辛丑
壬寅
癸卯
甲辰［464年］宋孝武皇帝終，①太子業嗣位，改元永光。②
乙巳［465年］宋改元景和。③業立不明，臣壽寂殺之，迎湘東王彧立之，④改元太始，是謂明帝。
魏文成帝終，太子弘嗣位，是謂獻文皇帝。
丙午［466年］宋晉安王子勛以潯陽叛，稱帝，平之。册子昱爲太子。魏師入寇。魏改元天安，盡取宋江北地。大丞相乙渾謀逆，⑤伏誅。
丁未［467年］魏改元皇興。

① 四庫本無「皇」字。
② 「永光」，四庫本作「景和」。
③ 「景和」，四庫本作「永光」。
④ 「彧」，原作「或」，據四庫本改。
⑤ 「乙」，原作「元」，據四庫本改。

戊申

己酉①

庚戌

辛亥[471年]魏獻文授太子宏位，是謂孝文皇帝，弘稱太上皇，改元延興。

壬子[472年]宋改元太豫。明帝失道，②死，太子昱立。

癸丑[473年]宋改元元徽。

甲寅[474年]宋桂陽王休範以江州叛，兵犯建業，右衛將軍蕭道成平之。

乙卯[475年]魏改元承明。③

丙辰[476年]宋建平王景素謀殺蕭道成，不克。道成爲司空，録尚書事。魏太后馮氏弒太上皇。

丁巳[477年]宋國亂。蕭道成弒其君昱，④廢爲蒼梧王，立明帝子準，⑤改元昇明。道成假黄鉞，稱齊國公，專制。魏改元太和。⑥

---

① 是年，四庫本作「魏拔宋青州」。

② 「失」，四庫本作「大」。

③ 按：魏改元事在下年六月。

④ 「弒」，四庫本作「殺」。

⑤ 「準」，原作「准」，據四庫本改。後同。

⑥ 「魏」原無，四庫本同，據《資治通鑑》卷一三四補。「太」原作「大」，據四庫本改。

戊午

己未[479年]宋相國蕭道成稱王。是年，代宋命于建業，改國曰齊，元曰建元，是謂太祖，以子賾爲皇太子，降其君準爲汝陰王，①殺之。

庚申

辛酉

壬戌[482年]齊高帝道成終，太子賾嗣位，是謂武帝，以子懋爲太子，攻魏淮南。

癸亥[483年]齊改元永明。

經世之午二千二百五十一

甲子[484年]齊武帝二年。魏孝文帝十三年。

乙丑

丙寅

丁卯

戊辰

己巳

① 「王」，四庫本作「君」。

庚午

辛未

壬申［492年］魏伐蠕蠕。

癸酉［493年］齊武帝終，太子懋亦卒，①其孫昭業立。

甲戌［494年］齊改元隆昌。五月西昌王蕭鸞行弒，廢其君爲鬱林王，立其弟昭文，改元延興。鸞假黄鉞，稱宣城王，都督中外，專制。十月，宣城王蕭鸞廢昭文爲海陵王，殺之，代立，是謂明帝，改元建武，以子寶卷爲太子。魏大伐于齊。②

乙亥［495年］齊大殺宗室。是年，魏自平城徙都洛陽，用中國禮樂。

丙子［496年］魏改姓元氏。

丁丑

戊寅［498年］齊改元永泰，明帝鸞終，太子寶卷嗣位。魏伐齊，拔新野。

己卯［499年］齊改元永元，以子誦爲太子。魏孝文帝終，子恪繼嗣位，③是謂宣武皇帝。彭城王勰受顧命輔政。

---

①「亦」，四庫本作「再」。

②四庫本無「于」字。

③「子」前，四庫本有「太」字。四庫本無「繼」字。

庚辰［500年］齊崔惠景以廣陵叛，兵犯建業，蕭懿平之。寶卷殺懿，蕭衍稱兵襄陽，蕭穎胄稱兵荆州。①魏改元景明，彭城王勰拔齊壽春。

辛巳［501年］齊蕭衍立南康王寶融于江陵，以兵圍臺城。國人殺寶卷而入寶融于建業，是謂和帝，改元中興。衍稱相國司空，假黄鉞，録尚書事，專制。廢寶卷爲東昏侯。蕭寶夤奔魏。

壬午［502年］齊蕭衍被九錫，封梁王。四月衍代齊命于建業，是謂武帝，改國爲梁，元曰天監，以子統爲皇太子，降其君寶融爲巴陵王，殺之于姑熟。

癸未

甲申［504年］魏改元正始。

乙酉

丙戌

丁亥［507年］東西夷四十國脩貢于魏。

戊子［508年］魏改元永平。殺太師元勰。

己丑［509年］戎夷二十四國脩貢于魏。

庚寅

---

① 「穎胄」，原作「賴」，據四庫本改。

辛卯[511年]東西夷二十九國脩貢于魏。

壬辰[512年]魏改元延昌。

癸巳

經世之未二千二百五十二

甲午[514年]梁武帝十三年。魏武帝十五年。

乙未[515年]魏宣武終，太子詡嗣位，是謂孝明皇帝，太后胡氏稱制。劉騰、元叉爲輔相。

丙申[516年]魏改元熙平。

丁酉

戊戌[518年]魏改元神龜。

己亥

庚子[520年]梁改元普通。魏改元正光，幽靈太后胡氏于北宮。

辛丑

壬寅

癸卯

甲辰

乙巳[525年]魏改元孝昌。相劉騰、元叉罪免爲庶人。迎太后胡氏于北宮，還政。中山、上谷、彭城寇亂。

丙午

丁未[527年]梁帝衍没身于同泰寺,①改元大通。魏諸郡寇亂。②

戊申[528年]魏改元武泰。太后胡氏殺其帝詡,立無名子。大都督爾朱榮自太原入,殺無名子及太后胡氏、諸王、貴臣于河陰,立長樂王攸,是謂莊帝,改元建義,又改元永安。榮都督中外諸軍事,稱太原王,還晉陽,專制。

己酉[529年]梁改元中大通。衍復没身于同泰寺,群臣以錢幣贖衍還政。③元顥自梁入洛,稱帝,改元建武,徙攸于河北。爾朱榮自晉陽入,逐元顥,迎攸返政。

庚戌[530年]魏帝攸殺爾朱榮于洛陽宫,爾朱兆自晉陽入,徙攸于河東,殺之。爾朱世隆立長廣王曄于長子,改元建明。

辛亥[531年]梁昭明太子統卒,晉安王綱爲太子。魏爾朱兆廢曄,立廣陵王子恭于洛陽,④是謂

---

① 「衍」,四庫本作「闈」,下同。
② 「郡」,四庫本作「都」。
③ 「幣贖」,四庫本作「億萬購」。
④ 「廣」,原作「惠」,據四庫本改。

節閔，①改元普泰，②還鎮晉陽。冀州刺史高歡稱兵信都，立章武王子渤海太守朗于信都，改元中興，歡稱丞相。

壬子［532年］魏高歡襲據鄴，③敗爾朱兆于韓陵、西平、并州；④南入洛，廢恭，殺之；又廢朗于河陽，殺之；立平陽王脩于洛陽，⑤改元太昌，再改元永熙，還鎮鄴，專制。爾朱兆走秀容，死。脩立，是謂武帝。

癸丑［533年］魏高歡平爾朱氏。

甲寅［534年］魏高歡入洛，⑥帝脩西走長安。歡立清河王子善見，是謂靜帝，改元天平，徙洛陽四十萬户于鄴，都之，是謂東魏。歡鎮太原，都督中外，專制。宇文泰廢脩于長安，殺之，立南陽王寶炬，是謂文帝，改元大統，是謂西魏。泰都督中外，專制。

乙卯［535年］梁改元大同。

丙辰［536年］侯景爲東魏右僕射、南行臺。

---

①「閔」，四庫本作「愍」。
②「泰」，四庫本作「太」。
③四庫本無「襲」字。
④「敗」，四庫本作「叛」。
⑤「立」，原作「又廢」，據四庫本改。
⑥「入」，四庫本作「之」。

丁巳[537年]西魏宇文泰大破東魏高歡軍于沙苑。

戊午[538年]東魏改元元象。高歡大破西魏宇文泰兵于洛陽。

己未[539年]東魏改元興和。

庚申

辛酉

壬戌

癸亥[543年]東魏改元武定。高歡大破西魏宇文泰軍于邙山,①遂拔洛陽。

經世之申二千二百五十三

甲子[544年]梁武帝四十三年。西魏文帝十一年。東魏静帝十一年。

乙丑

丙寅[546年]梁武帝三失身于同泰寺,②改元中大同,羣臣及皇太子畢會于同泰寺,③是夜,同泰大火。

丁卯[547年]梁改元太清。東魏渤海王高歡卒于晉陽,子澄繼事。侯景以河南十三州叛,慕容

---

①「邙」,原作「芒」,據四庫本改。

②四庫本無「寺」字。

③四庫本無「寺」字。

紹宗敗侯景於長社。景南走壽春，附于梁，封爲河南王。

戊辰［548年］侯景兵犯梁建業，立蕭正德于南闕。①

己巳［549年］侯景破梁臺城，殺衍，立太子綱，是謂文帝。景稱大丞相，都督中外軍事，專制。②湘東王繹開府江陵，③將王僧辯、陳霸先率兵攻侯景。④東魏盜殺高澄于晉陽，弟洋自鄴還晉陽，繼事。

庚午［550年］梁改元大寶。⑤侯景稱相國、漢王，逼綱走西州。西魏拔梁之安陸，取漢中地。東魏高洋入總百揆，進爵爲齊王。五月，洋代東魏命，是謂宣帝，改國爲齊，元曰天保，降其君善見爲中山王。

辛未［551年］侯景廢梁帝綱，又殺之，立豫章王棟，⑥改元天正，又廢之，代立，改國爲漢，元曰太始。西魏文帝寶炬卒，子欽繼。

壬申［552年］梁湘東王繹平侯景，使將朱買臣殺棟，稱帝江陵，是謂元帝，改元承聖，以陳霸先爲

---

① 「正」，原作「王」，據四庫本改。
② 「制」，四庫本作「政」。
③ 「繹」，原作「緯」，據四庫本改。後同。
④ 「攻」，四庫本作「討」。
⑤ 「大」，四庫本作「太」。
⑥ 「棟」原作「揀」，據四庫本改。後同。

征北大將軍，王僧辯爲揚州刺史。武陵王紀稱帝成都，年用天正。西魏稱元年。

癸酉[553年]梁平武陵王于蜀。西魏宇文泰殺尚書元烈。

甲戌[554年]梁蕭詧引西魏兵陷江陵，殺繹及諸王。大將軍陳霸先、揚州刺史王僧辯立繹之子晉安王方智于潯陽，是謂恭帝，還都建業。王僧辯爲太尉，居内。陳霸先爲司空，鎮丹徒。西魏宇文泰弑其君欽，立齊王廓，改元元年。泰用蕭詧南征，拔江陵，殺繹，徙其民于長安。

乙亥[555年]梁貞陽侯蕭明自齊入至東關，太尉王僧辯拒之不勝，遂迎蕭明入建業立之，降方智爲太子，改元天成。司空陳霸先自丹徒入，①殺王僧辯，廢蕭明爲司徒，封建安公，復立方智，改元紹泰。霸先爲尚書，都督中外，專制。是年，蕭詧稱帝江陵，改元大定，北附于宇文氏，是謂後南梁。

丙子[556年]梁改元太平。陳霸先稱相國，敗齊軍于江上。西魏宇文泰卒，子覺繼事。是年，覺代西魏命于長安，是謂閔帝，改國爲周，是謂後周，元稱元年，降其君廓爲宋國公。

丁丑[557年]梁相國陳霸先進爵爲陳王。十月，陳霸先代梁命于建業，是謂武帝，改國曰陳，②

---

① 「空」，四庫本作「徒」。

② 「曰」，四庫本作「爲」。

元曰永定。降其君方智爲江陰王。周亂，宇文護弑其君覺，①立宇文毓，是謂明帝，稱元年。護爲太宰，專制。

戊寅［558年］梁蕭莊以郢州稱帝，求援于齊。②

己卯［559年］陳武帝霸先終，③兄臨川王蒨立，是謂文帝，以子伯宗爲太子。周宇文毓稱天王，改元武成。齊宣帝洋卒，④子殷繼于晉陽，以諸父演爲太師，湛爲司馬。元氏宗室無少長皆殺之，投于漳水。

庚辰［560年］陳改元天嘉。周亂，宇文護弑其君毓，立其弟邕，是謂武帝。齊改元乾明，太師高演弑其君殷，⑤代立，是謂昭帝，改元皇建。⑥

辛巳［561年］周改元保定。齊帝演卒于晉陽，大司馬湛立，改元太寧，⑦是謂武成。

---

①「弑」，四庫本作「殺」。
②「求」，四庫本作「救」。
③「終」，四庫本作「殂」。
④「帝」，四庫本作「王」。
⑤「太」，原作「大」，據四庫本改。
⑥「建」，四庫本作「慶」。
⑦「太」，四庫本作「大」。

壬午［562年］齊改元河清，①還都鄴。後南梁蕭詧卒，②子巋繼，改元天保。③

癸未

甲申［564年］周、齊戰于洛陽。

乙酉［565年］齊高湛傳子緯位，改元天統。

丙戌［566年］陳改元天康。文帝蒨終，太子伯宗嗣立。④庶兄頊録尚書，都督中外軍事，專制。

周改元天和。

丁亥［567年］陳改元光大。

戊子［568年］陳亂，安成王陳頊弑其君伯宗，代立，是謂宣帝。

己丑［569年］陳改元太建，以子叔寶爲太子。

庚寅［570年］齊改元武平。

辛卯

壬辰［572年］陳將吴明徹伐齊有功。周襲封李淵爲唐國公，誅太宰晉公護，改元建德。

① 「河清」，四庫本作「清河」。

② 「梁」，四庫本作「涼」。

③ 「保」，原作「寶」，據四庫本改。

④ 「立」，四庫本作「位」。

癸巳［573年］陳伐齊有功。

經世之酉二千二百五十四

甲午［574年］陳宣帝頊七年。周武帝邕十五年。齊武帝緯十年。後南梁蕭巋十二年。

乙未［575年］周大伐齊，圍其晉州及洛陽。

丙申［576年］周拔齊平陽及晉陽。齊拒周不利，晉州陷于周，緯走并州，周圍并州，緯走鄴，改元隆化。兄安德王延宗稱帝并州，①改元德昌。②并州又陷于周。

丁酉［577年］周軍圍齊之鄴，緯傳子恒位，改元承光，緯走青州，恒又禪丞相任成王湝，湝稱守國天王。③鄴又陷于周，國遂亡，緯亦就擒于青州。

戊戌［578年］周改元宣政。帝邕卒于伐齊，子贇繼，是謂宣帝。以楊堅爲上柱國大司馬，都督揚州。改元天成。

己亥［579年］陳將吴明徹伐周不利于吕梁，淮南之地盡没于周。周帝贇傳子闡位，④是謂靜帝，贇稱天元大帝，改元大象。

---

① 「安」，原作「宗」，四庫本闕，據《資治通鑑》卷一七二改。
② 「德昌」，原作「昌德」，四庫本作「建德」，據《資治通鑑》卷一七二改。
③ 四庫本無「湝」字。
④ 「闡」，原作「衍」，據四庫本改。後同。

庚子[580年]周大帝贇終，大司馬楊堅自揚州入總朝政，①假黄鉞，都督中外軍事，專制。堅召宇文宗室在藩者六王至長安，皆殺之。天下兵起，尉遲迥稱兵相州，宇文冑稱兵滎州，石遜稱兵建州，席毗稱兵沛郡，席叉羅稱兵兖州，②王謙稱兵益州。堅悉平之，進爵爲隋王，用天子服器。鄖州蕭難以鄖州入于陳。③

辛丑[581年]周改元大定。是年，隋王楊堅代後周命于長安，是謂文帝，改國曰隋，元曰開皇。以高熲、虞慶則、李德林、康世、康暉、元巖、長孫毗、楊尚希、楊惠十人爲之輔，册妃獨孤氏爲皇后，子勇爲太子，廣爲晉王。降其君闡爲介國公，殺之。

壬寅[582年]陳宣帝頊終，子叔寶繼，是謂後主。隋起新宫于龍首岡。

癸卯[583年]陳改元至德。隋徙居新宫。

甲辰[584年]後南梁蕭巋朝隋。

乙巳[585年]後南梁蕭巋卒，子琮繼。

丙午[586年]隋成國公梁士彦、杞國公宇文忻、舒國公劉昉謀興復，不克，伏誅。梁蕭琮改元廣運。

① 「總」，四庫本作「繼」。

② 「又」，原作「人」，據四庫本改。

③ 「鄖」，四庫本作「八」。

丁未［587年］陳改元禎明。梁蕭琮納國于隋。太傅安平王蕭巖、荆州刺史蕭瓛降于陳。①

戊申［588年］隋命晉王廣、秦王俊、清河公楊素督總管九十兵五十一萬爲八路，②大伐陳，以壽春爲行臺府。

己酉［589年］隋師滅陳，以陳後主叔寶歸于長安。

庚戌［590年］蘇、越、饒、泉、婺、樂安、蔣山、永嘉、餘杭、交阯未服，楊素悉平之。

辛亥

壬子

癸丑

甲寅［594年］東巡，封泰山。

乙卯

丙辰

丁巳

戊午［598年］伐高麗，無功。

---

①「瓛」，原作「巘」，據四庫本改。

②「俊」，原作「浚」，據四庫本改。

己未

庚申［600年］廢太子勇，立晉王廣爲皇太子。

辛酉［601年］改元仁壽。命十六使巡行天下。

壬戌［602年］命七大臣定禮。

癸亥

經世之戌二千二百五十五

甲子［604年］隋文帝二十四年。帝崩，晉王廣即位，是謂煬帝，改元大業。①

乙丑②

丙寅③

丁卯④

---

① 此年，四庫本作「隋文帝二十四年。皇太子廣行弒于仁壽宫，代立，是謂煬帝。是年，幸洛陽，建東都于郟鄏，以洛州爲豫州」。

② 是年，底本無事，四庫本作「改元大業，册妃蕭氏爲皇后，子晉王昭爲皇太子。以宇文述爲左衛大將軍，郭衍爲左武衛大將軍，于仲文爲右武衛大將軍。尚書令楊素爲太子太師。安德王雄爲太子太傅。河間王宏爲太子太保。遵河由汴渚達于淮，謂之通濟渠。幸東都」。

③ 是年，底本無事，四庫本作「幸江都還，次東都。太子昭卒。封孫倓爲越王，侑爲代王，浩爲秦王」。

④ 是年，底本無事，四庫本作「還長安。北巡榆林，作宫于晉陽。光禄賀若弼、禮部郎宇文弼、太常卿高熲伏誅。西北大築亭障」。

戊辰①

己巳[609年]西幸河右。征吐谷渾，至于覆袁川。②

庚午[610年]南幸江都。

辛未[611年]北幸涿郡。

壬申[612年]以兵一百二十萬三千八百爲二十四軍，③分左右道，大伐遼東，不利，全陷九軍。

癸酉[613年]以代王侑留守長安，越王侗留守東都，秦王浩從駕，征遼東，復大集兵于涿郡。天下羣盜起。楊玄感以本兵叛于黎陽。

甲戌[614年]高麗請降，乃班師。扶風盜稱帝，延安寇稱王，離石賊稱天子。

乙亥[615年]北巡，至于雁門，爲突厥所圍。

丙子[616年]南幸江都。羣盜李密稱兵河南，竇建德稱兵河北，林士弘稱兵江南，徐圓朗稱兵山東，④劉武周稱兵代北，薛舉稱兵隴右。

丁丑[617年]煬帝在江都。唐公李淵自晉陽入，立代王侑于長安，以江都帝爲太上皇，改元義

---

① 是年，底本無事，四庫本作「北巡五原，作宮于汾陽。遵河由清水達于海，謂之永濟渠。引沁水南達于河，北通涿郡」。

② 四庫本無「川」字。

③ 「一百二十萬」，四庫本作「百一十三萬」。

④ 「山東」，四庫本作「東山」。

寧，淵稱唐王，專制。羣盜竇建德稱王河北。李密進據鞏洛，①稱公，國曰魏，元曰永平。薛舉稱帝隴右，國曰秦，元曰秦興。梁師都稱兵夏州。李軌稱兵涼州。蕭銑稱兵巴陵。李子通稱兵海陵。朱粲稱兵冠軍。沈法興稱兵毗陵。杜伏威稱兵歷陽。

戊寅［618年］五月，唐王李淵代隋命于長安，是謂神堯皇帝，改國曰唐，元曰武德，以裴寂、劉文靜爲輔相，世子建成爲皇太子，次子世民爲秦王。降其君爲酅國公。②是年，宇文化及弑煬帝于江都，立秦王浩爲主，③化及稱王，專制。北轉至魏州，化及又殺浩代立，稱帝，國曰許，元曰天壽，又北走聊城。王世充立越王侗于東都，改元皇泰，④世充稱鄭王，專制。群盜：竇建德進有河北，都樂壽；隴右薛舉卒，子仁果立；⑤劉武周進有河東，稱帝，國曰漢，元曰天興；梁師都進有朔方，稱帝，國曰梁，元曰永隆；李軌進有河右，稱帝，國曰涼，元曰安樂；蕭銑進有江右及嶺表，⑥稱帝，國曰梁，元曰鳳鳴；李子通進有江都，稱帝，國曰吴，元曰明政；朱粲進有山南，稱帝，國曰楚，元曰昌達；沈法興進有江東，稱王，國曰

---

① 「鞏」，據四庫本作「興」。
② 「酅」，原作「鄁」，據四庫本改。
③ 「浩」，原作「皓」，據四庫本改。後同。
④ 「泰」，原作「始」，據四庫本改。
⑤ 「果」，原作「杲」，據四庫本改。後同。
⑥ 「右」，四庫本作「南」。

梁，元曰延康； 林士弘稱帝虔州，國曰楚，元曰太平； 杜伏威進有淮南，受唐封楚王。秦王平隴右，獲薛仁果。

己卯［619年］唐秦王平河右，獲李軌。李密與王世充相攻，不利，奔唐，復叛，死于邢公峴。①徐世勣以河南十郡降。竇建德滅宇文化及于聊城，自立爲帝，甫有黎陽之地，②稱國曰夏，元曰五鳳。蕭銑滅林士弘于虔州。③杜伏威南保江都。李子通西保江陵。王世充殺越王侗于東都，稱帝，國曰鄭，元曰開明。朱粲降于唐，復殺唐使者，奔王世充。

庚辰［620年］唐秦王平河東，劉武周走突厥。李子通滅沈法興于江東，徙居餘杭。工部尚書獨孤懷恩以謀逆伏誅。

辛巳［621年］唐秦王平河南、河北，獲王世充及竇建德以歸。杜伏威滅子通于餘杭。竇建德將劉黑闥復稱兵河北。④

壬午［622年］唐李靖滅蕭銑于金陵。江南及嶺表平。

癸未［623年］唐秦王平河北，獲劉黑闥。又平徐圓朗于曹州。江淮杜伏威來朝，其將輔公祐稱

① 「邢公峴」，四庫本作「桃林」。
② 「自立爲帝，甫」，四庫本作「自樂壽，徙于洛南」。
③ 「弘」，四庫本作「宏」。
④ 「將」上，四庫本有「故」字。

王丹徒，①國曰宋。

甲申［624年］唐李靖平輔公祏于江淮。

乙酉［625年］唐加秦王中書令。

丙戌［626年］皇太子建成、齊王元吉作難，殺秦王不克。秦王以長孫無忌、尉遲敬德、侯君集、張公謹、王君廓、房玄齡、杜如晦、長孫順德、柴紹、羅藝、劉師玄、李世勣、劉弘基、王孝恭平之于玄武門。②帝乃授秦王世民位，退居太安宫，稱太上皇。高士廉爲侍中，房玄齡爲中書令，蕭瑀爲尚書右僕射。

丁亥［627年］改元貞觀。尚書封倫卒。蕭瑀爲左僕射，長孫無忌爲右僕射。

戊子［628年］平梁師都于朔方。

己丑［629年］相裴寂以罪免。房玄齡爲尚書左僕射，杜如晦爲尚書右僕射，李靖爲兵部尚書，魏徵守祕書監，關議朝政。③

庚寅［630年］李靖平突厥，獲頡利可汗。戴胄、蕭瑀參預朝政，④温彦博爲中書令。

---

①「祏」，原作「祐」，據四庫本改。後同。「丹徒」，四庫本作「丹陽，徙」。

②「恭」，四庫本作「公」。

③「關議」，四庫本作「參預」。

④「瑀」，原作「琮」，據四庫本改。

辛卯[631年]春，大蒐于昆明。冬，幸温湯。

壬辰[632年]祀南郊。

癸巳[633年]魏徵爲侍中。頒新定五經于天下。

經世之亥二千二百五十六

甲午[634年]唐廣孝皇帝九年。

乙未[635年]李靖平吐谷渾，獲其王，放還本國。太上皇崩于太安宫，葬高祖于獻陵。

丙申[636年]魏徵遷特進。温彦博遷右僕射。

丁酉[637年]幸洛陽宫。

戊戌[638年]高士廉爲右僕射。

己亥[639年]幸九成宫。荒服十國來脩貢。

庚子[640年]侯君集平高昌，獲其王以歸。弘化公主嬪于吐谷渾。至日圜丘祀昊天上帝。

辛丑[641年]幸洛陽。文成公主嬪于吐蕃。

壬寅[642年]幸岐陽。

癸卯[643年]圖二十四勳臣于凌煙閣。①内難作，皇子齊王祐以齊叛。廢太子承乾爲庶人，徙

---

①「勳」，四庫本作「功」。

之黔。幽魏王泰于北苑，徙之均。①以晉王治爲皇太子。誅侯君集。至日，祀南郊。

甲辰[644年]岑文本、馬周爲中書令。幸洛陽及親征遼東。

乙巳[645年]平高麗。

丙午[646年]李勣破薛延陀。②荒服十一國脩貢。

丁未[647年]起翠微宫于終南山。

戊申[648年]阿史郍平龜兹，獲其王以歸。征松州蠻。③司空房玄齡、特進蕭瑀卒。褚遂良爲中書令。

己酉[649年]帝崩于翠微宫，皇太子治踐位。葬太宗于昭陵。長孫無忌、褚遂良輔政。復李勣官，仍加特進。于志寧、張行成進侍中知政事。

庚戌[650年]改元永徽。褚遂良罷政。

辛亥[651年]征賀魯至于金嶺。④至日，有事于南郊。

---

①「徙」，四庫本作「役」。

②「陀」，四庫本作「陁」。

③「州」，四庫本作「外」。

④「嶺」，原作「領」，據四庫本改。

壬子[652年]册陳王忠爲皇太子。韓瑗、來濟爲相，宇文節爲侍中，柳奭爲中書令。①

癸丑[653年]駙馬都尉房遺愛、柴令武、薛萬徹、荆王元景及二公主以謀逆伏誅，遂殺吴王恪。褚遂良復爲右僕射。睦州女寇亂。

甲寅[654年]築長安羅城。親謁昭陵。

乙卯[655年]廢皇后王氏、良娣蕭氏爲庶人，②册昭儀武氏爲皇后。罷長孫無忌、褚遂良政事，以許敬宗、李義府爲相。武后殺庶人王氏及蕭氏。崔敦禮爲中書令。

丙辰[656年]廢皇太子忠爲梁王，册代王弘爲皇太子。改元顯慶，杜正倫爲相。

丁巳[657年]幸許、洛。以洛陽爲東都。李義府進中書令，許敬宗進侍中。貶相韓瑗、來濟爲州刺史。

戊午[658年]蘇定方平賀魯，獲其王。

己未[659年]殺長孫無忌、褚遂良于流所。幸東都。

庚申[660年]廢梁王忠爲庶人。蘇定方平百濟，獲其王扶餘。

辛酉[661年]改元龍朔。

---

①「奭」，四庫本作「爽」。

②「娣」，原作「姊」，四庫本同，據《舊唐書》卷六《則天皇后紀》改。

壬戌[662年]還長安。進門下、尚書、中書爲東、中、西三臺，分侍中、中書令爲左、右相。造蓬萊宮。許圉師爲左相，尋下獄。

癸亥[663年]起含元殿于蓬萊宮。李義府爲右相，尋配流嶲州，死。改來年爲麟德。

以運經世之十　觀物篇之三十四

經元之甲一

經會之午七

經運之壬一百八十九

經世之子二千二百五十七

經世之子二千二百五十七

甲子[664年]唐弘孝皇帝十五年。殺西臺侍中上官儀，又殺庶人忠于流所。竇德玄爲左相，①劉祥道爲右相。

乙丑[665年]帝同皇后巡東海，封泰山。陸敦信爲右相。

丙寅[666年]帝同皇后至自泰山。改元乾封。劉仁軌爲右相。

---

① 「德」，原作「隱」，據四庫本改。

丁卯［667年］禁工商乘馬。戴至德、李安期、張文瓘並同東西臺三品。

戊辰［668年］李勣平高麗，執其王。①祀明堂。改元總章。

己巳［669年］帝同皇后幸九成宫。郝處俊同東西臺三品。②李勣卒。

庚午［670年］改元咸亨。③

辛未［671年］帝同皇后幸東都及許昌，皇太子監國。④閻立本爲中書令。⑤

壬申［672年］帝及皇后至自東都。

癸酉［673年］帝及皇后幸九成宫。

甲戌［674年］皇后稱天后，帝爲天皇。改元上元。帝同皇后幸東都。帝有疾。

乙亥［675年］皇太子弘卒，以雍王賢爲皇太子。

丙子［676年］帝及皇后自東都還。改元儀鳳。來恒、薛元超、李義琰、高智周並同中書門下三品，李敬玄、劉仁軌爲中書令。

① 「執」，四庫本作「獲」。

② 「郝處俊」，原作「張文瓘」，據四庫本改。

③ 此後，四庫本有「薛仁貴征吐蕃不利」八字。

④ 「子」後，四庫本有「弘」字。

⑤ 「閻立本爲中書令」，四庫本作「中書令閻立本、黄門侍郎郝處俊從行」。

丁丑

戊寅[678年]改來年爲通乾。

己卯[679年]甘露降，改元調露。帝同皇后幸東都。裴行儉大伐突厥。

庚辰[680年]廢皇太子賢爲庶人，立英王哲爲皇太子。①帝同皇后幸汝州及嵩山。②裴炎、崔知温、王德真並同中書門下三品。③改元永隆。帝及皇后至自東都。

辛巳[681年]裴行儉平突厥，虜其王伏念。改元開耀。裴炎進侍中，崔知温、薛元超進中書令。

壬午[682年]改元永淳。帝及皇后幸東都。起奉天宫于嵩之陽。④劉景先、郭待舉、郭正一、岑長倩、魏玄同並同中書門下平章事。

癸未[683年]改元弘道。帝崩于東都，皇太子哲嗣位，是謂昭孝皇帝，天后稱制。劉仁軌進尚書左僕射，岑長倩進兵部尚書，⑤魏玄同進黄門侍郎，劉齊賢進侍中，裴炎進中書令。

甲申[684年]改元嗣聖。皇后廢帝爲廬陵王，⑥遷之均，立豫王旦。改元文明。侍中裴炎進爵

---

① 「立」，四庫本作「以」。

② 四庫本無「同」字。「州」，四庫本作「陽」。「山」，四庫本作「岳」。

③ 「炎」，原作「琰」，據四庫本改。

④ 「宫」，原作「觀」，據四庫本改。

⑤ 「兵」，原作「六」，據四庫本改。

⑥ 「皇」，四庫本作「天」。

爲侯，王德真進侍中，劉禕之、武承嗣進中書平章事。葬高宗于乾陵。再改元光宅。徐敬業以揚州舉兵，①南攻潤州，②平之。殺宰相裴炎。又改來年爲垂拱。來俊臣、周興大行誣構，謂之羅織。

乙酉［685年］武后徙帝居房陵。③改中書、門下爲鳳閣、鸞臺。④

丙戌［686年］蘇良嗣爲文昌左相，韋待價爲文昌右相，並同鳳閣鸞臺三品。

丁亥［687年］武后賜宰相劉禕之死。張光輔爲鳳閣侍郎。

戊子［688年］武后稱聖母。關寡人瑯琊王沖及越王貞舉兵以討亂，不克。大夷王室。⑤

己丑［689年］武后改元永昌，稱聖皇，大殺王族，又殺納言魏玄同及内史張光輔，⑥引王本立、范履冰、邢文偉爲相。

庚寅［690年］武后改元載初，以建子月爲歲首，祀明堂，以曌爲名，以詔爲制，大殺王族，改國爲周，元曰天授，稱皇帝。降豫王旦爲皇嗣，立武氏七廟，封武氏三人爲王，引傅游藝爲相，改

---

① 「舉兵」，四庫本作「叛」。
② 「攻」，四庫本作「拔」。
③ 「陵」，原作「陸」，據四庫本改。
④ 「門下」二字據四庫本補。
⑤ 是年，底本無事，四庫本作「武后稱聖母。關東八王謀興復，博州瑯琊王沖及父蔡州越王貞先發。悉平之，大夷王室」。
⑥ 「光」，原作「公」，據四庫本改。

魚爲黿。

辛卯［691年］武后祀明堂。格輔元、樂思晦並同鳳閣鸞臺平章事，①歐陽通爲納言。殺宰相岑長倩、格輔元及納言歐陽通。用狄仁傑爲相。

壬辰［692年］武后祀明堂。改元如意，再改元長壽。楊執柔、崔元琮、李昭德、姚璹、李元素爲相，②狄仁傑下獄。

癸巳［693年］武后祀明堂，稱金輪皇帝。引豆盧欽望、韋巨源、陸元方爲相，婁師德亦相。

經世之丑二千二百五十八

甲午［694年］唐昭孝皇帝十一年，在房陵。武后祀明堂。改元延載。引蘇味道、王孝傑、楊再思、杜景儉、李元素、周允元相繼爲相。③

乙未［695年］武后改元證聖。明堂火。稱天册，再改元天册萬歲。

丙申［696年］武后封中岳。改元萬歲登封。祀新明堂。④再改元萬歲通天。契丹李盡忠以孫萬榮叛，陷營、冀。命二十八將討之，不利。引王方慶、李道廣爲相。

---

①「輔元」原作「元輔」，據四庫本改。後同。

②「崔元琮」，四庫本作「崔元綜」。

③「允元」，原作「元允」，據四庫本改。

④四庫本無「新」字。

丁酉［697年］武后祀明堂。河朔平。再用婁師德爲相。魏王武承嗣、梁王武三思並同鳳閣鸞臺三品。改元神功。狄仁傑、杜景儉復相。誅司業少卿來俊臣，遂及内史李昭德。

戊戌［698年］武后祀明堂。改元聖曆。召帝于房陵，返政。突厥執武延秀及行人閻知微，以破嬀、檀，寇趙、定。①姚元崇、李嶠爲相。

己亥［699年］武后幸嵩山，封皇嗣旦爲相王。引魏元忠、吉頊爲相，又引王及善、豆盧欽望爲左右相。

庚子［700年］武后幸汝陽。建三陽宫于嵩山之陽。改元久視，復舊正朔。張錫、韋安石爲相。武三思爲特進。②相吉頊配流嶺表。③内史狄仁傑卒。

辛丑［701年］改元大足。武后幸嵩之三陽宫。又改元長安。④李懷遠、顧琮、李迥秀爲相。⑤

壬寅［702年］武后祀南郊。

癸卯［703年］武后幸東都。朱敬則爲相。

---

①「寇趙定」，四庫本作「定趙用」，「用」屬下讀。

②「爲」，原作「罷」，據四庫本改。

③「頊」，原作「瑱」，據四庫本改。

④「改元」，原作「而還」，據四庫本改。

⑤「秀」字，原脱，據四庫本補。

甲辰［704年］張柬之同平章事，①韋安石納言，李嶠内史。②

乙巳［705年］武后改元神龍。張柬之、崔玄暐、③桓彦範、敬暉、袁恕己平張易之及昌宗之亂。徙武后于上陽宫，④除周號。⑤以相王旦爲安國王，太平公主爲鎮國公主，⑥賞定亂功也。韋氏復正皇后位，武三思進位司空相。⑦武后崩于東都之上陽宫。⑧祝欽明、唐休璟爲相。

丙午［706年］帝還長安。附武后于乾陵。⑨以宫人上官婉兒爲昭容，⑩武三思居中用事。封張柬之、桓彦範、崔玄暐、袁恕己、敬暉五人爲王，復貶爲州司馬，殺之于流所。進魏元忠、李嶠爲中書令，李懷遠同中書平章事。册衛王重俊爲皇太子。開長寧、安樂二公主府。大行斜封墨制。于惟謙爲相，蘇瓌進侍中。

①「張」前，四庫本有「韋嗣立宗楚客崔元暐」九字。
②「嶠」，原作「蟜」，據四庫本改。
③「暐」，原作「暉」，據四庫本改，下同。
④「徙」，原作「彼」，據四庫本改。
⑤「周」後，四庫本有「國」字。
⑥「主」，原作「生」，據四庫本改。
⑦「三」，原作「王」，據四庫本改。
⑧「陽」，原作「楊」，據四庫本改。
⑨「附」，原作「拊」，「后」，原作「台」，據四庫本改。
⑩「婉」，原作「苑」，據四庫本改。

丁未[707年]李多祚以羽林兵討武三思,①又討皇后韋氏,②不克,敗死。太子重俊出奔,野死。宗楚客、蕭至忠爲相。③改元景龍。

戊申[708年]安樂公主假皇后車服出遊。④張仁亶爲相。

己酉[709年]作宫市。韋嗣立、崔湜爲相。⑤

庚戌[710年]殺諫臣燕欽融于殿庭。皇后韋氏及安樂公主行弑于内寢,立温王重茂爲嗣,改元唐隆。以裴談、張錫、張嘉福、岑羲爲相。臨淄王隆基以劉幽求、薛崇簡、鍾紹京、麻嗣宗兵入誅韋温、紀處訥、宗楚客、武延秀、馬秦客、葉静能、趙履温、楊均及皇后韋氏、安樂公主、上官昭容。葬中宗于定陵。臨淄王隆基稱平王,降重茂嗣,尊父相王旦爲帝,是謂興孝皇帝。既踐位,以鍾紹京、劉幽求、薛崇簡、崔日用爲相,立平王隆基爲皇太子,⑥改元景雲。追廢皇后韋氏、安樂公主爲庶人。⑦姚元之爲相。

① 「討」,四庫本作「誅」。
② 「討」,四庫本作「殺」。
③ 「客」後,四庫本有「紀處訥」三字。
④ 四庫本無「遊」字,而有「敕武延秀」四字。
⑤ 「湜」後,四庫本有「韋温鄭愔蘇瓌趙彦昭相繼」十一字。「相」後,四庫本有「李嶠爲特進」五字。
⑥ 「立」,四庫本作「册」。
⑦ 「追」,原作「進」,據四庫本改。

辛亥［711年］皇太子隆基監國，郭元振、張説、竇懷貞、陸象先、魏知古爲相，劉幽求進侍中相。

壬子［712年］祀南郊，改元太極，祀北郊，改元延和。帝傳位于皇太子隆基，是謂明孝皇帝。既踐位，改元先天。黜劉幽求、鍾紹京、張暐官。

癸丑［713年］太平公主、竇懷貞、岑羲、蕭至忠、常元楷、薛稷、賈膺福、李慈、李欽、李猷、崔湜、盧藏用、傅孝忠、僧惠範作逆，①伏誅。進姜皎、李令問、王毛仲、王守一官，復劉幽求、鍾紹京、張暐官，令知政事。講武于驪山。改元開元。用盧懷慎、姚崇爲相。改中書爲紫微。

甲寅

乙卯［715年］册郢王嗣謙爲皇太子。

丙辰［716年］太上皇崩，葬睿宗于喬陵。源乾曜、蘇頲爲相。姚崇讓宋璟爲相。

丁巳［717年］幸洛陽。嬪永樂公主于契丹。

戊午［718年］至自東都。

己未

庚申［720年］張嘉貞爲相。

辛酉［721年］相姚崇卒。

---

①「膺」，原作「應」，據四庫本改。

壬戌[722年]幸東都。①

癸亥

經世之寅二千二百五十九

甲子[724年]唐明孝皇帝十三年。廢皇后王氏爲庶人。幸東都，宋璟守長安。

乙丑[725年]封泰山。用源乾曜、張説爲左右相。

丙寅[726年]李元紘、杜暹爲相。還東都。

丁卯[727年]至自東都。

戊辰[728年]蕭嵩爲相。

己巳[729年]張説、宋璟爲左右相。謁喬、定、獻、昭、乾五陵。裴光庭爲相。

庚午[730年]北討契丹。

辛未[731年]幸東都。

壬申[732年]至自東都。宋璟免相。

癸酉[733年]韓休、張九齡、裴耀卿爲相。

甲戌[734年]幸東都。李林甫爲相。

---

① 此後，四庫本有「長安竊發」四字。

乙亥

丙子[736年]至自東都。牛仙客爲相。是年，太真楊氏入宫，李林甫用事。

丁丑[737年]廢皇太子瑛爲庶人。罷張九齡相，仍黜之。相宋璟卒。監察御史周子諒言牛仙客事，殺死于朝。①

戊寅[738年]册忠王璵爲皇太子。相李林甫領隴右河西節度，②牛仙客領河東節度。③

己卯[739年]平突厥，獲其王。追封孔宣父爲文宣王，顔回爲兖國公，④餘哲並爲侯。

庚辰

辛巳[741年]命安禄山爲平盧軍節度使。

壬午[742年]改元天寶。李適之爲相。⑤開莊、文、列、庚桑子四學。⑥裴耀卿進尚書右僕射。

癸未

甲申[744年]改元爲載。命安禄山爲范陽節度使，作太真妃楊氏養子。

---

①「殺」，四庫本作「杖」。
②「度」後，四庫本有「使」字。
③「度」後，四庫本有「使」字。
④「兖」，原作「兗」，據四庫本改。
⑤「適」，原作「通」，據四庫本改。
⑥「庚」，原作「耕」，據四庫本改。

乙酉［745年］册太真妃楊氏爲貴妃。契丹殺公主，叛。

丙戌［746年］陳希烈爲左相。右相李林甫大行誣構，首陷韋堅。

丁亥［747年］改温泉爲華清宫。

戊子［748年］以宦人高力士爲驃騎大將軍，關總中外。①賜安禄山鐵券。幸華清宫。

己丑［749年］幸華清宫。

庚寅［750年］幸華清宫。權歸韓國、虢國、秦國三夫人及鴻臚卿楊銛、宰相楊國忠五家。安禄山進封東平郡王。

辛卯［751年］幸華清宫。安禄山入朝，乞兼河東。討雲南不利。

壬辰［752年］幸華清宫。李林甫卒，楊國忠爲右相。

癸巳［753年］幸華清宫。楊國忠大行誣構。進封哥舒翰西平郡王。

經世之卯二千二百六十

甲午［754年］唐明孝皇帝四十三年。受朝于華清宫。韋見素爲相。始以詩賦取士。楊國忠進位守司空。

乙未［755年］安禄山以范陽叛，兵陷東都。皇太子璵爲元帥監國。高仙芝、封常清軍敗。以哥

---

① 四庫本無「總」字。

舒翰將兵二十萬守潼關。

丙申［756年］潼關不守。帝西幸蜀，至馬嵬，兵亂，殺宰相楊國忠及貴妃楊氏。禄山陷長安，稱帝東都，國曰燕，元曰聖武。皇太子西至靈武，即皇帝位，是謂宣孝皇帝，改元至德，以廣平王俶爲元帥，裴冕爲相，尊蜀中帝爲太上皇，移軍彭原。恒山陷，①顔杲卿死于東都。

丁酉［757年］朔方節度使郭子儀、太原節度使李光弼兵入逐安禄山將，大敗之于香積，遂復兩京。帝還長安，太上皇至自成都。封廣平王俶爲成王。苗晉卿代韋見素爲左相。安禄山爲子慶緒所殺，代立，退保相州，改元天成。

戊戌［758年］唐改元乾元，以成王俶爲皇太子，李揆、王璵爲相。九節度圍安慶緒于相州，軍潰。禄山將史思明殺安慶緒，稱帝魏州。

己亥［759年］唐改元順天，李峴、吕諲、第五琦爲相。史思明復陷東都。

庚子［760年］唐改元上元。宦人李輔國逼太上皇入西宫。劉展以揚州叛。

辛丑［761年］太上皇崩于西宫，帝亦不豫，皇太子俶監國，苗晉卿行冢宰。史思明爲子朝義所殺，代立，保東都。

壬寅［762年］改元寶應。皇后張氏謀立越王係，内臣李輔國、程元振幽皇后張氏于别殿，殺

① 「恒山」，原作「安禄山」，據四庫本改。

之。帝崩，皇太子俶踐位，是謂孝武皇帝，以雍王适爲元帥，元載爲相，程元振爲驃騎大將軍，居中用事。復東都及河朔。史朝義走幽州，幽人殺之以獻。

癸卯[763年]吐蕃犯長安，别立武王宏，帝出居陜。①郭子儀收京城，帝還長安，放武王宏于華州，葬玄宗于泰陵，葬肅宗于建陵，改元廣德。僕固懷恩以汾州叛。罷苗晉卿、裴遵度相，以李峴爲相。

甲辰[764年]以雍王爲皇太子。吐蕃寇邠及奉天。王縉、杜鴻漸代劉晏、李峴爲相。

乙巳[765年]改元永泰。吐蕃大掠畿甸。帝御六軍屯于苑，命九節度以本軍討賊。吐蕃又會回紇寇奉天，②僕固懷恩啓之也。郭子儀復以回紇隨白元光討吐蕃于靈武。③崔旰以西川亂。

丙午[766年]改元大曆。周智光以華叛。

丁未[767年]吐蕃大寇靈武。郭子儀鎮涇陽。

戊申[768年]吐蕃再寇靈武。

己酉[769年]裴冕爲相。

---

①「陜」，四庫本作「郟」。
② 四庫本無「又」字。
③「討」，四庫本作「破」。

庚戌［770年］臧玠以潭州叛。①

辛亥

壬子［772年］回紇掠京城。朱泚節度幽州。②

癸丑［773年］郭子儀大敗吐蕃于靈武。

甲寅

乙卯［775年］魏博節度使田承嗣擅取洺、衛、磁、相四州。③河陽及陜州軍亂。

丙辰［776年］淄青李正己擅取齊海、登、萊、沂、密、德、棣、曹、濮、兗、鄆，請命封隴西王，李寶臣封隴西王，李忠臣封西平王，段秀實封張掖王。崔寧破吐蕃。河陽軍亂。

丁巳［777年］誅宰相元載并夷其族。貶相王縉括州刺史。楊綰、常衮爲相。

戊午［778年］回紇寇太原。吐蕃寇靈武。

己未［779年］汴州軍亂。皇太子适監國。帝崩，皇太子适踐位，是謂孝文皇帝。④葬代宗于元陵。貶相常衮，以崔祐甫爲相，郭子儀爲尚父。

---

① 「玠」，原作「介」，據四庫本改。

② 「泚」，四庫本作「滔」。

③ 四庫本無「使」字。

④ 「孝文」，原作「文孝」，據四庫本改。後同。

庚申［780年］改元建中。朱泚領四鎮節度使。劉文喜以涇亂。册宣王誦爲皇太子。楊炎爲相。劉晏貶忠州，尋賜死。①

辛酉［781年］盧杞爲相，貶相楊炎崖州司馬。尚父郭子儀卒。②淄青李正己卒，其子納自立。梁崇義反，淮西帥李希烈討斬之。③田悦圍邢州，馬燧救之，田悦敗走。

壬戌④

癸亥［783年］李希烈陷汝州，執刺史李元平。東都行營節度使哥舒曜討李希烈。兵馬使劉德信及李希烈戰于扈澗，敗績。命涇州姚令言以本軍救東都，兵至作亂，入長安立朱泚爲帝于含元殿。渾瑊奉帝出居奉天。朱泚兵頓乾陵。朔方節度使李懷光以本軍救奉天，朱泚退保京城。李懷光以本軍叛。李希烈陷襄陽、許、鄭及汴州，哥舒曜走洛陽。貶宰相盧杞新州司馬。⑤

①「劉晏貶忠州，尋賜死」，四庫本作「貶相劉晏自殺」。

②「尚父郭子儀卒」，此後四庫本作「淄青李正己、魏博田悦、恒定李惟岳各擁本部兵叛。李希烈平梁崇義于襄陽，封之爲南平王。河東馬燧、澤潞李抱真破田悦于洹水」。

③「希」，原作「義」，據四庫本改。

④是年，底本無事，四庫本作「宣武劉洽、神策曲環破李納于徐州。幽州朱滔平李惟岳于東鹿。朱滔、田悦、王武俊、李納、李希烈稱王，相推爲盟主。關播始相」。

⑤此年，四庫本作「李希烈陷岐州。太師顔真卿宣撫淮寧軍事，不還。哥舒曜以鳳翔、邠寧、涇原軍大伐于東師喪扈澗，命涇州姚令言以本軍衛東都，兵至滻水，返戈入長安，立朱泚爲帝于含元殿，渾瑊奉帝出居奉天。朱泚兵頓乾陵。朔方節度使李懷光以本兵救奉天，朱泚退保京城。李懷光以本軍叛。李希烈陷襄陽、許、鄭及汴州。哥舒曜走洛陽。貶宰相盧杞新州司馬。蕭復、劉從一、姜公輔爲相」。

經世之辰二千二百六十一

甲子[784年]唐孝文皇帝五年。在奉天，改元興元。王武俊格命，李懷光走河中。①帝移軍梁州，渾瑊及吐蕃敗朱泚于武功。李晟收京師。②涇原兵馬使田希鑒殺馮河清，③以涇州叛。④李抱真、王武俊敗朱滔于涇城。⑤淄青李納亦歸款。⑥田希鑒殺姚令言以涇州降。李晟平涇亂，⑦殺朱泚。⑧李希烈將李澄以滑州格命。劉洽、曲環敗李希烈于陳州。盧翰爲相。

乙丑[785年]改元貞元。李希烈陷南陽。渾瑊平李懷光于河中。

丙寅[786年]劉滋、崔造、齊映、李勉相繼爲相。⑨陳仙奇殺李希烈，以蔡州降。以□□爲豫州

① 「中」，原作「東」，據四庫本改。
② 「師」，四庫本作「城」。
③ 「涇原兵馬使」，四庫本作「迎帝還宫」。「鑒」，原作「鑑」，據四庫本改。後同。
④ 「叛」後，四庫本有「行軍司馬田緒殺田悦，以魏博降」十三字。
⑤ 「敗」，四庫本作「平」。「滔」，四庫本作「泚」。
⑥ 「亦歸款」，四庫本作「格命」。
⑦ 「涇」後，四庫本有「州」。
⑧ 「朱泚」，四庫本作「田希鑒」。
⑨ 「劉滋、崔造、齊映」六字原脱，據四庫本補。

刺史。①吳少誠又殺陳仙奇，以蔡州請命，以吳少誠爲蔡州刺史。②吐蕃寇涇隴。

丁卯[787年]〔張延賞、柳渾、李泌爲相。渾瑊〕會吐蕃于平涼，③吐蕃竊兵發于會，渾瑊逃歸，馬燧請之謬也。

戊辰[788年]福建軍亂，邠寧亦軍亂。④李晟、馬燧、李泌連相國。徵夏縣處士陽城爲諫議大夫。

己巳[789年]董晉、竇参爲相。韋皋破吐蕃于嶲州。

庚午[790年]吐蕃陷北庭。

辛未

壬申[792年]襄州軍亂。趙憬、陸贄爲相。貶相竇参郴州别駕。吐蕃入寇。

癸酉[793年]賈耽、盧邁爲相。宣武軍亂。

甲戌[794年]南詔異牟尋破吐蕃于神川，⑤韋臯破吐蕃于峩和。元誼以田緒叛于洺。黄少卿以

---

① 「以□□爲豫州刺史」，四庫本作「陳仙奇爲蔡州刺史」。

② 「以」前，四庫本有「復」字。

③ 「張延賞柳渾李泌爲相渾瑊」十一字原脱，據四庫本補。

④ 「亦軍」，四庫本作「軍亦」。

⑤ 「尋」字，原脱，據四庫本補。

欽叛。①

乙亥

丙子[796年]崔損、趙宗儒爲相。

丁丑[797年]韋皋破吐蕃于巂州。②

戊寅[798年]鄭餘慶爲相。栗鍠殺刺史以明州叛。

己卯[799年]汴州軍亂。吴少誠以陳、蔡叛。伐淮西不利。

庚辰[800年]伐蔡不利，又伐，又不利。徐州軍亂。貶相鄭餘慶郴州司馬。齊抗爲相。蔡州吴少誠順命。

辛巳[801年]韋皋大破吐蕃于雅州，封皋南康郡王。

壬午

癸未[803年]高郢爲相。吐蕃請和。

甲申[804年]吐蕃、南詔、日本修貢。

乙酉[805年]正月帝崩，皇太子誦踐位。王叔文、王伾用事。韋執誼、賈耽、鄭珣瑜、高郢、杜佑

---

① 「欽」，原作「邢」，據四庫本改。

② 「巂」，原作「雋」，據四庫本改。

爲相。罷宫市物。①貶京兆尹李實通州長史，削民故也。册廣陵王純爲皇太子。罷鄭珣瑜、高郢相，以杜黄裳、袁滋爲相。帝不豫，八月授位于太子，徙居興慶宫。皇太子純踐位，是謂章武皇帝。②葬德宗于崇陵。貶王伾開州司馬、王叔文渝州司馬、韋執誼崖州司户。以鄭餘慶、鄭絪爲相。

丙戌［806年］改元元和。太上皇崩于興慶宫。杜佑行冢宰事。葬順宗于豐陵。王士真爲相。劉闢以西川叛，高崇文平之。誅王叔文于貶所。

丁亥［807年］武元衡、李吉甫爲相。李錡以潤州叛，③平之。

戊子［808年］裴垍爲相。

己丑［809年］册鄧王寧爲皇太子。王承宗以鎮叛。蔡州吴少誠卒，弟少陽繼事。

庚寅［810年］用權德輿爲相。

辛卯［811年］罷李藩相，用李吉甫、李絳爲相。皇太子寧卒。

壬辰［812年］册遂王恒爲皇太子。魏博軍亂。

癸巳［813年］振武軍亂。

---

①「宫」，四庫本作「官」。

②「章」，原作「彰」，據四庫本改。後同。

③「錡」，原作「奇」，據四庫本改。

經世之巳二千二百六十二

甲午[814年]唐章武皇帝九年。蔡州吴少陽卒，子元濟繼事，以淮西逆命。

乙未[815年]伐淮西。盗殺宰相武元衡。以裴度爲相，會兵伐王承宗于鎮。淄青李師道以嵩僧叛，會兵伐淄青。

丙申[816年]大伐淮西及鎮。①李逢吉、王涯爲相。黄洞蠻屠巖州。宿州軍亂。

丁酉[817年]崔群、李鄘爲相。裴度大伐淮西，將李愬入蔡，獲吴元濟以獻，淮西平。裴度復相。

戊戌[818年]鎮州王承宗、淄青李師道順命。李夷簡、皇甫鎛、程异爲相。

己亥[819年]劉悟殺李師道，以淄青十二州降。令狐楚爲相。沂及安南軍亂。以方士柳泌爲台州刺史。帝餌金石有疾。

庚子[820年]帝崩。皇太子恒踐位，是謂文思皇帝。段文昌、崔植爲相。貶皇甫鎛崖州司户。安南平。葬憲宗于景陵。鎮王承宗卒，弟承元繼事。

辛丑[821年]改元長慶。杜元穎、王播爲相。劉總棄幽州，以張弘靖代之。幽州軍亂，逐張弘靖，立朱克融爲留後。鎮州軍亂，殺田弘正，立王廷湊爲留後。瀛州軍亂，幽軍拔瀛州。鎮軍圍深州。相州軍亂。

---

①「鎮」後，四庫本有「陽」字。

壬寅[822年]册景王湛爲皇太子。幽州朱克融陷滄州，會鎮州王廷湊兵攻深州。王智興逐崔群，以徐州亂。元稹、裴度、李逢吉爲相。李岕逐李愿，以汴州亂。鎮軍救饒陽及博野。①王國清以浙西叛。德州軍亂。

癸卯[823年]牛僧孺爲相。

甲辰[824年]帝崩。皇太子湛踐位，是謂昭愍皇帝。②貶侍郎李紳端州司馬。李逢吉、牛僧孺爲相。又以李程、竇易直爲相。葬穆宗于光陵。

乙巳[825年]改元寶曆。牛僧孺免相。

丙午[826年]裴度復相。内命亂③，中人弑帝于飲所。④群臣誅賊，立江王昂，⑤是謂昭獻皇帝。以韋處厚爲相。幽州軍亂，殺其帥朱克融。

丁未[827年]改元大和。⑥貶相李逢吉。葬敬宗于莊陵。

戊申[828年]鎮州王廷湊逆命。安南軍亂。路隨爲相。

---

① 「軍」，四庫本作「兵」。
② 「愍」，四庫本作「武」。
③ 「裴度復相。内命亂」，四庫本作「裴度復内相。會亂」。
④ 「中」，四庫本作「宫」。
⑤ 「昂」，原作「卬」，四庫本作「邛」，據《資治通鑑》卷二四三改。
⑥ 「大」，據四庫本作「太」。

己酉[829年]魏博軍亂，殺節度使史憲誠，①立何進滔爲留後。李宗閔爲相。南詔蠻陷成都。

庚戌[830年]興元軍亂，殺節度使李絳，温造平之。牛僧孺、宋申錫爲相。

辛亥[831年]幽州軍亂。貶相宋申錫開州司馬，内臣王守澄誣故也。

壬子

癸丑[833年]李德裕、王涯爲相，罷李宗閔相。册魯王永爲皇太子。

甲寅[834年]幽州軍亂。復李宗閔相。

乙卯[835年]鄭注、李訓用事。貶李德裕袁州長史。罷李宗閔相，貶爲潮州司户。用李訓、賈餗、李固言、舒元輿爲相。出鄭注爲鳳翔尹。李訓誅宦氏不克，走南山。中尉仇士良屠宰相李訓、王涯、賈餗、舒元輿及王播、郭行餘、羅立言、李孝本、韓約十餘家。②監軍張仲清屠鄭注于鳳翔。李訓野死。引鄭覃、李石爲相。中尉仇士良、魚志弘并爲大將軍，③遣内養馳四方，交殺州縣官吏。

丙辰[836年]改元開成。李固言爲相。

丁巳[837年]陳夷行爲相。河陽軍亂。

---

①「憲」，原作「獻」，據四庫本改。

②「家」，四庫本作「人」。

③「魚志弘」，原作「虞志弘」，據四庫本改。後同。

戊午[838年]盜傷宰相李石于親仁里。①楊嗣復、李珏爲相。易定軍亂。皇太子有罪，卒于少陽院。

己未[839年]崔鄲爲相。册陳王成美爲皇太子，監國。

庚申[840年]帝有疾。中尉仇士良、魚志弘册穎王炎爲皇太子，②廢皇太子成美復爲陳王。帝崩，皇太子炎立，是謂昭肅皇帝。楊嗣復行冢宰。殺陳王成美、安王溶于邸，二中尉封國公。崔鄲、崔珙、陳夷行爲相。葬文宗于章陵。③楊嗣復、李珏罷相，李德裕復相。

辛酉[841年]改元會昌。用李紳爲相。貶相楊嗣復、李珏爲州司馬。幽州軍亂。

壬戌[842年]李德裕專政。

癸亥[843年]劉稹以澤、潞叛。

經世之午二千二百六十三

甲子[844年]唐昭肅皇帝四年。太原軍亂。邢、洺、磁三州叛。澤、潞二州平。杜悰、崔鉉爲相。④貶相崔珙爲州司馬。

---

①「傷」，四庫本作「殺」。

②「穎」，原作「潁」，據四庫本改。「炎」，四庫本作「瀍」。

③「章」，原作「竟」，據四庫本改。

④「杜悰」，原作「杜琮」，四庫本作「杜宗」，據《資治通鑑》卷二四七改。

乙丑[845年]罷崔鉉、杜悰相。①李回、崔元式、鄭肅爲相。大除象教。
丙寅[846年]帝餌金石有疾。命光王怡爲皇太叔。帝崩，太叔怡立，是謂獻文皇帝。用白敏中、盧商、韋琮相。葬武宗于端陵。
丁卯[847年]改元大中。貶相李德裕潮州司馬。
戊辰[848年]周墀、馬植、崔龜從爲相。
己巳[849年]罷周墀、馬植相。再貶李德裕崖州司户。崔鉉、魏扶爲相。幽州軍亂。
庚午[850年]魏扶罷相，令狐綯爲相。
辛未[851年]魏謩爲相。
壬申[852年]裴休爲相。
癸酉[853年]鄭郎爲相。
甲戌
乙亥
丙子
丁丑[857年]魏謩出尹成都。崔慎由、蕭鄴爲相。

① 「杜琮」，據四庫本改。

戊寅[858年]劉瑑、夏侯孜爲相。宣、洪寇亂。

己卯[859年]蔣伸爲相。①册鄆王温爲皇太子。帝崩，皇太子温踐位，是謂恭惠皇帝。令狐綯行冢宰。

庚辰[860年]葬宣宗于貞陵。令狐綯出尹河中。杜審權、杜悰爲相。改元咸通。宣、洪寇亂。

辛巳[861年]相蕭鄴出尹太原。蔣伸罷相。林邑蠻入寇。

壬午[862年]徐州軍亂。林邑蠻陷交阯及安南都護。②

癸未[863年]楊收、曹確、高璩爲相。蠻陷安南州。

甲申[864年]杜審權出刺潤州。蕭寘爲相。蠻寇邕、管。

乙酉[865年]徐商爲相。高駢平林邑蠻，復安南都護。

丙戌[866年]夏侯孜出尹成都。路巖爲相。

丁亥[867年]楊收觀察浙西。于琮爲相。

戊子[868年]湘潭戍軍亂，立龐勛爲帥，歸陷徐、宿、滁、和、濠五州。貶楊收端州司馬，移驩州，賜死。

---

①「伸」，原作「申」，據四庫本改。後同。

②「阯」，四庫本作「趾」。

己丑［869年］蔣伸罷相，劉瞻爲相。徐商出尹江陵。命十八將伐徐，以康成訓爲軍帥，①徐寇平。蠻復寇東西二川。
庚寅［870年］相曹確病免，韋保衡爲相。大黜官吏。王鐸爲相。
辛卯［871年］相路巖出尹成都。
壬辰［872年］劉鄴出刺幽州，于琮出刺襄州。趙隱爲相，大行黜陟。命沙陀李國昌移鎮雲中，國昌以大同阻命。
癸巳［873年］征李國昌。蕭倣爲相。册普王儼爲皇太子。韋保衡行冢宰。帝崩，皇太子儼踐位，是謂恭定皇帝，兩軍中尉居中用事。黜冢宰韋保衡，仍賜死，復前貶官吏。②
經世之未二千二百六十四
甲午［874年］唐恭定皇帝元年。葬懿宗于簡陵。崔彥昭、鄭畋、盧攜爲相。改元乾符。蠻寇兩川。
乙未［875年］浙西及曹、濮寇亂。王鐸復相。
丙申［876年］相蕭倣病免。浙西寇平。曹濮王仙芝陷江淮南北十五州，至江南，乞符節于朝，

---

① 「帥」，原作「師」，據四庫本改。
② 「貶」，四庫本作「之」。

不聽。李蔚爲相。

丁酉[877年]冤句寇黄巢陷沂、鄆，南會王仙芝將尚讓于蔡之查牙山，破隋及江陵。沙陀李國昌寇朔州。

戊戌[878年]江陵寇平。黄巢擾淮北、淮南及江南、廣南。李國昌陷岢嵐。昭義軍亂。鄭從讜爲相，李蔚出守東都。

己亥[879年]黄巢據嶺表，乞符節于朝，不聽。罷盧攜、鄭畋相，以崔沆、豆盧瑑爲相。盧攜復相。

庚子[880年]改元廣明。鄭從讜出尹太原。沙陀軍敗北。黄巢軍北逾五嶺，破湖、湘及江淮、揚州。高駢距之不利，發徐、兖、許軍赴溵水以捍東都。溵水軍潰，黄巢陷東都，西攻陝、虢，潼關失守。罷盧攜相，王徽、裴徹爲相。黄巢陷長安，稱帝，國曰齊，元曰金統。帝出南山。

辛丑[881年]帝移軍興元。蕭遘爲相，鄭畋爲都統，楊復光爲監軍。羽書飛天下，沙陀順命，請勤王。黄巢攻鳳翔，帝移幸成都。改元中和。以韋昭度爲相。河中王重榮軍屯沙苑，涇原唐弘夫軍屯渭北，①易定王處存軍屯渭橋，鄜延托跋思恭軍屯武功，鳳翔鄭畋軍屯盩厔，邠

---

①「涇」，原作「經」，據四庫本改。

寧朱玫軍屯興平，①荆襄王鐸軍至自行在，王徽都督潞州。

壬寅［882年］帝在成都。黄巢保長安，其將朱温以同州降，錫名全忠。沙陀李克用自代北至，軍屯良田。②

癸卯［883年］帝在成都。諸將合攻，大破巢軍于渭南，巢走藍關，遂收京城。以李克用爲河東節度使，朱全忠爲宣武軍節度使。巢軍東走，圖陳、蔡，蔡州秦宗權以城降賊，合巢兵攻陳州，以春磨圍陳三百日，③陳刺堅守，不陷。

甲辰［884年］帝在成都。以鄭昌圖爲相。汴州朱全忠及關東諸侯鎮帥兵會河東李克用兵，大破巢軍于太康及西華，又北破之于中牟，又東滅之于寃句，巢寇平。朱全忠圖李克用于汴之上元驛，不克，自此二帥交惡。④朝廷封李克用隴西郡王以和解之。

乙巳［885年］帝至自成都，改元光啓。秦宗權保逆陳、蔡，王鎔專兵鎮陽，李昌符抗兵鳳翔，王重榮擅兵蒲、陝，⑤諸葛爽擁兵孟、洛，孟方立控兵邢、洺，李克用阻兵并、代，朱全忠瀆兵汴、

---

①「玫」，原作「政」，據四庫本改。
②「良」，四庫本作「梁」。
③「春」，原作「舂」，據四庫本改。
④「帥」，原作「師」，據四庫本改。
⑤「陝」，四庫本作「郟」。

滑，時溥弄兵徐、泗，朱瑾窮兵齊、鄆，王敬武握兵淄、青，高駢玩兵淮南，劉漢宏恃兵浙東，王處存結兵易、定，李可舉堅兵幽、薊。中尉田令孜取河中王重榮解州鹽池不克，引邠寧師伐河中，重榮會太原師攻令孜，京師軍亂，邠將朱玫敗歸邠州。神策軍大掠都市，令孜以帝幸鳳翔。封宣武節度朱全忠爲沛郡王。錢鏐始受封爲杭州刺史。

丙午[886年]帝在鳳翔。河中王重榮條罪攻田令孜，令孜以帝移幸興元。相蕭遘、裴徹、鄭昌圖召邠軍迎帝還都。朱玫軍至自鳳翔，令孜以帝移軍過散關，朱玫追帝不及，至遵途獲皇子襄王熅。興元節度石君涉合朱玫軍破棧，以絶帝歸路。帝至興元，石君涉棄城走朱玫軍。帝以孔緯、杜讓能爲相，出田令孜爲劍南節度使。李鋌、楊守亮、楊守宗敗朱玫軍于鳳翔。朱玫逼蕭遘立襄王熅于鳳翔，玫稱大丞相，率百官還京，奉熅稱帝，改元建貞。罷蕭遘相，以鄭昌圖、裴徹爲相，宣諭四方，加諸鎮官。常山、太原、宣武、河中不受命。王重榮、李克用敗朱玫將王行瑜于鳳翔，行瑜退攻興元，以邠軍還長安，殺朱玫，大掠京城。裴徹、鄭昌圖以襄王熅奔河中，王重榮殺襄王熅以獻。蔡將孫儒陷鄭及許、洛、懷、孟、陜、虢，榮將諸葛爽據河陽，①李罕之據澤州，張宗奭據懷州，秦宗權稱帝陳、蔡，王潮據福州。

① 「榮」，四庫本作「巢」。

丁未［887年］帝自興元移軍鳳翔，以張濬爲相。揚州軍亂，牙將畢師鐸囚帥高駢。召秦宗權之宣州觀察，秦彦爲揚州節度使。蔡兵攻汴，兖鄆之師敗蔡軍于邊孝，①蔡將孫儒棄鄭及許、洛、懷、孟、陝、虢。張宗奭取洛陽，李罕之取河陽，同附于全忠。張宗奭賜名全義。京師楊守立、李昌符争道，戰于通衢，昌符敗走隴州。河中軍亂，牙將常行儒殺其帥王重榮，立其弟重盈爲留後。楊行密與蔡將孫儒争揚州，行密拔揚州。秦彦、畢師鐸奔孫儒于高郵，復攻行密，行密求救于汴，汴軍援行密于淮口。②東川顧彦朗、壁州王建攻成都。

戊申［888年］帝至自鳳翔，改元文德。觀軍容使楊復恭專命，李鋋爲相，册壽王傑爲皇太弟。帝崩，皇太弟傑踐位，是謂景文皇帝。韋昭度行冢宰。魏州軍亂，殺帥樂彦貞，小校羅宗弁爲留後。張全義拔河陽，李罕之走澤州，蔡將孫儒拔揚州，楊行密走宣城，朱全忠攻徐州，蔡將趙譔以荆襄降于汴，全忠敗蔡人于龍坂，蔡將申藂執秦宗權降于汴，③淮西平。④全忠兼領蔡州節度使。王建大寇劍南。韋昭度出尹成都。葬僖宗于靖陵。

己酉［889年］改元龍紀。以劉崇望爲相，封朱全忠東平王。王建陷成都，稱留後。太原李克用

---

① 「師敗蔡軍于邊孝」，四庫本作「帥合兵大破其軍」。
② 「援」，四庫本作「授」。
③ 「申」，原作「由」，據四庫本改。
④ 「平」，四庫本作「朱」，下讀。

攻邢、洺。杭州錢鏐拔宣城，獲劉浩。

庚戌［890年］改元大順。孟遷以邢入于太原。李克用攻雲州，幽州援之，敗李克用于蔚州。幽州李匡威、雲州赫連鐸會汴兵攻太原李克用。潞州軍亂，殺李克恭，降于汴。克用將安建以邢、洺、磁三州降于全忠。宰相張濬帥京兆孫揆、華州韓建出陰地關，會汴將葛從周兵入潞州。太原兵攻潞州，幽、雲兵攻鴈門。太原將康君立入潞州，①克用敗幽、雲之兵于鴈門，將李存信又敗張濬、韓建兵于陰地，遂收晉、絳。②朝廷復克用官，貶張濬連州刺史。崔昭緯、徐彦若爲相。克用將李存孝以邢入于汴。

辛亥［891年］中尉楊復恭致政，復恭不受命，陳兵于昌化里，命天威軍使李順節討之不利，兩軍中尉劉景宣、西門重遂殺天威軍使李順節于銀臺門，③順節兵散，大掠京城。復恭奔興元。鄭延昌爲相。太原李克用攻邢州，責叛己也。宣武朱全忠攻魏州，責不助討也。鎮州援邢州，克用攻鎮州，幽兵援鎮州，汴兵攻宿州，幽、鎮兵攻定州。處存求援于太原。④宣州楊行密滅孫儒，據有揚州，封行密爲淮南王。

---

① 「康」，四庫本作「匡」。
② 「收」，四庫本作「拔」。「絳」，四庫本作「降」。
③ 「軍使」，原作「兵破」，據四庫本改。
④ 「援」，四庫本作「救」。

壬子［892年］改元景福。鳳翔李茂貞、邠州王行瑜、華州韓建、同州王行約、秦州李茂莊兵陷興元，殺守亮及楊復恭。左軍中尉西門重遂殺天威軍使賈德晟于京師，①部下奔鳳翔。太原李克用會易、定兵，敗鎮兵于堯山。

癸丑［893年］鳳翔李茂貞舉兵犯闕，敗覃王兵于盩厔。帝誅中軍西門重遂、李周譚，貶相杜讓能，岐兵乃止。進茂貞中書令，封秦王。以王行瑜爲尚父，王摶爲相。成都王建與李茂貞争東川。幽軍亂，逐其帥李匡威于鎮，以其弟匡籌爲留後。汴兵滅徐，兼領其鎮。李克用敗鎮州王鎔于平山，鎔乞盟，遂許盟而退。②

甲寅［894年］改元乾寧。崔胤爲相。王摶出鎮湖湘。③李茂貞擁山南十五州以抗王室。汴兵敗兖、鄆之師于東阿。朱瑄、朱瑾求救于太原。李克用拔邢州獲李存孝，拔雲州獲赫連鐸，拔幽州獲李匡籌，用幽人請以匡籌將劉仁恭爲留後。④

乙卯［895年］河中王重盈卒。太原李克用請以王珂襲重盈，封于朝。邠州王行瑜、鳳翔李茂貞、華州韓建請以王珙襲重盈，封于朝。朝廷先許克用。陝州王珙、絳州王瑶以兵攻珂于

① 「左」，原作「在」，據四庫本改。
② 「而退」，原作「于還」，據四庫本改。
③ 「湘」，四庫本作「南」。
④ 「用」，原作「其」，據四庫本改。

河中。王行瑜、李茂貞兵入長安行廢，不克，殺宰相韋昭度及李磎，各以兵二千留京師而去。李克用渡河稱討，同州王行實棄郡奔京師，與兩軍中尉駱全瓘、劉景宣逼帝西幸。①帝以李筠、李君實兵出，次南山，都人畢從。②命延王戒丕、丹王允從李克用西討。封淮南楊行密弘農王，亦從西討。克用敗邠軍于梨園。帝還京，邠州平。行瑜野死，封克用爲晉王。克用還太原。崔昭緯罷相，徐彦若爲相。董昌以浙東叛，稱王，國曰羅平，元曰大聖。

丙辰［896年］岐兵犯長安。韓建逼帝幸華州，建進封中書令兼兩京軍。③陸扆、王摶、崔胤、孫偓爲相。魏州羅弘信敗太原之師于莘，以絕李克用兖、鄆之援。克用攻魏，下十城。湖南軍亂，立馬殷爲留後。④錢鏐平浙東，獲董昌，授鏐中書令。相王摶觀察浙東，陸扆出刺陝州。⑤

丁巳［897年］帝在華州。孫偓罷相，鄭綮爲相。册德王裕爲皇太子。封韓建爲昌黎王。鄭綮病免，朱朴爲相。韓建殺禁衛李筠，以散衛兵，罷八王兵柄，仍殺之，貶相朱朴，殺帝侍衛馬

①「瓘」，底本、四庫本作「珍」，據《舊唐書》卷二〇上《昭宗紀》改。
②「人」，原作「官」，據四庫本改。
③「軍」，四庫本作「尹」。
④「殷」，原作「商」，據四庫本改。
⑤「陝」，原作「硤」，據四庫本改。

道殷、許巖士。帝封兩浙錢鏐吴王，俾救難王室。汴將龐師古拔鄆州，朱瑄野死。①汴將葛從周拔兖州，朱瑾奔淮南。兖、鄆、曹、濮、齊、棣、沂、密、徐、宿、陳、蔡、許、鄭、滑盡入于汴。②全忠以八郡兵攻淮南，朱瑾以淮南兵敗汴兵于清口，獲將龐師古，又敗汴軍于淠河，走葛從周，楊行密遂據有江淮。幽州劉仁恭敗李克用于安塞。③福州王潮卒，弟審知繼事。

戊午［898年］帝在華州。以崔遠爲相，册何氏爲皇后。帝還長安，改元光化。以華州爲興德府。韓建進封潁川王。汴將葛從周拔李克用之邢、洺、磁。氏叔琮拔趙匡凝之隨、唐、鄧。④澤州李罕之拔克用之上黨，歸于汴。⑤幽州劉守文拔汴之滄州。魏博羅弘信卒，子紹威稱留後。

己未［899年］復陸扆相。蔡軍以崔珙奔淮南。幽兵寇趙、魏，魏引汴兵破之。汴將氏叔琮攻太原，不利。陝州軍亂，牙將殺其帥王珙，立李璠爲留後，又殺之，降于汴。青州王師範將牛從毅以海州入于淮南。

---

① 「瑄」，原作「軍」，據四庫本改。
② 「沂密」二字原闕，據四庫本補。
③ 「于安塞」，原作「子安寒」，據四庫本改。
④ 「氏」，原作「民」，據四庫本改。後同。
⑤ 「于」，原作「下」，據四庫本改。

庚申［900年］相崔胤誣殺宰相王摶、樞密使宋道弼、景務修。朱全忠會魏軍攻幽之滄、德州。李克用拔汴之邢州，又以三鎮兵攻鎮州，王鎔乞和乃還。汴將張存敬攻幽之滄州，又拔祁州，又敗定州王處直于沙河，進攻定州，處直以定州降于全忠。罷崔遠相，以裴贄、裴樞爲相。徐彦若觀察青海。中尉兩軍劉季述、王仲先幽帝于東内，令皇太子裕監國。相崔胤、張濬告難于全忠，全忠自定還汴護駕。將孫德昭、周承誨、董彦誅劉季述、王仲先。帝自幽所還政。

辛酉［901年］誅神策使李師度、徐彦回，①窘帝故也。降皇太子裕爲德王，改元天復。汴將張存敬由含山路拔李克用之河中及晉絳。朱全忠兼領河中節度，②進封梁王。梁軍大舉攻晉之太原，晉將孟遷以澤入于梁。梁將氏叔琮長驅出團柏，屯軍洞渦，③葛從周以趙、魏兵入土門，陷承天，會天大雨乃復。宰相崔胤受全忠命逼帝幸東都，④未及行，中尉韓全誨以李茂貞兵勒帝幸鳳翔。⑤罷崔胤相，崔胤至三原促全忠西攻，⑥全忠以四鎮兵破華州，⑦由京城

---

① 「李」，四庫本作「季」。
② 「領」，原作「須」，據四庫本改。
③ 「渦」，原作「過」，據四庫本改。
④ 「命」，四庫本作「旨」。
⑤ 「勒」，四庫本作「刼」。
⑥ 「三」，原作「太」，據四庫本改。
⑦ 四庫本無「四」字。

西圍鳳翔，又破邠州，獲李繼徽，以絶其援。

壬戌［902年］帝在鳳翔。封淮南楊行密吴王、兩浙錢鏐越王，俾救難王室，皆不至。李克用南攻，朱全忠自鳳翔至河中，令將拔晋之汾州，①進圍太原不利，全忠自河中復至鳳翔。鄜州節度使李周彝以兵援鳳翔，〔汴將孔勍乘虚陷〕鄜州，②周彝以兵降全忠，邠寧鄜坊又入于梁。鳳翔李茂貞乃誅宦氏韓全誨，③以解全忠之圍。

癸亥［903年］帝還長安。進朱全忠元帥，復崔胤相。全忠誅宦氏七百人，罷陸扆相，以裴樞、王溥爲相。④青州王師範拔梁之兖州，全忠東攻青州。成都王建復李茂貞之秦隴，⑤以脩好于全忠。王師範會淮南兵敗梁軍于臨淄，梁將楊師厚敗青軍于臨朐，王師範以青州降。淮南楊行密攻鄂州，荆南成汭救鄂，澧朗軍乘虚陷江陵，趙匡凝乘虚陷荆州。成汭憤死。岐兵逼長安。梁軍屯河中，全忠逼帝都洛陽，殺宰相崔胤、六軍使鄭仁規、皇城使王建勳、飛龍使陳班、閤門使王建襲、客省使王建義、左僕射張濬，⑥緩遷故也。柳璨、崔遠代相。

---

①「令」，四庫本作「命」。
②「汴將孔勍乘虚陷」七字原脱，據四庫本補。
③「乃」，四庫本作「逐」。
④「溥」，原作「搏」，據四庫本改。
⑤「復」，四庫本作「寇」。
⑥「班」，原作「莊」；「閤」，原作「閣」，據四庫本改。

經世之申二千二百六十五

甲子[904年]唐景文皇帝十六年。東徙至穀水，梁王朱全忠坑帝侍從二百人。①至洛陽改元天祐。②以張漢瑜爲相。楊崇本以邠兵寇關輔，③全忠西攻，行弒于别宫，④立輝王祚，是謂哀帝。李克用以本部兵據太原。⑤

乙丑[905年]梁王全忠逼帝授禪，殺宰相裴樞、崔遠、陸扆及九王，用張文蔚、楊涉爲相，盡黜朝廷官吏。⑥太原李克用、鳳翔李茂貞、成都王建、襄陽趙匡凝同謀興復。梁將楊師厚敗趙匡凝于江湄，進拔襄陽，匡凝將王建武以荆南兵衆降，⑦唐、鄧、復、郢、隨、襄、荆南又入于梁。⑧匡凝奔淮南。朱全忠加九錫，總百揆，天下元帥，進封魏王，不受。再逼授禪，殺樞密使蔣玄暉、豐德庫使應頊、〔尚食〕使朱建武及宰相柳璨、太常卿張廷範、太常少卿裴磵、温

---

①「二」，四庫本作「三」。
②「祐」，原作「祚」，據四庫本改。
③「邠」，原作「頒」，據四庫本改。
④「弒」，四庫本作「殺」。「别」，四庫本作「洛」。
⑤「據」，四庫本作「保」。
⑥「黜」，四庫本作「出」。
⑦「武」，原作「玄」，據四庫本改。
⑧「隨」，原作「據」，據四庫本改。

變、知制誥張茂昭及皇后何氏。①淮南楊行密卒，子渥繼事。太原李克用會契丹阿保機于雲州，②進兵河北。

丙寅［906年］魏州牙兵亂，朱全忠坑之，進圍幽之滄州，幽人求救于太原，李克用會幽軍攻上黨，梁將丁會以澤潞降。全忠自長蘆還大梁。

丁卯［907年］朱全忠代唐命于汴，改國曰梁，元曰開平。薛貽矩、韓建爲相。降帝爲濟陰王，③徙之曹河東。晉王李克用、淮南吴王楊渥、劍南蜀王王建、山南秦王李茂貞、兩浙越王錢鏐、荆南渤海王高季昌、湖南楚王馬殷、泉南閩王王審知、廣南南海王劉隱並行唐年。

戊辰［908年］梁攻河東。④用于兢、張榮爲相。殺濟陰王于曹州。荆南高季昌、湖南馬殷、兩浙錢鏐附于梁。⑤是年，劍南王建稱帝成都，國曰蜀，元曰武成。⑥河東李克用、淮南楊渥、山南李茂貞、泉南王審知、南海劉隱行唐年。河東李克用卒，子存勗繼。誅亂命李克寧、李存

①「豐」，原作「澧」，「應」原作「殷」，「尚食」二字原脱，「範」，原作「弘」，今據四庫本改、補。
②「會」，原作「攻」，據四庫本改。
③「陰」字，原脱，據四庫本補。
④「東」，原作「裏」，據四庫本改。
⑤「殷」，原作「商」，據四庫本改。
⑥「成」，原作「康」，據四庫本改。

顥。①〔敗梁軍于潞之三垂崗〕。②淮南楊渥爲部將張顥所殺，代立。〔大將徐温自金陵入〕誅顥，③立渥弟渭，温專制。

己巳〔909年〕梁自汴徙都洛陽，郊祀天地。趙光逢、杜曉爲相。④張奉以沙州亂，劉知俊以同州叛。丹襄軍亂。泉南王審知、南海劉隱附于梁。劉隱卒，弟巖立。⑤河東李存勗、淮南楊渭、山南李茂貞行唐年。

庚午〔910年〕梁之鎮州王鎔、定州王處直請附于晉。河東李存勗東下河北。

辛未〔911年〕梁改元乾祐。北攻鎮、定，軍敗于柏鄉。蜀改元永平。是年，李存勗將劉守光稱帝幽州。

壬申〔912年〕梁北攻鎮、定，屠棗强乃復。六月，郢王友珪行弑，代立，改元鳳曆，殺博王友文于汴。冀王友謙以河中入于晉。許州軍亂。晉王李存勗敗燕軍于龍岡，進圍幽州。

癸酉〔913年〕梁六軍殺友珪，立均王友貞于汴，復乾祐三年。晉李存勗平幽州，獲劉守光及父

---

① 「寧」，原作「孶」，據四庫本改。

② 「敗梁軍于潞之三垂崗」九字原脱，據四庫本補。

③ 「大將徐温自金陵入」八字原脱，據四庫本補。

④ 「曉」，原作「撓」，據四庫本改。

⑤ 「巖」，原作「涉」，據四庫本改。後同。

仁恭以歸。

甲戌[914年]梁將王殷以徐叛，附于吴。晉李存勗開霸府于太原。

乙亥[915年]梁改元貞明。鄴王楊師厚卒，分其地六州爲兩鎮，魏軍遂亂，囚其帥賀德倫，以六州入于晉。蜀拔山南之秦鳳。階成宫大火。晉李存勗東下，大會兵于魏郊。

丙子[916年]梁之河北皆入于晉。趙光逢、鄭玨爲相。攻晉不利。蜀改元通正，拔山南之隴州。晉李存勗敗梁軍于故元城。吴封相徐温爲齊國公，屬之以金陵、丹陽、毗陵、宣城、新安、池陽六郡，鎮金陵。

丁丑[917年]梁册兩浙錢鏐爲天下兵馬元帥。是年，劉巖以南海稱帝，國曰漢，元曰乾亨。蜀改元天漢，誅降將劉知俊于炭市。晉李存勗拔梁之楊劉城。

戊寅[918年]梁之鄆、濮陷于晉。蜀改元天光，建遇毒死，子衍立。晉李存勗擁太原、魏博、幽、滄、鎮定、邢洺、麟、勝、雲、朔十鎮之師，大閲于魏郊，敗梁軍于胡柳。

己卯[919年]梁張守進以兖入于晉。蜀改元乾德。晉逼梁之河南。是年，楊渭稱帝淮南，國曰吴，元曰武義，徐温爲大丞相，都督中外，封東海王。

庚辰[920年]梁李琪爲相，陳州妖寇亂，晉兵入寇。吴楊渭卒，弟溥立。晉存勗拔梁之同州。

辛巳[921年]梁改元龍德。惠王友能以陳叛。吴改元順義。晉鎮、定亂。契丹犯幽州。

壬午[922年]晉李存勗平鎮、定，又敗契丹于易水。

癸未[923年]河東晉王李存勗稱帝魏州，是謂莊宗，國曰唐，元曰同光，是謂後唐。以豆盧革爲相、郭崇韜樞密使。①自魏由鄆而南，敗梁將王彦章于中都，長驅入汴，殺友貞于建國樓，降之爲庶人。潞州軍亂。淮南楊溥、兩浙錢鏐、山南李茂貞、湖南馬殷請附。吴楊溥去帝號稱王。荆南高季興、泉南王審知行梁年。

甲申[924年]唐自汴徙都洛陽，平上黨。

乙酉[925年]唐帝存勗北巡魏郊。以樞密使郭崇韜同魏王繼岌伐蜀，七旬平之，獲其主王衍以歸，至秦川驛族殺之。以孟知祥鎮成都。荆南高季興請附。蜀改元咸康，國亡。漢改元白龍。泉南王審知爲子延翰所殺，代立。

丙戌[926年]唐内命亂，皇后劉氏使人殺樞密使郭崇韜于蜀。魏軍變，以鎮帥李嗣源伐之，②嗣源至，魏軍又變，二軍奉李嗣源入汴。唐帝存勗東征至萬勝乃復。内軍又變，殺存勗于絳霄殿。嗣源入洛稱帝，是謂明宗，改元天成。誅宰相豆盧革、韋説，以鄭珏、任圜爲相，安重誨爲樞密使。魏王繼岌自成都入，至渭橋殺之。荆南逆命，泉南稱附。泉南王延翰爲弟延鈞所殺，③代立。

①「盧」，原作「蘆」，據四庫本改。
②「伐」，四庫本作「代」。
③「弟」後，四庫本有「王」字。

丁亥[927年]唐以馮道、崔協爲相。盧臺及浚儀軍亂。①淮南楊溥復稱帝，改元乾貞。宰相徐温卒，養子知誥繼事，于金陵稱王。是年，北狄耶律德光稱帝潢水，國曰契丹，元曰天顯。

戊子[928年]唐以王建立爲相。王都以定叛。高季興以荆南入于吴。漢改元大有。

己丑[929年]唐以趙鳳爲相，安重誨專政。吴改元大和。

庚寅[930年]唐改元長興。河中軍亂。②西川孟知祥、東川董璋連叛。

辛卯[931年]唐以李愚爲相。罷安重誨樞密使，③以趙延壽、范延光爲樞密使。東西二川相攻。

壬辰[932年]唐孟知祥平東川，獲董璋，稱表，封知祥爲蜀王。吴王錢鏐卒，子元瓘繼。福州王延鈞稱帝，國曰閩，元曰光啓。

癸巳[933年]唐以劉煦爲相。④潞王從珂出尹鳳翔。石敬瑭移鎮太原。⑤帝嗣源病。秦王從榮以河南府兵攻端門，不克，敗死。明宗終，立宋王從厚，是謂閔帝。馮道、李愚爲相，專政。朱弘昭、馮贇爲樞密使。

---

① 「儀」，四庫本作「義」。
② 「軍」，四庫本作「兵」。
③ 「使」字，原脱，據四庫本補。
④ 「昫」，原作「煦」，四庫本作「照」，據《資治通鑑》卷二七八改。
⑤ 「瑭」，原作「塘」，據四庫本改。後同。

經世之酉二千二百六十六

甲午[934年]後唐閔帝從厚元年，改元順應。以鳳翔潞王從珂移鎮太原，從珂自岐入逐從厚，代立于洛宮，改元清泰。從厚出奔衛州，就殺之。是年，孟知祥以兩川稱帝成都，①國曰蜀，元曰明德。知祥卒，子昶繼。

乙未[935年]唐以韓昭胤爲相。忻州戍軍亂。吴改元天祚。閩改元永和，臣李倣弑其君延鈞，立其子昶。

丙申[936年]唐以馬裔孫爲相。以太原石敬瑭移鎮汶陽。石敬瑭自太原入以北狄耶律德光，稱帝入洛，代唐命，改國爲晉，元曰天福。以并州從事桑維翰、趙瑩爲相。馮道依舊相。輸冀、代之北入于狄。從珂火死于玄武樓。荆南、兩浙稱附。閩王昶誅李倣，改元通文。

丁酉[937年]晉以李崧爲相。河陽張從賓、魏州范延光、滑州符彦饒、袁州盧文進不從命，②悉平之。吴大將徐知誥代吴命于金陵，改國曰齊，③易號爲唐，元曰昇元，復姓李氏，易名爲昪。以宋齊丘、徐玠爲左右相。徙其君于丹徒，殺之。

---

①「兩」，四庫本作「西」。

②「袁」，四庫本作「安」。

③「齊」，原作「濟」，據四庫本改。

戊戌[938年]晉徙都汴。魏州范延光順命,①封高平王,移鎮汶陽。北狄耶律德光改元會同。

己亥[939年]閩亂,連重遇殺其君昶,立其叔父延羲,改元永隆。

庚子[940年]晉用和凝爲相。李金全以安叛,命馬全節以十郡之師平之。②

辛丑[941年]晉帝石敬瑭北過鄴。③〔安從進以襄叛〕,④安重榮以鎮叛。⑤兩浙錢元瓘卒,⑥子弘佐繼。

壬寅[942年]晉帝石敬瑭終于鄴,從子齊王重貴立。侍衛將軍景延廣專政。始貳于狄。漢劉巖卒,子玢繼,改元光大。

癸卯[943年]晉楊光遠以青叛。北狄入寇。漢亂,弟晟弑其君玢,代立,改元應乾,再改元乾和。江南李昪卒,子璟繼,改元保大,宋齊丘、周京爲相。平白雲鑾于虔州。閩王延羲弟延政亦稱帝建州,國曰殷,元曰天德。

---

① 「州」,四庫本作「帥」。「順」,四庫本作「服」。
② 「全」,原作「安」,據四庫本改。
③ 「過」,四庫本作「巡」。
④ 「安從進以襄叛」六字原脱,據四庫本補。
⑤ 「叛」,原作「洛」,據四庫本改。
⑥ 「元瓘」,原作「鏐」,據四庫本改。

甲辰［944年］晉改元開運。北狄入寇，至于魏博。封晉陽劉知遠爲太原王，劉昫爲相。①閩亂，大將朱文進殺其君延羲，代立，以福州稱附于晉。

乙巳［945年］北狄大入寇晉河朔至于磁、相。②封劉知遠北平王，罷和凝、桑維翰相，以馮玉爲相，李崧知樞密院事。

丙午［946年］晉大將杜重威、李守貞及裨將張彦澤以軍降狄于中渡。彦澤以兵五百人入汴，爲狄清路，幽其君重貴于開封府。南唐平閩之建州，③滅王延政。

丁未［947年］正月，契丹耶律德光入汴滅晉，改國爲遼。④誅張彦澤，徙其君重貴于北荒，致之龍城。二月，北平王劉知遠稱帝晉陽，年用天福，是謂高祖。五月，契丹潰于汴，耶律德光留相蕭翰守汴，翰求後唐明宗子從益立之而去。六月，劉知遠留子崇于太原，南入汴代命，建國曰漢，用蘇逢吉、蘇禹珪爲相，又以竇貞固、李濤爲相。楊邠、郭威爲樞密使。相馮道、李崧自欒城至。杜重威以魏州拒命。閩國分爲三。荆南、兩浙稱附于漢。吴越錢弘佐卒，弟弘倧立。狄契丹耶律德光還至欒城，卒，兄之子兀欲代立，歸國，廢德光母，改元天禄。

① 「昫」，原作「頴」，四庫本作「照」，據《資治通鑑》卷二八四改。
② 「磁」，四庫本作「磁」。
③ 「南」，四庫本作「署」，屬上讀。
④ 「爲」，四庫本作「曰」。

戊申［948年］漢改元乾祐。帝知遠終，子周王承祐繼。罷李濤相，以楊邠爲相。平鄴，誅杜重威。①李守貞以河中阻命，王景崇以鳳翔叛，趙思綰以永興抗命，郭威以樞密使西伐之。浙東亂，大將胡思進廢其君弘倧，立其弟俶。

己酉［949年］漢之蒲、雍、岐三叛平。契丹寇河北。命郭威以樞密使北伐鎮、鄴。

庚戌［950年］漢夷宰相楊邠、侍衛將軍史弘肇、三司使王章，②賜澶州王殷、魏州郭威、王峻死。十二月，樞密使郭威以魏兵入，渡河敗内軍于劉子陂，其主承祐野死。③郭威至汴，請宰相馮道迎其君之弟承珪于徐州，還至澶淵。軍變入汴，④太后命威監國。降承珪爲湘陰公，誅宰相蘇逢吉及劉銖。

辛亥［951年］正月，監國郭威代漢命于汴，是謂太祖，改國曰周，元曰應順。王峻、范質、馮道爲相。⑤湘陰公死于宋州。兖州慕容彦超不受命。荆南兩浙稱附。⑥太原劉崇稱帝河東，國

---

①「誅」，原作「攻」，據四庫本改。
②「弘」字，原脱，據四庫本改。「章」後，四庫本有「族」字。
③「主」，原作「王」，據四庫本改。
④「入」前，四庫本有「復」字。
⑤「范質」二字原脱，據四庫本補。
⑥「受命荆南兩浙稱」七字原脱，據四庫本補。

曰漢，年用乾祐。江南唐平湖南，①徙其屬于金陵。北狄亂，契丹瓦欲爲其族述乾所殺。②德光子述律平其亂，代立，改元應曆，易名爲明。③

壬子［952年］周平兖州。

癸丑［953年］周以皇后弟柴榮爲皇太子，④封晉王，尹開封府。流王峻于商州、王殷于登州，皆殺之。李穀、馮道爲相。

甲寅［954年］周鄭仁誨、王溥爲相。改元顯德。太祖威終，晉王榮紹位于汴宫。河東劉崇以契丹之師入寇。周主榮親征，大破劉崇于高平，誅不用命者將校七十人，進攻太原，不克。澤、潞、汾、遼、忻、代、嵐、石迎降。宰相馮道卒于□州。⑤

乙卯［955年］周大伐江南及蜀。漢劉崇卒，子承鈞繼。

丙辰［956年］周廣汴之外城。⑥南伐取唐之滁、和，敗其君于渦口。漢劉承鈞改元天會。

---

①「江南唐平湖」五字原脱，據四庫本補。
②「瓦」，四庫本作「元」。
③「明」，四庫本作「璟」。
④「以」，四庫本作「册」。「弟」，四庫本作「姪」。
⑤「州」前，底本有闕文，四庫本無空格。
⑥「之」，四庫本作「都」。

丁巳[957年]周李穀罷相。王朴爲樞密使,伐江南有功。唐改元交泰,兵敗于紫金山,①請以江北地求和于周。

戊午[958年]周受唐江北地。南海漢劉晟卒,子鋹繼,改元大寶。唐請附于周,殺宰相宋齊丘及陳覺、李知古。

己未[959年]周北征契丹,至于瓦橋,寧、雄、瀛、莫迎降。周帝榮有疾,乃復榮妃符氏爲皇后,子崇訓爲皇太子,封梁王。周魏仁溥、范質爲相。趙匡胤進位檢校太傅、充殿前都點檢使。世宗榮終,皇太子崇訓嗣位。②

庚甲

辛酉

壬戌

癸亥

經世之戌二千二百六十七

經世之亥二千二百六十八

---

① 「兵敗」,原作「軍攻」,據四庫本改。

② 是年,四庫本作「周征契丹,至于瓦橋,取瀛、莫、易,置雄、霸,遂趣幽州,寧、雄、瀛、莫迎,有疾,乃還。復册妃符氏爲皇后,子崇訓爲皇太子,封梁王。用魏仁溥、范質爲相。趙匡胤進位檢校太傅、充殿前都點檢。世宗榮終,皇太子崇訓嗣位」。

皇極經世卷第七

觀物篇之三十五

日日聲平闢

多良千刀妻

宮心●●●

日日聲七，下唱地之用音一百五十二，是謂平聲闢音。平聲闢音一千六十四。

日日聲平之一闢

開音清和律一之一

古古古古　多可个舌

一音　古古古古　禾火化八

水水音開清

古黑安夫卜東

乃走思■■■

水水音九，上和天之用聲一百一十二，是謂開音清聲。開音清聲一千八。

水水音開之一清

平聲闢唱呂一之一①

古甲九癸　多多多多

一音　□□近揆　多多多多

① 四庫本上下欄與此相反。

一聲　古古古古　開宰愛○
古古古古　回每退○
古古古古　良兩向○
一音　古古古古　光廣況○
二聲　古古古古　丁井亘○
古古古古　兄永瑩○
古古古古　千典旦○
一音　古古古古　元犬半○
三聲　古古古古　臣引艮○
古古古古　君允巽○
古古古古　刀早孝岳
一音　古古古古　毛寶報霍
四聲　古古古古　牛斗奏六
古古古古　○○○玉
古古古古　妻子四日
一音　古古古古　衰○帥骨

一聲　坤巧丘弃　多多多多
□□乾虯　多多多多
黑花香血　多多多多
二音　黃華雄賢　多多多多
一聲　五瓦仰□　多多多多
吾牙月堯　多多多多
安亞乙一　多多多多
三音　□爻王寅　多多多多
一聲　母馬美米　多多多多
目皃眉民　多多多多
夫法□飛　多多多多
四音　父凡□吠　多多多多
一聲　武晚□尾　多多多多
文万□未　多多多多
卜百丙必　多多多多
五音　步白葡鼻　多多多多

五聲　古古古古　○○○德
古古古古　龜水貴北
古古古古　宮孔衆○
一音　古古古古　龍甬用○
六聲　古古古古　魚鼠去○
古古古古　烏虎兔○
古古古古　心審禁○
一音　古古古古　○○○十
七聲　古古古古　男坎欠○
古古古古　○○○妾
古古古古　●●●●
一音　古古古古　●●●●
八聲　古古古古　●●●●
古古古古　●●●●
古古古古　●●●●
一音　古古古古　●●●●

一聲　普朴品匹　多多多多
旁排平瓶　多多多多
東丹帝■　多多多多
六音　兑大弟■　多多多多
一聲　土貪天■　多多多多
同覃田■　多多多多
乃妳女■　多多多多
七音　内南年■　多多多多
一聲　老冷吕■　多多多多
鹿犖离■　多多多多
走哉足■　多多多多
八音　自在匠■　多多多多
一聲　草采七■　多多多多
曹才全■　多多多多
思三星■　多多多多
九音　寺□象■　多多多多

九聲 古古古古 ●●●●

古古古古 ●●●●

古古古古 ●●●●

一音 古古古古 ●●●●

十聲 古古古古 ●●●●

古古古古 ●●●●

開音清和律一之二

黑黑黑黑 多可个舌

二音 黑黑黑黑 禾火化八

一聲 黑黑黑黑 開宰愛○

黑黑黑黑 回每退○

黑黑黑黑 良兩向○

二音 黑黑黑黑 光廣况○

二聲 黑黑黑黑 丁井亘○

黑黑黑黑 兄永瑩○

一聲 □□□■ 多多多多

□□□■ 多多多多

■山手■ 多多多多

十音 ■土石■ 多多多多

一聲 ■□耳■ 多多多多

■□二■ 多多多多

■莊震■ 多多多多

十一音 ■乍□■ 多多多多

一聲 ■叉赤■ 多多多多

■崇辰■ 多多多多

■卓中■ 多多多多

十二音 ■宅直■ 多多多多

一聲① ■坼丑■ 多多多多

■茶呈■ 多多多多

---

①「一聲」，原作「二聲」，據四庫本改。

黑黑黑黑　千典旦○

二音　黑黑黑黑　元犬半○

三聲　黑黑黑黑　臣引艮○

黑黑黑黑　君允巽○

黑黑黑黑　刀早孝岳

二音　黑黑黑黑　毛寶報霍

四聲　黑黑黑黑　牛斗奏六

黑黑黑黑　○○○玉

黑黑黑黑　妻子四日

二音　黑黑黑黑　衰○帥骨

五聲　黑黑黑黑　○○○德

黑黑黑黑　龜水貴北

黑黑黑黑　宮孔衆○

二音　黑黑黑黑　龍甬用○

六聲　黑黑黑黑　魚鼠去○

黑黑黑黑　烏虎兔○

平聲闢唱呂一之二

古甲九癸　良良良良

一音　□□近揆　良良良良

二聲　坤巧丘弃　良良良良

□□乾虯　良良良良

黑花香血　良良良良

二音　黃華雄賢　良良良良

二聲　五瓦仰□　良良良良

吾牙月堯　良良良良

安亞乙一　良良良良

三音　□爻王寅　良良良良

二聲　母馬美米　良良良良

目皃眉民　良良良良

夫法□飛　良良良良

四音　父凡□吠　良良良良

二聲　武晚□尾　良良良良

文万□未　良良良良

黑黑黑黑　心審禁○

二音七聲

黑黑黑黑　○○○十
黑黑黑黑　男坎欠○
黑黑黑黑　○○○妾
黑黑黑黑　●●●●

二音八聲

黑黑黑黑　●●●●
黑黑黑黑　●●●●
黑黑黑黑　●●●●
黑黑黑黑　●●●●

二音九聲

黑黑黑黑　●●●●
黑黑黑黑　●●●●
黑黑黑黑　●●●●
黑黑黑黑　●●●●

二音十聲

黑黑黑黑　●●●●
黑黑黑黑　●●●●
黑黑黑黑　●●●●

卜百丙必　良良良良

五音二聲

步白葡鼻　良良良良
普朴品匹　良良良良
旁排平瓶　良良良良
東丹帝■　良良良良

六音二聲

兑大弟■　良良良良
土貪天■　良良良良
同覃田■　良良良良
乃妳女■　良良良良

七音二聲

內南年■　良良良良
老冷呂■　良良良良
鹿犖离■　良良良良
走哉足■　良良良良

八音二聲

自在匠■　良良良良
草采七■　良良良良
曹才全■　良良良良

開音清和律一之三

安安安安　多可个舌

三音一聲
安安安安　禾火化八
安安安安　開宰愛○
安安安安　回每退○
安安安安　良兩向○

三音二聲
安安安安　光廣況○
安安安安　丁井亘○
安安安安　兄永瑩○
安安安安　千典旦○

三音三聲
安安安安　元犬半○
安安安安　臣引艮○
安安安安　君允巽○
安安安安　刀早孝岳

三音四聲
安安安安　毛寶報霍
安安安安　牛斗奏六
安安安安　○○○玉

思三星■　良良良良

九音二聲
寺□象■　良良良良
□□□■　良良良良
□□□■　良良良良
■山手■　良良良良

十音二聲
■士石■　良良良良
■□耳■　良良良良
■□二■　良良良良
■莊震■　良良良良

十一音二聲
■乍□■　良良良良
■叉赤■　良良良良
■崇辰■　良良良良
■卓中■　良良良良

十二音二聲
■宅直■　良良良良
■坼丑■　良良良良
■茶呈■　良良良良

安安安安　妻子四日

三音　五聲

安安安安　衰○帥骨
安安安安　○○○德
安安安安　龜水貴北
安安安安　宮孔衆○

三音　六聲

安安安安　龍甬用○
安安安安　魚鼠去○
安安安安　烏虎兔○
安安安安　心審禁○

三音　七聲

安安安安　○○○十
安安安安　男坎欠○
安安安安　○○○妾
安安安安　●●●●

三音　八聲

安安安安　●●●●
安安安安　●●●●
安安安安　●●●●

平聲闢唱呂一之三

古甲九癸　千千千千

一音　三聲

□□近揆　千千千千
坤巧丘弃　千千千千
□□乾虯　千千千千
黑花香血　千千千千

二音　三聲

黃華雄賢　千千千千
五瓦仰□　千千千千
吾牙月堯　千千千千
安亞乙一　千千千千

三音　三聲

□爻王寅　千千千千
母馬美米　千千千千
目皃眉民　千千千千
夫法□飛　千千千千

四音　三聲

父凡□吠　千千千千
武晚□尾　千千千千
文万□未　千千千千

安安安安　●●●●

三音　安安安安　●●●●

九聲　安安安安　●●●●

安安安安　●●●●

安安安安　●●●●

三音　安安安安　●●●●

十聲　安安安安　●●●●

安安安安　●●●●

開音清和律一之四

夫夫夫夫　多可个舌

四音　夫夫夫夫　禾火化八

一聲　夫夫夫夫　開宰愛○

夫夫夫夫　回每退○

夫夫夫夫　良兩向○

四音　夫夫夫夫　光廣况○

二聲　夫夫夫夫　丁井亘○

夫夫夫夫　兄永瑩○

卜百丙必　千千千千

五音　步白葡鼻　千千千千

三聲　普朴品匹　千千千千

旁排平瓶　千千千千

東丹帝■　千千千千

六音　兑大第■　千千千千

三聲　土貪天■　千千千千

同覃田■　千千千千

乃妳女■　千千千千

七音　内南年■　千千千千

三聲　老冷吕■　千千千千

鹿犖离■　千千千千

走哉足■　千千千千

八音　自在匠■　千千千千

三聲　草采七■　千千千千

曹才全■　千千千千

夫夫夫夫　千典旦○
四音三聲
夫夫夫夫　元犬半○
夫夫夫夫　臣引艮○
夫夫夫夫　君允巽○
夫夫夫夫　刀早孝岳
四音四聲
夫夫夫夫　毛寶報霍
夫夫夫夫　牛斗奏六
夫夫夫夫　○○○玉
夫夫夫夫　妻子四日
四音五聲
夫夫夫夫　衰○帥骨
夫夫夫夫　○○○德
夫夫夫夫　龜水貴北
夫夫夫夫　宮孔衆○
四音六聲
夫夫夫夫　龍甬用○
夫夫夫夫　魚鼠去○
夫夫夫夫　烏虎兔○

思三星■　千千千千
九音三聲
寺□象■　千千千千
□□□■　千千千千
□□□■　千千千千
■山手■　千千千千
十音三聲
■士石■　千千千千
■□耳■　千千千千
■□二■　千千千千
■莊震■　千千千千
十一音三聲
■乍□■　千千千千
■叉赤■　千千千千
■崇辰■　千千千千
■卓中■　千千千千
十二音三聲
■宅直■　千千千千
■坼丑■　千千千千
■茶呈■　千千千千

夫夫夫夫　心審禁○

四音七聲

夫夫夫夫　○○○十
夫夫夫夫　男坎欠○
夫夫夫夫　○○○妾
夫夫夫夫　●●●●

四音八聲

夫夫夫夫　●●●●
夫夫夫夫　●●●●
夫夫夫夫　●●●●
夫夫夫夫　●●●●

四音九聲

夫夫夫夫　●●●●
夫夫夫夫　●●●●
夫夫夫夫　●●●●
夫夫夫夫　●●●●

四音十聲

夫夫夫夫　●●●●
夫夫夫夫　●●●●
夫夫夫夫　●●●●

平聲闢唱呂一之四

古甲九癸　刀刀刀刀

一音四聲

□□近揆　刀刀刀刀
坤巧丘弃　刀刀刀刀
□□乾虯　刀刀刀刀
黑花香血　刀刀刀刀

二音四聲

黃華雄賢　刀刀刀刀
五瓦仰□　刀刀刀刀
吾牙月堯　刀刀刀刀
安亞乙一　刀刀刀刀

三音四聲

□爻王寅　刀刀刀刀
母馬美米　刀刀刀刀
目皃眉民　刀刀刀刀
夫法□飛　刀刀刀刀

四音四聲

父凡□吠　刀刀刀刀
武晚□尾　刀刀刀刀
文万□未　刀刀刀刀

開音清和律一之五

卜卜卜卜　多可个舌

五音一聲

卜卜卜卜　禾火化八
卜卜卜卜　開宰愛○
卜卜卜卜　回每退○
卜卜卜卜　良兩向○

五音二聲

卜卜卜卜　光廣況○
卜卜卜卜　丁井亘○
卜卜卜卜　兄永瑩○
卜卜卜卜　千典旦○

五音三聲

卜卜卜卜　元犬半○
卜卜卜卜　臣引艮○
卜卜卜卜　君允巽○
卜卜卜卜　刀早孝岳

五音四聲

卜卜卜卜　毛寶報霍
卜卜卜卜　牛斗奏六
卜卜卜卜　○○○玉

卜百丙必　刀刀刀刀

五音四聲

步白𤰈鼻　刀刀刀刀
曹朴品匹　刀刀刀刀
旁排平瓶　刀刀刀刀
東丹帝■　刀刀刀刀

六音四聲

兑大弟■　刀刀刀刀
土貪天■　刀刀刀刀
同覃田■　刀刀刀刀
乃妳女■　刀刀刀刀

七音四聲

內南年■　刀刀刀刀
老冷吕■　刀刀刀刀
鹿犖离■　刀刀刀刀
走哉足■　刀刀刀刀

八音四聲

自在匠■　刀刀刀刀
草采七■　刀刀刀刀
曹才全■　刀刀刀刀

五音　五聲

卜卜卜卜　妻子四日
卜卜卜卜　衰○帥骨
卜卜卜卜　○○○德
卜卜卜卜　龜水貴北

五音　六聲

卜卜卜卜　宮孔衆○
卜卜卜卜　龍甬用○
卜卜卜卜　魚鼠去○
卜卜卜卜　烏虎兔○

五音　七聲

卜卜卜卜　心審禁○
卜卜卜卜　○○○十
卜卜卜卜　男坎欠○
卜卜卜卜　○○○妾

五音　八聲

卜卜卜卜　●●●●
卜卜卜卜　●●●●
卜卜卜卜　●●●●
卜卜卜卜　●●●●

九音　四聲

思三星■　刀刀刀刀
寺□象■　刀刀刀刀
□□□■　刀刀刀刀
□□□■　刀刀刀刀

十音　四聲

■山手■　刀刀刀刀
■士石■　刀刀刀刀
■□耳■　刀刀刀刀
■□二■　刀刀刀刀

十一音　四聲

■莊震■　刀刀刀刀
■乍□■　刀刀刀刀
■叉赤■　刀刀刀刀
■崇辰■　刀刀刀刀

十二音　四聲

■卓中■　刀刀刀刀
■宅直■　刀刀刀刀
■蚸丑■　刀刀刀刀
■茶呈■　刀刀刀刀

卜卜卜卜　●●●●

五音　卜卜卜卜　●●●●

九聲　卜卜卜卜　●●●●

卜卜卜卜　●●●●

卜卜卜卜　●●●●

五音　卜卜卜卜　●●●●

十聲　卜卜卜卜　●●●●

卜卜卜卜　●●●●

開音清和律一之六

東東東東　多可个舌

六音　東東東東　禾火化八

一聲　東東東東　開宰愛○

東東東東　回每退○

平聲闢唱呂一之五

古甲九癸　妻妻妻妻

一音　□□近揆　妻妻妻妻

五聲　坤巧丘弃　妻妻妻妻

□□乾虯　妻妻妻妻

黑花香血　妻妻妻妻

二音　黄華雄賢　妻妻妻妻

五聲　五瓦仰□　妻妻妻妻

吾牙月堯　妻妻妻妻

安亞乙一　妻妻妻妻

三音　□爻王寅　妻妻妻妻

五聲　母馬美米　妻妻妻妻

目皃眉民　妻妻妻妻

東東東東 良兩向○

六音 二聲

東東東東 光廣況○
東東東東 丁井亘○
東東東東 兄永瑩○
東東東東 千典旦○

六音 三聲

東東東東 元犬半○
東東東東 臣引艮○
東東東東 君允巽○
東東東東 刀早孝岳

六音 四聲

東東東東 毛寶報霍
東東東東 牛斗奏六
東東東東 ○○○玉
東東東東 妻子四日

六音 五聲

東東東東 衰○帥骨
東東東東 ○○○德
東東東東 龜水貴北

夫法□飛 妻妻妻妻

四音 五聲

父凡□吠 妻妻妻妻
武晚□尾 妻妻妻妻
文万□未 妻妻妻妻
卜百丙必 妻妻妻妻

五音 五聲

步白葡鼻 妻妻妻妻
普朴品匹 妻妻妻妻
旁排平瓶 妻妻妻妻
東丹帝■ 妻妻妻妻

六音 五聲

兑大弟■ 妻妻妻妻
土貪天■ 妻妻妻妻
同覃田■ 妻妻妻妻
乃妳女■ 妻妻妻妻

七音 五聲

内南年■ 妻妻妻妻
老冷吕■ 妻妻妻妻
鹿犖离■ 妻妻妻妻

六音　六聲

東東東東　宮孔衆○
東東東東　龍甬用○
東東東東　魚鼠去○
東東東東　烏虎兔○

六音　七聲

東東東東　心審禁○
東東東東　○○○十
東東東東　男坎欠○
東東東東　○○○妾

六音　八聲

東東東東　●●●●
東東東東　●●●●
東東東東　●●●●
東東東東　●●●●

六音　九聲

東東東東　●●●●
東東東東　●●●●
東東東東　●●●●
東東東東　●●●●

八音　五聲

走哉足■　妻妻妻妻
自在匠■　妻妻妻妻
草采七■　妻妻妻妻
曹才全■　妻妻妻妻

九音　五聲

思三星■　妻妻妻妻
寺□象■　妻妻妻妻
□□□■　妻妻妻妻
□□□■　妻妻妻妻

十音　五聲

■山手■　妻妻妻妻
■士石■　妻妻妻妻
■□耳■　妻妻妻妻
■□二■　妻妻妻妻

十一音　五聲

■莊震■　妻妻妻妻
■乍□■　妻妻妻妻
■叉赤■　妻妻妻妻
■崇辰■　妻妻妻妻

東東東東　●●●●

六音　東東東東　●●●●

十聲　東東東東　●●●●

東東東東　●●●●

開音清和律一之七

乃乃乃乃　多可个舌

七音　乃乃乃乃　禾火化八

一聲　乃乃乃乃　開宰愛○

乃乃乃乃　回每退○

乃乃乃乃　良兩向○

七音　乃乃乃乃　光廣況○

二聲　乃乃乃乃　丁井亘○

乃乃乃乃　兄永瑩○

乃乃乃乃　千典旦○

七音　乃乃乃乃　元犬半○

三聲　乃乃乃乃　臣引艮○

乃乃乃乃　君允巽○

■卓中■　妻妻妻妻

十二音　■宅直■　妻妻妻妻

五聲　■坼丑■　妻妻妻妻

■茶呈■　妻妻妻妻

平聲闢唱吕一之六

古甲九癸　宮宮宮宮

一音　□□近揆　宮宮宮宮

六聲　坤巧丘弃　宮宮宮宮

□□乾虯　宮宮宮宮

黑花香血　宮宮宮宮

二音　黄華雄賢　宮宮宮宮

六聲　五瓦仰□　宮宮宮宮

吾牙月堯　宮宮宮宮

安亞乙一　宮宮宮宮

三音　□爻王寅　宮宮宮宮

六聲　母馬美米　宮宮宮宮

目皃眉民　宮宮宮宮

乃乃乃乃 刀早孝岳
七音 乃乃乃乃 毛寳報霍
四聲 乃乃乃乃 牛斗奏六
乃乃乃乃 ○○○玉
乃乃乃乃 妻子四日
七音 乃乃乃乃 衰○帥骨
五聲 乃乃乃乃 ○○○穗
乃乃乃乃 龜水貴北
乃乃乃乃 宫孔衆○
七音 乃乃乃乃 龍甬用○
六聲 乃乃乃乃 魚鼠去○
乃乃乃乃 烏虎兔○
乃乃乃乃 心審禁○
七音 乃乃乃乃 ○○○十
七聲 乃乃乃乃 男坎欠○
乃乃乃乃 ○○○妾

夫法□飛 宫宫宫宫
四音 父凡□吠 宫宫宫宫
六聲 武晚□尾 宫宫宫宫
文万□未 宫宫宫宫
卜百丙必 宫宫宫宫
五音 步白葡鼻 宫宫宫宫
六聲 普朴品匹 宫宫宫宫
旁排平瓶 宫宫宫宫
東丹帝■ 宫宫宫宫
六音 兑大弟■ 宫宫宫宫
六聲 土貪天■ 宫宫宫宫
同覃田■ 宫宫宫宫
乃妳女■ 宫宫宫宫
七音 内南羊■ 宫宫宫宫
六聲 老冷吕■ 宫宫宫宫
鹿犖离■ 宫宫宫宫

七音 八聲

乃乃乃乃 ●●●●
乃乃乃乃 ●●●●
乃乃乃乃 ●●●●
乃乃乃乃 ●●●●

七音 九聲

乃乃乃乃 ●●●●
乃乃乃乃 ●●●●
乃乃乃乃 ●●●●
乃乃乃乃 ●●●●

七音 十聲

乃乃乃乃 ●●●●
乃乃乃乃 ●●●●
乃乃乃乃 ●●●●
乃乃乃乃 ●●●●

開音清和律一之八

八音 一聲

走走走走 多可个舌
走走走走 禾火化八
走走走走 開宰愛○
走走走走 回每退○

八音 六聲

走哉足■ 宮宮宮宮
自在匠■ 宮宮宮宮
草采七■ 宮宮宮宮
曹才全■ 宮宮宮宮

九音 六聲

思三星■ 宮宮宮宮
寺□象■ 宮宮宮宮
□□□■ 宮宮宮宮
□□□■ 宮宮宮宮

十音 六聲

■山手■ 宮宮宮宮
■士石■ 宮宮宮宮
■□耳■ 宮宮宮宮
■□二■ 宮宮宮宮

十一音 六聲

■莊震■ 宮宮宮宮
■乍□■ 宮宮宮宮
■叉赤■ 宮宮宮宮
■崇辰■ 宮宮宮宮

八音二聲

走走走走　良兩向○
走走走走　光廣況○
走走走走　丁井亘○
走走走走　兄永瑩○

八音三聲

走走走走　千典旦○
走走走走　元犬半○
走走走走　臣引艮○
走走走走　君允巽○

八音四聲

走走走走　刀早孝岳
走走走走　毛寶報霍
走走走走　牛斗奏六
走走走走　○○○玉

八音五聲

走走走走　妻子四日
走走走走　衰○帥骨
走走走走　○○○德
走走走走　龜水貴北

十二音六聲

■卓中■　宮宮宮宮
■宅直■　宮宮宮宮
■坼丑■　宮宮宮宮
■茶呈■　宮宮宮宮

平聲闢唱呂一之七

一音七聲

古甲九癸　心心心心
□□近揆　心心心心
坤巧丘弃　心心心心
□□乾虯　心心心心
黑花香血　心心心心

二音七聲

黄華雄賢　心心心心
五瓦仰□　心心心心
吾牙月堯　心心心心
安亞乙一　心心心心

三音七聲

□爻王寅　心心心心
母馬美米　心心心心
目皃眉民　心心心心

走走走走　宮孔衆○

八音　六聲

走走走走　龍甬用○
走走走走　魚鼠去○
走走走走　烏虎兔○
走走走走　心審禁○

八音　七聲

走走走走　○○○十
走走走走　男坎欠○
走走走走　○○○妾
走走走走　●●●●

八音　八聲

走走走走　●●●●
走走走走　●●●●
走走走走　●●●●
走走走走　●●●●

八音　九聲

走走走走　●●●●
走走走走　●●●●
走走走走　●●●●

夫法□飛　心心心心

四音　七聲

父凡□吠　心心心心
武晚□尾　心心心心
文万□未　心心心心
卜百丙必　心心心心

五音　七聲

步白葡鼻　心心心心
普朴品匹　心心心心
旁排平瓶　心心心心
東丹帝■　心心心心

六音　七聲

兑大弟■　心心心心
土貪天■　心心心心
同覃田■　心心心心
乃妳女■　心心心心

七音　七聲

内南年■　心心心心
老冷吕■　心心心心
鹿犖离■　心心心心

八音十聲

走走走走　●●●●
走走走走　●●●●
走走走走　●●●●
走走走走　●●●●

開音清和律一之九

九音一聲

思思思思　多可个舌
思思思思　禾火化八
思思思思　開宰愛○
思思思思　回每退○

九音二聲

思思思思　良兩向○
思思思思　光廣況○
思思思思　丁井亘○
思思思思　兄永瑩○

九音三聲

思思思思　千典旦○
思思思思　元犬半○
思思思思　臣引良○
思思思思　君允巽○

八音七聲

走哉足■　心心心心
自在匠■　心心心心
草采七■　心心心心
曹才全■　心心心心

九音七聲

思三星■　心心心心
寺□象■　心心心心
□□□■　心心心心
□□□■　心心心心

十音七聲

■山手■　心心心心
■士石■　心心心心
■□耳■　心心心心
■□二■　心心心心

十一音七聲

■莊震■　心心心心
■乍□■　心心心心
■叉赤■　心心心心
■崇辰■　心心心心

思思思思　刀早孝岳

九音　四聲

思思思思　毛寶報霍
思思思思　牛斗奏六
思思思思　○○○玉
思思思思　妻子四日

九音　五聲

思思思思　衰○帥骨
思思思思　○○○德
思思思思　龜水貴北
思思思思　宮孔衆○

九音　六聲

思思思思　龍甬用○
思思思思　魚鼠去○
思思思思　烏虎兔○
思思思思　心審禁○

九音　七聲

思思思思　○○○十
思思思思　男坎欠○
思思思思　○○○妾

■卓中■　心心心心

十二音　七聲

■宅直■　心心心心
■坼丑■　心心心心
■茶呈■　心心心心

平聲闢唱呂一之八

古甲九癸　●●●●

一音　八聲

□□近揆　●●●●
坤巧丘弃　●●●●
□□乾虯　●●●●
黑花香血　●●●●

二音　八聲

黄華雄賢　●●●●
五瓦仰□　●●●●
吾牙月堯　●●●●
安亞乙一　●●●●

三音　八聲

□爻王寅　●●●●
母馬美米　●●●●
目皃眉民　●●●●

思思思思　●●●●

九音　思思思思　●●●●

八聲　思思思思　●●●●

思思思思　●●●●

思思思思　●●●●

九音　思思思思　●●●●

九聲　思思思思　●●●●

思思思思　●●●●

思思思思　●●●●

九音　思思思思　●●●●

十聲　思思思思　●●●●

思思思思　●●●●

開音清和律一之十

■■■■　多可个舌

十音　■■■■　禾火化八

一聲　■■■■　開宰愛○

■■■■　回每退○

夫法□飛　●●●●

四音　父凡□吠　●●●●

八聲　武晚□尾　●●●●

文万□未　●●●●

卜百丙必　●●●●

五音　步白𤰇鼻　●●●●

八聲　普朴品匹　●●●●

旁排平瓶　●●●●

東丹帝■　●●●●

六音　兑大弟■　●●●●

八聲　土貪天■　●●●●

同覃田■　●●●●

乃妳女■　●●●●

七音　内南年■　●●●●

八聲　老冷吕■　●●●●

鹿犖离■　●●●●

十音 二聲

■■■■ 良兩向○
■■■■ 光廣況○
■■■■ 丁井亘○
■■■■ 兄永瑩○

十音 三聲

■■■■ 千典旦○
■■■■ 元犬半○
■■■■ 臣引艮○
■■■■ 君允巽○

十音 四聲

■■■■ 刀早孝岳
■■■■ 毛寶報霍
■■■■ 牛斗奏六
■■■■ ○○○玉

十音 五聲

■■■■ 妻子四日
■■■■ 衰○帥骨
■■■■ ○○○德
■■■■ 龜水貴北

八音 八聲

走哉足■ ●●●●
自在匠■ ●●●●
草采七■ ●●●●
曹才全■ ●●●●

九音 八聲

思三星■ ●●●●
寺□象■ ●●●●
□□□■ ●●●●
□□□■ ●●●●

十音 八聲

■山手■ ●●●●
■士石■ ●●●●
■□耳■ ●●●●
■□二■ ●●●●

十一音 八聲

■莊震■ ●●●●
■乍□■ ●●●●
■叉赤■ ●●●●
■崇辰■ ●●●●

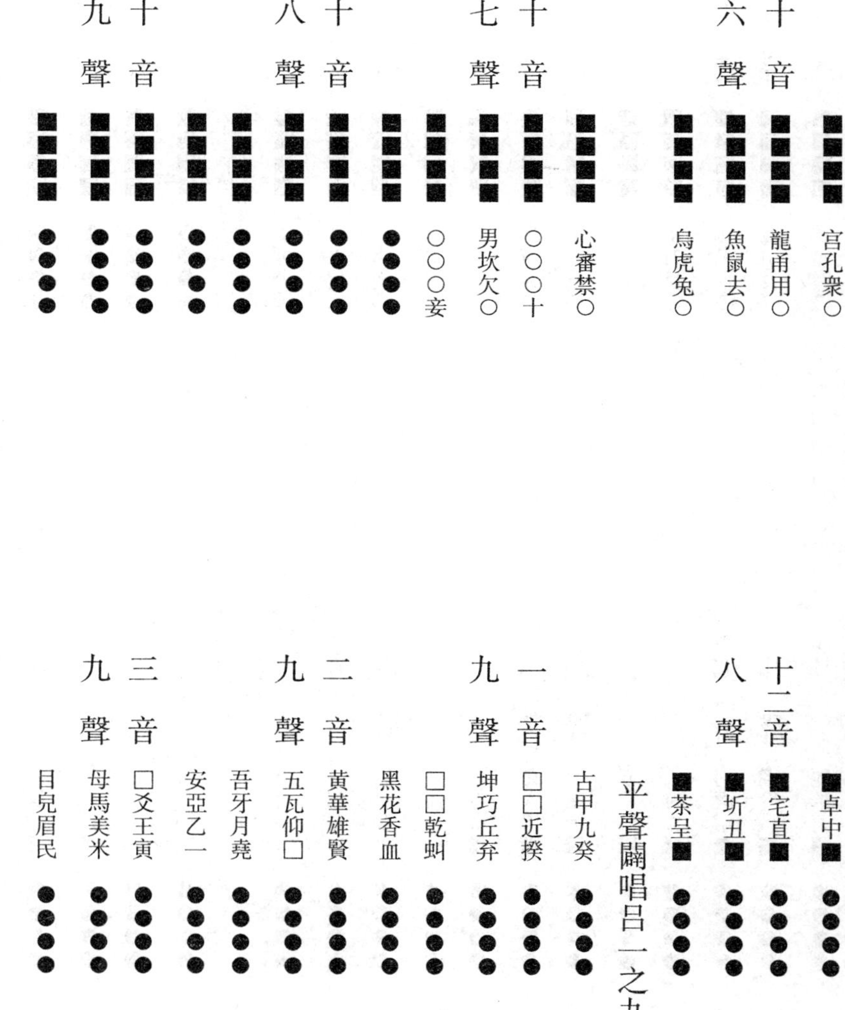

十音六聲

宮孔衆○
龍甬用○
魚鼠去○
烏虎兔○

十音七聲

心審禁○
○○○十
男坎欠○
○○○妾

十音八聲

十音九聲

十二音八聲

■卓中■
■宅直■
■坼丑■
■茶呈■

平聲闢唱呂一之九

一音九聲

古甲九癸
□□近揆
坤巧丘弃
□□乾虯

二音九聲

黑花香血
黃華雄賢
五瓦仰□
吾牙月堯

三音九聲

安亞乙一
□爻王寅
母馬美米
目皃眉民

■■■■　●●●●
十音　■■■■　●●●●
十聲　■■■■　●●●●
■■■■　●●●●

開音清和律一之十一

■■■■　多可个舌
十一音　■■■■　禾火化八
一聲　■■■■　開宰愛○
■■■■　回每退○
■■■■　良兩向○
十一音　■■■■　光廣況○
二聲　■■■■　丁井亘○
■■■■　兄永瑩○
■■■■　千典旦○
十一音　■■■■　元犬半○
三聲　■■■■　臣引艮○
■■■■　君允巽○

夫法□飛　●●●●
四音　父凡□吠　●●●●
九聲　武晚□尾　●●●●
文万□米　●●●●
卜百丙必　●●●●
五音　步白葡鼻　●●●●
九聲　普朴品匹　●●●●
旁排平瓶　●●●●
東丹帝■　●●●●
六音　兑大弟■　●●●●
九聲　土貪天■　●●●●
同覃田■　●●●●
乃妳女■　●●●●
七音　内南年■　●●●●
九聲　老冷吕■　●●●●
鹿犖离■　●●●●

■■■■刀早孝岳

十一音　四聲

■■■■毛寶報霍

■■■■牛斗奏六

■■■■○○○玉

■■■■妻子四日

十一音　五聲

■■■■衰○帥骨

■■■■○○○德

■■■■龜水貴北

■■■■宮孔衆○

十一音　六聲

■■■■龍甬用○

■■■■魚鼠去○

■■■■烏虎兔○

■■■■心審禁○

十一音　七聲

■■■■○○○十

■■■■男坎欠○

■■■■○○○妾

走哉足■●●●●

八音　九聲

自在匠■●●●●

草采七■●●●●

曹才全■●●●●

思三星■●●●●

九音　九聲

寺□象■●●●●

□□□■●●●●

□□□■●●●●

■山手■●●●●

十音　九聲

■士石■●●●●

■□耳■●●●●

■□二■●●●●

■莊震■●●●●

十一音　九聲

■乍□■●●●●

■叉赤■●●●●

■崇辰■●●●●

十一音

八聲

■■■■ ●●●●

■■■■ ●●●●

■■■■ ●●●●

■■■■ ●●●●

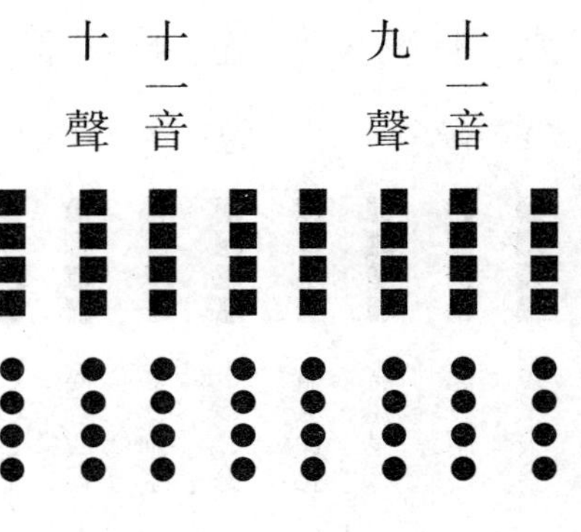

■卓中■ ●●●●

十二音 ■宅直■ ●●●●

九聲 ■坼丑■ ●●●●

■茶呈■ ●●●●

平聲闢唱呂一之十

古甲九癸 ●●●●

一音 □□近揆 ●●●●

十聲 坤巧丘弃 ●●●●

□□乾虯 ●●●●

黑花香血 ●●●●

二音 黃華雄賢 ●●●●

十聲 五瓦仰□ ●●●●

吾牙月堯 ●●●●

開音清和律一之十二

■■■■ 多可个舌
十二音 ■■■■ 禾火化八
一聲 ■■■■ 開宰愛○
■■■■ 回每退○
■■■■ 良兩向○
十二音 ■■■■ 光廣況○
二聲 ■■■■ 丁井亘○
■■■■ 兄永瑩○
■■■■ 千典旦○
十二音 ■■■■ 元犬半○
三聲 ■■■■ 臣引艮○
■■■■ 君允巽○
■■■■ 刀早孝岳
十二音 ■■■■ 毛寶報霍
四聲 ■■■■ 牛斗奏六
■■■■ ○○○玉

安亞乙一 ●●●●
三音 □爻王寅 ●●●●
十聲 母馬美米 ●●●●
目皃眉民 ●●●●
夫法□飛 ●●●●
四音 父凡□吠 ●●●●
十聲 武晚□尾 ●●●●
文万□未 ●●●●
卜百丙必 ●●●●
五音 步白葡鼻 ●●●●
十聲 普朴品匹 ●●●●
旁排平瓶 ●●●●
東丹帝■ ●●●●
六音 兑大弟■ ●●●●
十聲 土貪天■ ●●●●
同覃田■ ●●●●

十二音 五聲

■■■■ 妻子四日 ●●●●
■■■■ 衰○帥骨
■■■■ ○○○德
■■■■ 龜水貴北
■■■■ 宮孔衆○

十二音 六聲

■■■■ 龍甬用○
■■■■ 魚鼠去○
■■■■ 烏虎兔○
■■■■ 心審禁○

十二音 七聲

■■■■ ○○○十
■■■■ 男坎欠○
■■■■ ○○○妾
■■■■ ●●●●

十二音 八聲

■■■■ ●●●●
■■■■ ●●●●
■■■■ ●●●●

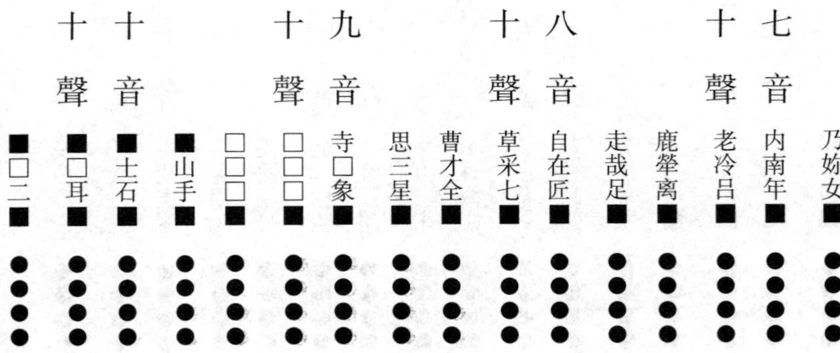

七音 十聲

乃妳女■ ●●●●
内南年■ ●●●●
老冷吕■ ●●●●
鹿犖离■ ●●●●
走哉足■ ●●●●

八音 十聲

自在匠■ ●●●●
草采七■ ●●●●
曹才全■ ●●●●
思三星■ ●●●●

九音 十聲

寺□象■ ●●●●
□□□■ ●●●●
□□□■ ●●●●
■山手■ ●●●●

十音 十聲

■士石■ ●●●●
■□耳■ ●●●●
■□二■ ●●●●

■■■■ ●●●●

十二音 ■■■■ ●●●●

九聲 ■■■■ ●●●●

■■■■ ●●●●

■■■■ ●●●●

十二音 ■■■■ ●●●●

十聲 ■■■■ ●●●●

■■■■ ●●●●

觀物篇之三十六

日月聲平翕

禾光元毛衰

龍○●●●

日月聲七，下唱地之用音一百五十二，是謂平聲翕音。平聲翕音一千六十四。

■莊震■ ●●●●

十一音 ■乍□■ ●●●●

十聲 ■叉赤■ ●●●●

■崇辰■ ■■■■

■卓中■ ●●●●

十二音 ■宅直■ ●●●●

十聲 ■坼丑■ ●●●●

■茶呈■ ●●●●

水火音開濁

□黃□父步兑

內自寺■■■

水火音九，上和天之用聲一百一十二，是謂開音濁聲。開音濁聲一千八。

日月聲平之二翕
開音濁和律二之一

□□□□ 多可个舌
一音 □□□□ 禾火化八
一聲 □□□□ 開宰愛○
□□□□ 回每退○
□□□□ 良兩向○
一音 □□□□ 光廣況○
二聲 □□□□ 丁井亘○
□□□□ 兄永瑩○
□□□□ 千典旦○
一音 □□□□ 元犬半○
三聲 □□□□ 臣引艮○
□□□□ 君允巽○
□□□□ 刀早孝岳
一音 □□□□ 毛寶報霍
四聲 □□□□ 牛斗奏六
□□□□ ○○○玉

水火音開之二濁
平聲翕唱呂二之一

古甲九癸 禾禾禾禾
一音 □□近揆 禾禾禾禾
一聲 坤巧丘弃 禾禾禾禾
□□乾虯 禾禾禾禾
黑花香血 禾禾禾禾
二音 黃華雄賢 禾禾禾禾
一聲 五瓦仰□ 禾禾禾禾
吾牙月堯 禾禾禾禾
安亞乙一 禾禾禾禾
三音 □爻王寅 禾禾禾禾
一聲 母馬美米 禾禾禾禾
目皃眉民 禾禾禾禾
夫法□飛 禾禾禾禾
四音 父凡□吠 禾禾禾禾
一聲 武晚□尾 禾禾禾禾
文万□未 禾禾禾禾

一音

五聲

□□□□ 妻子四日

□□□□ 衰○帥骨

□□□□ ○○○德

□□□□ 龜水貴北

□□□□ 宮孔衆○

一音

六聲

□□□□ 龍甬用○

□□□□ 魚鼠去○

□□□□ 烏虎兔○

□□□□ 心審禁○

一音

七聲

□□□□ ○○○十

□□□□ 男坎欠○

□□□□ ○○○妾

□□□□ ●●●●

一音

八聲

□□□□ ●●●●

□□□□ ●●●●

□□□□ ●●●●

五音

一聲

卜百丙必 禾禾禾禾

步白葡鼻 禾禾禾禾

普朴品匹 禾禾禾禾

旁排平瓶 禾禾禾禾

東丹帝■ 禾禾禾禾

六音

一聲

兑大弟■ 禾禾禾禾

土貪天■ 禾禾禾禾

同覃田■ 禾禾禾禾

乃妳女■ 禾禾禾禾

七音

一聲

內南年■ 禾禾禾禾

老冷呂■ 禾禾禾禾

鹿犖离■ 禾禾禾禾

走哉足■ 禾禾禾禾

八音

一聲

自在匠■ 禾禾禾禾

草采七■ 禾禾禾禾

曹才全■ 禾禾禾禾

□□□□ ●●●●

一音 □□□□ ●●●●

九聲 □□□□ ●●●●

□□□□ ●●●●

□□□□ ●●●●

一音 □□□□ ●●●●

十聲 □□□□ ●●●●

□□□□ ●●●●

開音濁和律二之二

黃黃黃黃 多可个舌

二音 黃黃黃黃 禾火化八

一聲 黃黃黃黃 開宰愛○

黃黃黃黃 回每退○

黃黃黃黃 良兩向○

二音 黃黃黃黃 光廣況○

二聲 黃黃黃黃 丁井亘○

黃黃黃黃 兄永瑩○

思三星■ 禾禾禾禾

九音 寺□象■ 禾禾禾禾

一聲 □□□■ 禾禾禾禾

□□□■ 禾禾禾禾

■山手■ 禾禾禾禾

十音 ■士石■ 禾禾禾禾

一聲 ■□耳■ 禾禾禾禾

■□二■ 禾禾禾禾

■莊震■ 禾禾禾禾

十一音 ■乍□■ 禾禾禾禾

一聲 ■叉赤■ 禾禾禾禾

■崇辰■ 禾禾禾禾

■卓中■ 禾禾禾禾

十二音 ■宅直■ 禾禾禾禾

一聲 ■坼丑■ 禾禾禾禾

■茶呈■ 禾禾禾禾

黃黃黃黃　千典旦○
二音　黃黃黃黃　元犬半○
三聲　黃黃黃黃　臣引艮○
黃黃黃黃　君允巽○
黃黃黃黃　刀早孝岳
二音　黃黃黃黃　毛寶報霍
四聲　黃黃黃黃　牛斗奏六
黃黃黃黃　○○○玉
黃黃黃黃　妻子四日
二音　黃黃黃黃　衰○帥骨
五聲　黃黃黃黃　○○○德
黃黃黃黃　龜水貴北
黃黃黃黃　宮孔衆○
二音　黃黃黃黃　龍甬用○
六聲　黃黃黃黃　魚鼠去○
黃黃黃黃　烏虎兔○

平聲翕唱呂二之二

古甲九癸　光光光光
一音　□□近揆　光光光光
二聲　坤巧丘弃　光光光光
□□乾虯　光光光光
黑花香血　光光光光
二音　黃華雄賢　光光光光
二聲　五瓦仰□　光光光光
吾牙月堯　光光光光
安亞乙一　光光光光
三音　□爻王寅　光光光光
二聲　母馬美米　光光光光
目皃眉民　光光光光
夫法□飛　光光光光
四音　父凡□吠　光光光光
二聲　武晚□尾　光光光光
文万□未　光光光光

二音 七聲

黃黃黃黃 心審禁○
黃黃黃黃 ○○○十
黃黃黃黃 男坎欠○
黃黃黃黃 ○○○妾

二音 八聲

黃黃黃黃 ●●●●
黃黃黃黃 ●●●●
黃黃黃黃 ●●●●
黃黃黃黃 ●●●●

二音 九聲

黃黃黃黃 ●●●●
黃黃黃黃 ●●●●
黃黃黃黃 ●●●●
黃黃黃黃 ●●●●

二音 十聲

黃黃黃黃 ●●●●
黃黃黃黃 ●●●●
黃黃黃黃 ●●●●
黃黃黃黃 ●●●●

五音 二聲

卜百丙必 光光光光
步白葡鼻 光光光光
普朴品匹 光光光光
旁排平瓶 光光光光

六音 二聲

東丹帝■ 光光光光
兌大弟■ 光光光光
土貪天■ 光光光光
同覃田■ 光光光光

七音 二聲

乃妳女■ 光光光光
內南年■ 光光光光
老冷呂■ 光光光光
內南年■ 光光光光

八音 二聲

走哉足■ 光光光光
自在匠■ 光光光光
草采七■ 光光光光
曹才全■ 光光光光

開音濁和律一之三

□□□□ 多可个舌

三音 □□□□ 禾火化八

一聲 □□□□ 開宰愛○

□□□□ 回每退○

□□□□ 良兩向□

三音 □□□□ 光廣況○

二聲 □□□□ 丁井亘○

□□□□ 兄永瑩○

□□□□ 千典旦○

三音 □□□□ 元犬半○

三聲 □□□□ 臣引艮○

□□□□ 君允巽○

□□□□ 刀早孝岳

三音 □□□□ 毛寶報霍

四聲 □□□□ 牛斗奏六

□□□□ ○○○玉

思三星■ 光光光光

九音 寺□象■ 光光光光

二聲 □□□■ 光光光光

□□□■ 光光光光

■山手■ 光光光光

十音 ■士石■ 光光光光

二聲 ■□耳■ 光光光光

■□二■ 光光光光

■莊震■ 光光光光

十一音 ■乍□■ 光光光光

二聲 ■叉赤■ 光光光光

■崇辰■ 光光光光

■卓中■ 光光光光

十二音 ■宅直■ 光光光光

二聲 ■坼丑■ 光光光光

■茶呈■ 光光光光

□□□□　妻子四日

三音五聲

□□□□　衰○帥骨
□□□□　○○○德
□□□□　龜水貴北
□□□□　宮孔衆○

三音六聲

□□□□　龍甬用○
□□□□　魚鼠去○
□□□□　烏虎兔○
□□□□　心審禁○

三音七聲

□□□□　○○○十
□□□□　男坎欠○
□□□□　○○○妾
□□□□　●●●●

三音八聲

□□□□　●●●●
□□□□　●●●●
□□□□　●●●●

平聲翕唱呂二之三

古甲九癸　元元元元

一音三聲

□□近揆　元元元元
坤巧丘弃　元元元元
□□乾虯　元元元元
黑花香血　元元元元

二音三聲

黃華雄賢　元元元元
五瓦仰□　元元元元
吾牙月堯　元元元元
安亞乙一　元元元元

三音三聲

□爻王寅　元元元元
母馬美米　元元元元
目皃眉民　元元元元
夫法□飛　元元元元

四音三聲

父凡□吠　元元元元
武晚□尾　元元元元
文万□未　元元元元

□□□□ ●●●●

三音九聲

□□□□ ●●●●
□□□□ ●●●●
□□□□ ●●●●
□□□□ ●●●●

三音十聲

□□□□ ●●●●
□□□□ ●●●●
□□□□ ●●●●

開音濁和律二之四

父父父父 多可个舌

四音一聲

父父父父 禾火化八
父父父父 開宰愛○
父父父父 回每退○
父父父父 良兩向○

四音二聲

父父父父 光廣況○
父父父父 丁井亘○
父父父父 兄永瑩○

卜百丙必 元元元元

五音三聲

步白葡鼻 元元元元
普朴品匹 元元元元
旁排平瓶 元元元元
東丹帝■ 元元元元

六音三聲

兑大弟■ 元元元元
土貪天■ 元元元元
同覃田■ 元元元元

乃妳女■ 元元元元

七音三聲

内南年■ 元元元元
老冷吕■ 元元元元
鹿犖离■ 元元元元
走哉足■ 元元元元

八音三聲

自在匠■ 元元元元
草采七■ 元元元元
曹才全■ 元元元元

父父父父　千典旦○

四音　三聲

父父父父　元犬半○
父父父父　臣引艮○
父父父父　君允巽○
父父父父　刀早孝岳

四音　四聲

父父父父　毛寶報霍
父父父父　牛斗奏六
父父父父　○○○玉
父父父父　妻子四日

四音　五聲

父父父父　衰○帥骨
父父父父　○○○德
父父父父　龜水貴北
父父父父　宮孔衆○

四音　六聲

父父父父　龍甬用○
父父父父　魚鼠去○
父父父父　烏虎兔○

思三星■　元元元元

九音　三聲

寺□象■　元元元元
□□□■　元元元元
□□□■　元元元元
■山手■　元元元元

十音　三聲

■士石■　元元元元
■□耳■　元元元元
■□二■　元元元元
■莊震■　元元元元

十一音　三聲

■乍□■　元元元元
■叉赤■　元元元元
■崇辰■　元元元元
■卓中■　元元元元

十二音　三聲

■宅直■　元元元元
■坼丑■　元元元元
■茶呈■　元元元元

父父父父　心審禁○

四音　七聲

父父父父　○○○十
父父父父　男坎欠○
父父父父　○○○妾
父父父父　●●●●

四音　八聲

父父父父　●●●●
父父父父　●●●●
父父父父　●●●●
父父父父　●●●●

四音　九聲

父父父父　●●●●
父父父父　●●●●
父父父父　●●●●
父父父父　●●●●

四音　十聲

父父父父　●●●●
父父父父　●●●●
父父父父　●●●●

平聲翕唱呂一之四

一音　四聲

古甲九癸　毛毛毛毛
□□近揆　毛毛毛毛
坤巧丘弃　毛毛毛毛
□□乾虯　毛毛毛毛

二音　四聲

黑花香血　毛毛毛毛
黃華雄賢　毛毛毛毛
五瓦仲□　毛毛毛毛
吾牙月堯　毛毛毛毛

三音　四聲

安亞乙一　毛毛毛毛
□爻王寅　毛毛毛毛
母馬美米　毛毛毛毛
目皃眉民　毛毛毛毛

四音　四聲

夫法□飛　毛毛毛毛
父凡□吠　毛毛毛毛
武晚□尾　毛毛毛毛
文万□未　毛毛毛毛

開音濁和律一之五

五音一聲

步步步步　多可个舌

步步步步　禾火化八

步步步步　開宰愛○

步步步步　回每退○

五音二聲

步步步步　良兩向○

步步步步　光廣況○

步步步步　丁井亘○

步步步步　兄永瑩○

五音三聲

步步步步　千典旦○

步步步步　元犬半○

步步步步　臣引艮○

步步步步　君允巽○

五音四聲

卜百丙必　毛毛毛毛

步白葡鼻　毛毛毛毛

普朴品匹　毛毛毛毛

旁排平瓶　毛毛毛毛

六音四聲

東丹帝■　毛毛毛毛

兑大弟■　毛毛毛毛

土貪天■　毛毛毛毛

同覃田■　毛毛毛毛

七音四聲

乃妳女■　毛毛毛毛

内南年■　毛毛毛毛

老冷吕■　毛毛毛毛

鹿犖离■　毛毛毛毛

步步步步　刀早孝岳

五音
四聲
步步步步　毛寶報霍
步步步步　牛斗奏六
步步步步　○○○玉
步步步步　妻子四日

五音
五聲
步步步步　衰○帥骨
步步步步　○○○德
步步步步　龜水貴北
步步步步　宮孔衆○

五音
六聲
步步步步　龍甬用○
步步步步　魚鼠去○
步步步步　烏虎兔○
步步步步　心審禁○

五音
七聲
步步步步　○○○十
步步步步　男坎欠○
步步步步　○○○妾

走哉足■　毛毛毛毛

八音
四聲
自在匠■　毛毛毛毛
草采七■　毛毛毛毛
曹才全■　毛毛毛毛
思三星■　毛毛毛毛

九音
四聲
寺□象■　毛毛毛毛
□□□■　毛毛毛毛
□□□■　毛毛毛毛
■山手■　毛毛毛毛

十音
四聲
■士石■　毛毛毛毛
■□耳■　毛毛毛毛
■□二■　毛毛毛毛
■莊震■　毛毛毛毛

十一音
四聲
■乍□■　毛毛毛毛
■叉赤■　毛毛毛毛
■崇辰■　毛毛毛毛

五音八聲

步步步步　●●●●
步步步步　●●●●
步步步步　●●●●
步步步步　●●●●

五音九聲

步步步步　●●●●
步步步步　●●●●
步步步步　●●●●
步步步步　●●●●

五音十聲

步步步步　●●●●
步步步步　●●●●
步步步步　●●●●
步步步步　●●●●

十二音四聲

■卓中■　毛毛毛毛
■宅直■　毛毛毛毛
■坼丑■　毛毛毛毛
■茶呈■　毛毛毛毛

平聲翕唱呂二之五

一音五聲

古甲九癸　衰衰衰衰
□□近揆　衰衰衰衰
坤巧丘弃　衰衰衰衰
□□乾虯　衰衰衰衰

二音五聲

黑花香血　衰衰衰衰
黃華雄賢　衰衰衰衰
五瓦仰□　衰衰衰衰
吾牙月堯　衰衰衰衰

開音濁和律一之六

兑兑兑兑 多可个舌

六音 兑兑兑兑 禾火化八

一聲 兑兑兑兑 開宰愛○

兑兑兑兑 回每退○

兑兑兑兑 良兩向○

六音 兑兑兑兑 光廣況○

二聲 兑兑兑兑 丁井亘○

兑兑兑兑 兄永瑩○

兑兑兑兑 千典旦○

六音 兑兑兑兑 元犬半○

三聲 兑兑兑兑 臣引艮○

兑兑兑兑 君允巽○

兑兑兑兑 刀早孝岳

六音 兑兑兑兑 毛寶報霍

四聲 兑兑兑兑 牛斗奏六

兑兑兑兑 ○○○玉

安亞乙一 衰衰衰衰

三音 □爻王寅 衰衰衰衰

五聲 母馬美米 衰衰衰衰

目皃眉民 衰衰衰衰

夫法□飛 衰衰衰衰

四音 父凡□吠 衰衰衰衰

五聲 武晚□尾 衰衰衰衰

文万□未 衰衰衰衰

卜百丙必 衰衰衰衰

五音 步白莆鼻 衰衰衰衰

五聲 普朴品匹 衰衰衰衰

旁排平瓶 衰衰衰衰

東丹帝■ 衰衰衰衰

六音 兑大弟■ 衰衰衰衰

五聲 土貪天■ 衰衰衰衰

同覃田■ 衰衰衰衰

兑兑兑兑　妻子四日

六音　五聲

兑兑兑兑　衰○帥骨
兑兑兑兑　○○○德
兑兑兑兑　龜水貴北

六音　六聲

兑兑兑兑　宮孔衆○
兑兑兑兑　龍甬用○
兑兑兑兑　魚鼠去○
兑兑兑兑　烏虎兔○

六音　七聲

兑兑兑兑　心審禁○
兑兑兑兑　○○○十
兑兑兑兑　男坎欠○
兑兑兑兑　○○○妾

六音　八聲

兑兑兑兑　●●●●
兑兑兑兑　●●●●
兑兑兑兑　●●●●
兑兑兑兑　●●●●

乃妳女■　衰衰衰衰

七音　五聲

內南年■　衰衰衰衰
老冷呂■　衰衰衰衰
鹿犖离■　衰衰衰衰

八音　五聲

走哉足■　衰衰衰衰
自在匠■　衰衰衰衰
草采七■　衰衰衰衰
曹才全■　衰衰衰衰

九音　五聲

思三星■　衰衰衰衰
寺□象■　衰衰衰衰
□□□■　衰衰衰衰
□□□■　衰衰衰衰

十音　五聲

■山手■　衰衰衰衰
■士石■　衰衰衰衰
■□耳■　衰衰衰衰
■□二■　衰衰衰衰

兑兑兑兑　●●●●

六音　九聲

兑兑兑兑　●●●●
兑兑兑兑　●●●●
兑兑兑兑　●●●●
兑兑兑兑　●●●●

六音　十聲

兑兑兑兑　●●●●
兑兑兑兑　●●●●
兑兑兑兑　●●●●

開音濁和律二之七

内内内内　多可个舌

七音　一聲

内内内内　禾火化八
内内内内　開宰愛○
内内内内　回每退○
内内内内　良兩向○

七音　二聲

内内内内　光廣況○
内内内内　丁井亘○
内内内内　兄永瑩○

■莊震■　衰衰衰衰

十一音　五聲

■乍□■　衰衰衰衰
■叉赤■　衰衰衰衰
■崇辰■　衰衰衰衰
■卓中■　衰衰衰衰

十二音　五聲

■宅直■　衰衰衰衰
■坼丑■　衰衰衰衰
■茶呈■　衰衰衰衰

平聲翕唱吕二之六

古甲九癸　龍龍龍龍

一音　六聲

□□近揆　龍龍龍龍
坤巧丘弃　龍龍龍龍
□□乾虯　龍龍龍龍
黑花香血　龍龍龍龍

二音　六聲

黃華雄賢　龍龍龍龍
五瓦仰□　龍龍龍龍
吾牙月堯　龍龍龍龍

內內內內　千典旦○

七音三聲

內內內內　元犬半○
內內內內　臣引艮○
內內內內　君允巽○
內內內內　刀早孝岳

七音四聲

內內內內　毛寶報霍
內內內內　牛斗奏六
內內內內　○○○玉
內內內內　妻子四日

七音五聲

內內內內　衰○帥骨
內內內內　○○○德
內內內內　龜水貴北
內內內內　宮孔衆○

七音六聲

內內內內　龍甬用○
內內內內　魚鼠去○
內內內內　烏虎兔○

安亞乙一　龍龍龍龍

三音六聲

□爻王寅　龍龍龍龍
母馬美米　龍龍龍龍
目皃眉民　龍龍龍龍
夫法□飛　龍龍龍龍

四音六聲

父凡□吠　龍龍龍龍
武晚□尾　龍龍龍龍
文万□未　龍龍龍龍
卜百丙必　龍龍龍龍

五音六聲

步白葡鼻　龍龍龍龍
普朴品匹　龍龍龍龍
旁排平瓶　龍龍龍龍
東丹帝■　龍龍龍龍

六音六聲

兑大弟■　龍龍龍龍
土貪天■　龍龍龍龍
同覃田■　龍龍龍龍

內內內內　心審禁○
七音　內內內內　○○○十
七聲　內內內內　男坎欠○
內內內內　○○○妾
內內內內　●●●●
七音　內內內內　●●●●
八聲　內內內內　●●●●
內內內內　●●●●
內內內內　●●●●
七音　內內內內　●●●●
九聲　內內內內　●●●●
內內內內　●●●●
內內內內　●●●●
七音　內內內內　●●●●
十聲　內內內內　●●●●
內內內內　●●●●

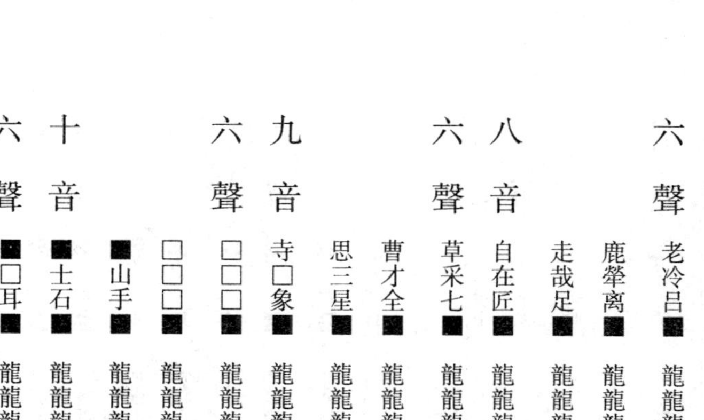

乃妳女■　龍龍龍龍
七音　內南年■　龍龍龍龍
六聲　老冷呂■　龍龍龍龍
鹿犖离■　龍龍龍龍
走哉足■　龍龍龍龍
八音　自在匠■　龍龍龍龍
六聲　草采七■　龍龍龍龍
曹才全■　龍龍龍龍
思三星■　龍龍龍龍
九音　寺□象■　龍龍龍龍
六聲　□□□■　龍龍龍龍
□□□■　龍龍龍龍
■山手■　龍龍龍龍
十音　■士石■　龍龍龍龍
六聲　■□耳■　龍龍龍龍
■□二■　龍龍龍龍

開音濁和律一之八

八音一聲

自自自自　多可个舌
自自自自　禾火化八
自自自自　開宰愛○
自自自自　回每退○

八音二聲

自自自自　良兩向○
自自自自　光廣況○
自自自自　丁井亘○
自自自自　兄永瑩○

八音三聲

自自自自　千典旦○
自自自自　元犬半○
自自自自　臣引艮○
自自自自　君允巽○

八音四聲

自自自自　刀早孝岳
自自自自　毛寶報霍
自自自自　牛斗奏六
自自自自　○○○玉

十一音六聲

■莊震■　龍龍龍
■乍□■　龍龍龍
■叉赤■　龍龍龍
■崇辰■　龍龍龍

十二音六聲

■卓中■　龍龍龍
■宅直■　龍龍龍
■拆丑■　龍龍龍
■茶呈■　龍龍龍

平聲翕唱呂二之七

一音七聲

古甲九癸　○○○○
□□近揆　○○○○
坤巧丘弃　○○○○
□□乾虯　○○○○

二音七聲

黑花香血　○○○○
黃華雄賢　○○○○
五瓦仰□　○○○○
吾牙月堯　○○○○

自自自自　妻子四日

八音　五聲

自自自自　衰○帥骨
自自自自　○○○德
自自自自　龜水貴北
自自自自　宮孔衆○

八音　六聲

自自自自　龍甬用○
自自自自　魚鼠去○
自自自自　烏虎兔○
自自自自　心審禁○

八音　七聲

自自自自　○○○十
自自自自　男坎欠○
自自自自　○○○妾
自自自自　●●●●

八音　八聲

自自自自　●●●●
自自自自　●●●●
自自自自　●●●●

安亞乙一　○○○○

三音　七聲

□爻王寅　○○○○
母馬美米　○○○○
目皃眉民　○○○○
夫法□飛　○○○○

四音　七聲

父凡□吠　○○○○
武晚□尾　○○○○
文万□未　○○○○
卜百丙必　○○○○

五音　七聲

步白𤰈鼻　○○○○
普朴品匹　○○○○
旁排平瓶　○○○○
東丹帝■　○○○○

六音　七聲

兑大弟■　○○○○
土貪天■　○○○○
同覃田■　○○○○

自自自自　●●●●

八音

九聲

自自自自　●●●●
自自自自　●●●●
自自自自　●●●●
自自自自　●●●●

八音

十聲

自自自自　●●●●
自自自自　●●●●
自自自自　●●●●

開音濁和律二之九

九音

一聲

寺寺寺寺　多可个舌
寺寺寺寺　禾火化八
寺寺寺寺　開宰愛○
寺寺寺寺　回每退○
寺寺寺寺　良兩向○

九音

二聲

寺寺寺寺　光廣況○
寺寺寺寺　丁井亘○
寺寺寺寺　兄永瑩○

乃妳女■　○○○○

七音

七聲

內南年■　○○○○
老冷吕■　○○○○
鹿犖离■　○○○○
走哉足■　○○○○

八音

七聲

自在匠■　●○○○
草采七■　○○○○
曹才全■　○○○○

思三星■　○○○○

九音

七聲

寺□象■　○○○○
□□□■　○○○○
□□□■　○○○○
■山手■　○○○○

十音

七聲

■士石■　○○○○
■□耳■　○○○○
■□二■　○○○○

寺寺寺寺　千典旦○

九音　三聲

寺寺寺寺　元犬半○
寺寺寺寺　臣引艮○
寺寺寺寺　君允巽○
寺寺寺寺　刀早孝岳

九音　四聲

寺寺寺寺　毛寶報霍
寺寺寺寺　牛斗奏六
寺寺寺寺　○○○玉
寺寺寺寺　妻子四日

九音　五聲

寺寺寺寺　衰○帥骨
寺寺寺寺　○○○德
寺寺寺寺　龜水貴北
寺寺寺寺　宮孔衆○

九音　六聲

寺寺寺寺　龍甬用○
寺寺寺寺　魚鼠去○
寺寺寺寺　烏虎兔○

■莊震■　○○○○

十一音　七聲

■乍□■　○○○○
■叉赤■　○○○○
■崇辰■　○○○○
■卓中■　○○○○

十二音　七聲

■宅直■　○○○○
■坼丑■　○○○○
■茶呈■　○○○○

平聲翕唱吕二之八

古甲九癸　●●●●

一音　八聲

□□近揆　●●●●
坤巧丘弃　●●●●
□□乾虬　●●●●
黑花香血　●●●●

二音　八聲

黄華雄賢　●●●●
五瓦仰□　●●●●
吾牙月堯　●●●●

寺寺寺寺　心審禁○　●●●●

九音　七聲

寺寺寺寺　○○○十　●●●●
寺寺寺寺　男坎欠○　●●●●
寺寺寺寺　○○○妾　●●●●
寺寺寺寺　●●●●

九音　八聲

寺寺寺寺　●●●●
寺寺寺寺　●●●●
寺寺寺寺　●●●●
寺寺寺寺　●●●●

九音　九聲

寺寺寺寺　●●●●
寺寺寺寺　●●●●
寺寺寺寺　●●●●
寺寺寺寺　●●●●

九音　十聲

寺寺寺寺　●●●●
寺寺寺寺　●●●●
寺寺寺寺　●●●●

安亞乙一　●●●●

三音　八聲

□爻王寅　●●●●
母馬美米　●●●●
目皃眉民　●●●●
夫法□飛　●●●●

四音　八聲

父凡□吠　●●●●
武晚□尾　●●●●
文万□未　●●●●
卜百丙必　●●●●

五音　八聲

步白莆鼻　●●●●
普朴品匹　●●●●
旁排平瓶　●●●●
東丹帝■　●●●●

六音　八聲

兑大弟■　●●●●
土貪天■　●●●●
同覃田■　●●●●

開音濁和律一之十

十音一聲

■■■■多可个舌
■■■■禾火化八
■■■■開宰愛○
■■■■回每退○

十音二聲

■■■■良兩向○
■■■■光廣況○
■■■■丁井亘○
■■■■兄永瑩○

十音三聲

■■■■千典旦○
■■■■元犬半○
■■■■臣引艮○
■■■■君允巽○

十音四聲

■■■■刀早孝岳
■■■■毛寶報霍
■■■■牛斗奏六
■■■■○○○玉

七音八聲

乃妳女■●●●●
內南年■●●●●
老冷呂■●●●●
鹿犖离■●●●●

八音八聲

走哉足■●●●●
自在匠■●●●●
草采七■●●●●
曹才全■●●●●

九音八聲

思三星■●●●●
寺□象■●●●●
□□□■●●●●
□□□■●●●●

十音八聲

■山手■●●●●
■士石■●●●●
■□耳■●●●●
■□二■●●●●

■■■■ 妻子四日

十音

五聲

■■■■ 衰○帥骨

■■■■ ○○○德

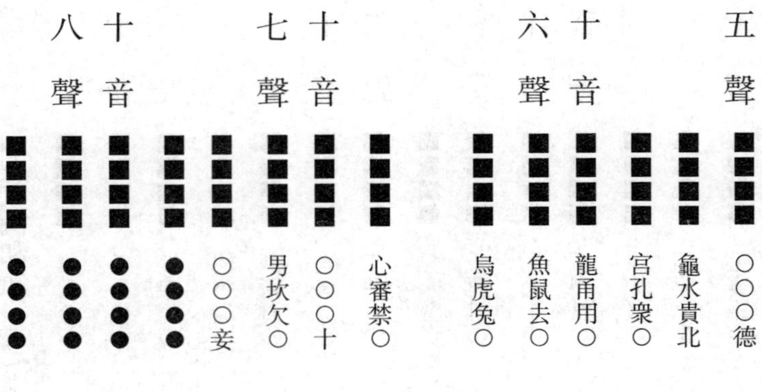

■■■■ 龜水貴北

■■■■ 宮孔衆○

十音

六聲

■■■■ 龍甬用○

■■■■ 魚鼠去○

■■■■ 烏虎兔○

■■■■ 心審禁○

十音

七聲

■■■■ ○○○十

■■■■ 男坎欠○

■■■■ ○○○妾

■■■■ ●●●●

十音

八聲

■■■■ ●●●●

■■■■ ●●●●

■■■■ ●●●●

■莊震■ ●●●●

十一音

八聲

■乍□■ ●●●●

■叉赤■ ●●●●

■崇辰■ ●●●●

■卓中■ ●●●●

十二音

八聲

■宅直■ ●●●●

■坼丑■ ●●●●

■茶呈■ ●●●●

平聲翕唱呂二之九

古甲九癸 ●●●●

一音

九聲

□□近揆 ●●●●

坤巧丘弃 ●●●●

■■乾虯 ●●●●

黑花香血 ●●●●

二音

九聲

黃華雄賢 ●●●●

五瓦仰□ ●●●●

吾牙月堯 ●●●●

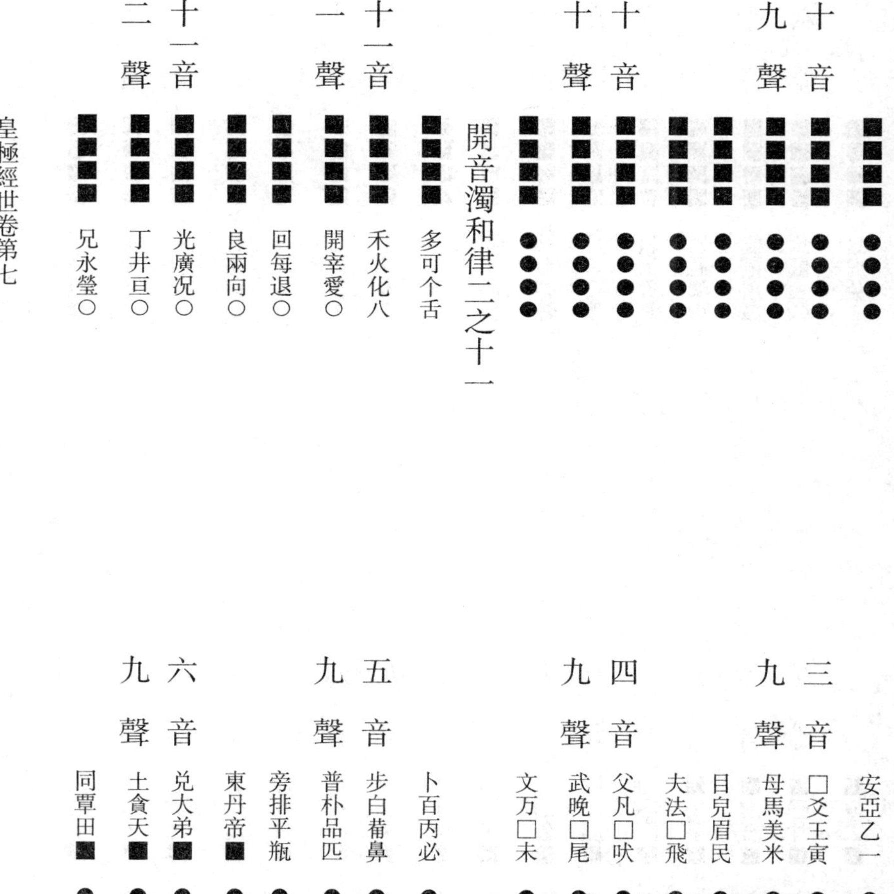

■■■■ ●●●●

十音 ■■■■ ●●●●

九聲 ■■■■ ●●●●

■■■■ ●●●●

■■■■ ●●●●

十音 ■■■■ ●●●●

十聲 ■■■■ ●●●●

■■■■ ●●●●

開音濁和律二之十一

■■■■ 多可个舌

十一音 ■■■■ 禾火化八

一聲 ■■■■ 開宰愛○

■■■■ 回每退○

■■■■ 良兩向○

十二音 ■■■■ 光廣況○

二聲 ■■■■ 丁井亘○

■■■■ 兄永瑩○

安亞乙一 ●●●●

三音 □爻王寅 ●●●●

九聲 母馬美米 ●●●●

目皃眉民 ●●●●

夫法□飛 ●●●●

四音 父凡□吠 ●●●●

九聲 武晚□尾 ●●●●

文万□未 ●●●●

卜百丙必 ●●●●

五音 步白葡鼻 ●●●●

九聲 普朴品匹 ●●●●

旁排平瓶 ●●●●

東丹帝■ ●●●●

六音 兑大弟■ ●●●●

九聲 土貪天■ ●●●●

同覃田■ ●●●●

十一音三聲

■■■■千典旦●
■■■■元犬半○
■■■■臣引艮○
■■■■君允巽○

十一音四聲

■■■■刀早孝岳
■■■■毛寶報霍
■■■■牛斗奏六
■■■■○○○玉

十一音五聲

■■■■妻子四日
■■■■衰○帥骨
■■■■○○○德
■■■■龜水貴北

十一音六聲

■■■■宮孔衆○
■■■■龍甬用○
■■■■魚鼠去○
■■■■烏虎兔○

七音九聲

乃妳女■●●●●
內南年■●●●●
老冷呂■●●●●
鹿犖离■●●●●

八音九聲

走哉足■●●●●
自在匠■●●●●
草采七■●●●●
曹才全■●●●●

九音九聲

思三星■●●●●
寺□象■●●●●
□□□■●●●●
□□□■●●●●

十音九聲

■山手■●●●●
■士石■●●●●
■□耳■●●●●
■○二■●●●●

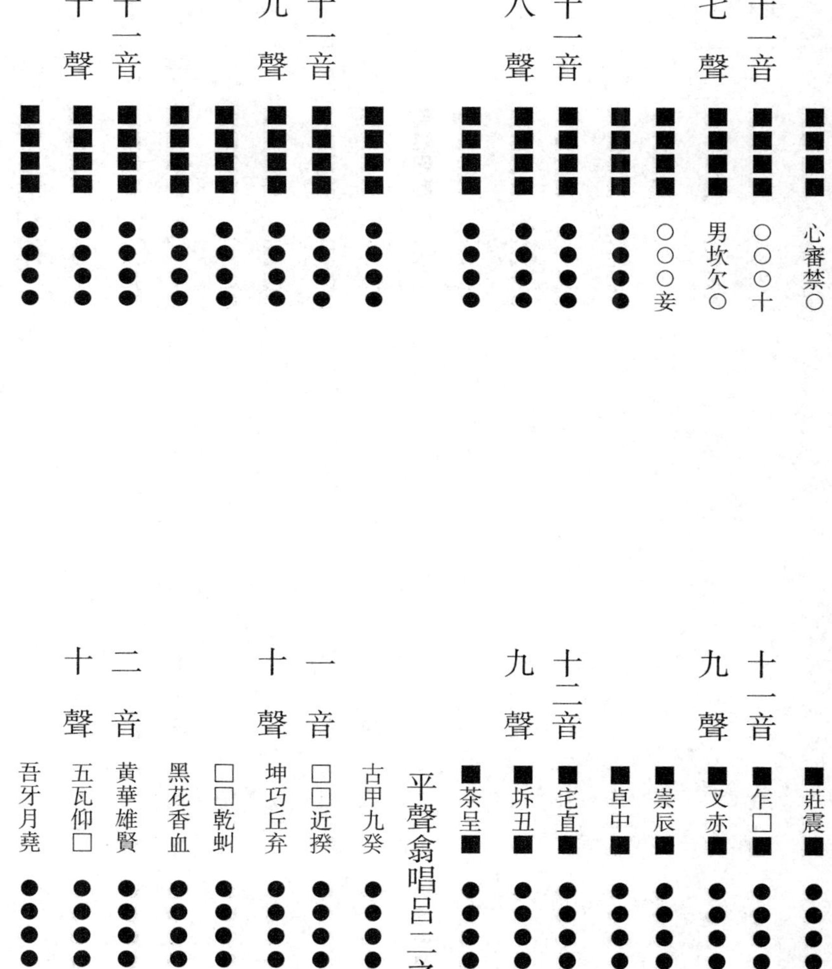

■■■■ 心審禁○

十一音 七聲

■■■■ ○○○十
■■■■ 男坎欠○
■■■■ ○○○妾
■■■■ ●●●●

十一音 八聲

■■■■ ●●●●
■■■■ ●●●●
■■■■ ●●●●
■■■■ ●●●●

十一音 九聲

■■■■ ●●●●
■■■■ ●●●●
■■■■ ●●●●
■■■■ ●●●●

十一音 十聲

■■■■ ●●●●
■■■■ ●●●●
■■■■ ●●●●

■莊震■ ●●●●

十一音 九聲

■乍□■ ●●●●
■叉赤■ ●●●●
■崇辰■ ●●●●
■卓中■ ●●●●

十二音 九聲

■宅直■ ●●●●
■坼丑■ ●●●●
■茶呈■ ●●●●

平聲翕唱呂二之十

古甲九癸 ●●●●

一音 十聲

□□近揆 ●●●●
坤巧丘弃 ●●●●
□□乾虯 ●●●●
黑花香血 ●●●●

二音 十聲

黄華雄賢 ●●●●
五瓦仰□ ●●●●
吾牙月堯 ●●●●

開音濁和律一之十二

■■■■ 多可个舌
十二音 ■■■■ 禾火化八
一聲 ■■■■ 開宰愛○
■■■■ 回每退○
■■■■ 良兩向○
十二音 ■■■■ 光廣況○
二聲 ■■■■ 丁井亘○
■■■■ 兄永瑩○
■■■■ 千典旦○
十二音 ■■■■ 元犬半○
三聲 ■■■■ 臣引艮○
■■■■ 君允巽○
■■■■ 刀早孝岳
十二音 ■■■■ 毛寶報霍
四聲 ■■■■ 牛斗奏六
■■■■ ○○○玉

安亞乙一 ●●●●
三音 □爻王寅 ●●●●
十聲 母馬美米 ●●●●
目皃眉民 ●●●●
夫法□飛 ●●●●
四音 父凡□吠 ●●●●
十聲 武晚□尾 ●●●●
文万□未 ●●●●
卜百丙必 ●●●●
五音 步白葡鼻 ●●●●
十聲 普朴品匹 ●●●●
旁排平瓶 ●●●●
東丹帝■ ●●●●
六音 兑大弟■ ●●●●
十聲 土貪天■ ●●●●
同覃田■ ●●●●

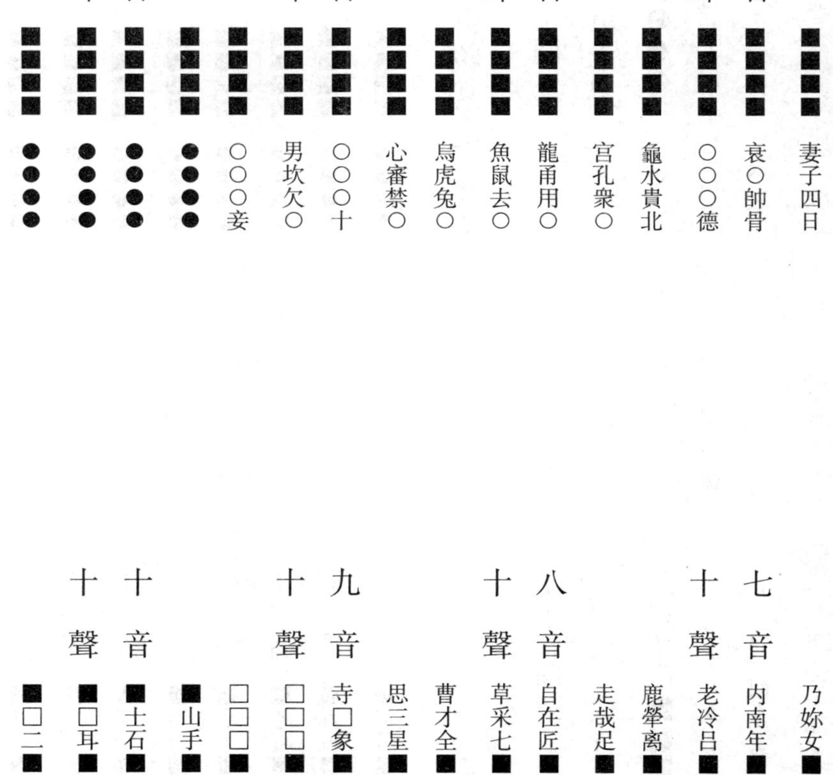

■■■■ 妻子四日

十二音 ■■■■ 衰○帥骨

五聲 ■■■■ ○○○德

■■■■ 龜水貴北

■■■■ 宮孔衆○

十二音 ■■■■ 龍甬用○

六聲 ■■■■ 魚鼠去○

■■■■ 烏虎兔○

■■■■ 心審禁○

十二音 ■■■■ ○○○十

七聲 ■■■■ 男坎欠○

■■■■ ○○○妾

■■■■ ●●●●

十二音 ■■■■ ●●●●

八聲 ■■■■ ●●●●

■■■■ ●●●●

乃妳女■ ●●●●

七音 內南年■ ●●●●

十聲 老冷呂■ ●●●●

鹿犖离■ ●●●●

走哉足■ ●●●●

八音 自在匠■ ●●●●

十聲 草采七■ ●●●●

曹才全■ ●●●●

思三星■ ●●●●

九音 寺□象■ ●●●●

十聲 □□□■ ●●●●

□□□■ ●●●●

■山手■ ●●●●

十音 ■士石■ ●●●●

十聲 ■□耳■ ●●●●

■□二■ ●●●●

■■■■■ ●●●●

十二音 ■■■■■ ●●●●

九聲 ■■■■■ ●●●●

■■■■■ ●●●●

■■■■■ ●●●●

十二音 ■■■■■ ●●●●

十聲 ■■■■■ ●●●●

■■■■■ ●●●●

觀物篇之三十七

日星聲平闢

開丁臣牛●

魚男●●●

日星聲七，下唱地之用音一百五十二，是謂平聲闢音。平聲闢音一千六十四。

■莊震■ ●●●●

十一音 ■乍□■ ●●●●

十聲 ■叉赤■ ●●●●

■崇辰■ ●●●●

■卓中■ ●●●●

十二音 ■宅直■ ●●●●

十聲 ■坼丑■ ●●●●

■茶呈■ ●●●●

水土音開清

坤五母武普土

老草□■■■

水土音九，上和天之用聲一百一十二，是謂開音清聲。開音清聲一千八。

日星聲平之三闢

開音清和律三之一

坤坤坤坤　多可个舌

一音　坤坤坤坤　禾火化八

一聲　坤坤坤坤　開宰愛○

坤坤坤坤　回每退○

坤坤坤坤　良兩向○

一音　坤坤坤坤　光廣況○

二聲　坤坤坤坤　丁井亘○

坤坤坤坤　兄永瑩○

坤坤坤坤　千典旦○

一音　坤坤坤坤　元犬半○

三聲　坤坤坤坤　臣引艮○

坤坤坤坤　君允巽○

坤坤坤坤　刀早孝岳

一音　坤坤坤坤　毛寶報霍

四聲　坤坤坤坤　牛斗奏六

坤坤坤坤　○○○玉

水土音開之三清

平聲闢唱呂三之一

古甲九癸　開開開開

一音　□□近揆　開開開開

一聲　坤巧丘弃　開開開開

□□乾虯　開開開開

黑花香血　開開開開

二音　黃華雄賢　開開開開

一聲　五瓦仰□　開開開開

吾牙月堯　開開開開

安亞乙一　開開開開

三音　□爻王寅　開開開開

一聲　母馬美米　開開開開

目皃眉民　開開開開

夫法□飛　開開開開

四音　父凡□吠　開開開開

一聲　武晚□尾　開開開開

文万□未　開開開開

一音 五聲

坤坤坤坤 妻子四日
坤坤坤坤 衰○帥骨
坤坤坤坤 ○○○德
坤坤坤坤 龜水貴北
坤坤坤坤 宫孔衆○

一音 六聲

坤坤坤坤 龍甬用○
坤坤坤坤 魚鼠去○
坤坤坤坤 烏虎兔○
坤坤坤坤 心審禁○

一音 七聲

坤坤坤坤 ○○○十
坤坤坤坤 男坎欠○
坤坤坤坤 ○○○妾
坤坤坤坤 ●●●●

一音 八聲

坤坤坤坤 ●●●●
坤坤坤坤 ●●●●
坤坤坤坤 ●●●●

五音 一聲

卜百丙必 開開開開
步白精鼻 開開開開
普朴品匹 開開開開
旁排平瓶 開開開開
東丹帝■ 開開開開

六音 一聲

兑大弟■ 開開開開
土貪天■ 開開開開
同覃田■ 開開開開
乃妳女■ 開開開開

七音 一聲

内南年■ 開開開開
老冷吕■ 開開開開
鹿犖离■ 開開開開
走哉足■ 開開開開

八音 一聲

自在匠■ 開開開開
草采七■ 開開開開
曹才全■ 開開開開

坤坤坤坤 ●●●●

一音 九聲

坤坤坤坤 ●●●●
坤坤坤坤 ●●●●
坤坤坤坤 ●●●●
坤坤坤坤 ●●●●

一音 十聲

坤坤坤坤 ●●●●
坤坤坤坤 ●●●●
坤坤坤坤 ●●●●

開音清和律三之二

五五五五 多可个舌

二音 一聲

五五五五 禾火化八
五五五五 開宰愛○
五五五五 回每退○
五五五五 良兩向○

二音 二聲

五五五五 光廣況○
五五五五 丁井亘○
五五五五 兄永瑩○

思三星■ 開開開開

九音 一聲

寺○象■ 開開開開
□□□■ 開開開開
□□□■ 開開開開
■山手■ 開開開開

十音 一聲

■士石■ 開開開開
■□耳■ 開開開開
■□二■ 開開開開
■莊震■ 開開開開

十一音 一聲

■乍□■ 開開開開
■叉赤■ 開開開開
■崇辰■ 開開開開
■卓中■ 開開開開

十二音 一聲

■宅直■ 開開開開
■拆丑■ 開開開開
■茶呈■ 開開開開

五五五五　千典旦○

二音　三聲

五五五五　元犬半○
五五五五　臣引艮○
五五五五　君允巽○
五五五五　刀早孝岳

二音　四聲

五五五五　毛寶報霍
五五五五　牛斗奏六
五五五五　○○○玉
五五五五　妻子四日

二音　五聲

五五五五　衰○帥骨
五五五五　○○○德
五五五五　龜水貴北
五五五五　宮孔衆○

二音　六聲

五五五五　龍甬用○
五五五五　魚鼠去○
五五五五　烏虎兔○

平聲闢唱呂三之二

古甲九癸　丁丁丁丁

一音　二聲

□□近揆　丁丁丁丁
坤巧丘弃　丁丁丁丁
□□乾虯　丁丁丁丁
黑花香血　丁丁丁丁

二音　二聲

黃華雄賢　丁丁丁丁
五瓦仰□　丁丁丁丁
吾牙月堯　丁丁丁丁
安亞乙一　丁丁丁丁

三音　二聲

□爻王寅　丁丁丁丁
母馬美米　丁丁丁丁
目皃眉民　丁丁丁丁
夫法□飛　丁丁丁丁

四音　二聲

父凡□吠　丁丁丁丁
武晚□尾　丁丁丁丁
文万□未　丁丁丁丁

二音七聲

五五五五 心審禁○
五五五五 ○○○十
五五五五 男坎欠○
五五五五 ○○○妾
五五五五 ●●●●

二音八聲

五五五五 ●●●●
五五五五 ●●●●
五五五五 ●●●●
五五五五 ●●●●

二音九聲

五五五五 ●●●●
五五五五 ●●●●
五五五五 ●●●●
五五五五 ●●●●

二音十聲

五五五五 ●●●●
五五五五 ●●●●
五五五五 ●●●●

五音二聲

卜百丙必 丁丁丁丁
步白葡鼻 丁丁丁丁
普朴品匹 丁丁丁丁
旁排平瓶 丁丁丁丁

六音二聲

東丹帝■ 丁丁丁丁
兑大弟■ 丁丁丁丁
土貪天■ 丁丁丁丁
同覃田■ 丁丁丁丁

七音二聲

乃妳女■ 丁丁丁丁
內南年■ 丁丁丁丁
老冷呂■ 丁丁丁丁
鹿犖离■ 丁丁丁丁

八音二聲

走哉足■ 丁丁丁丁
自在匠■ 丁丁丁丁
草采七■ 丁丁丁丁
曹才全■ 丁丁丁丁

開音清和律三之三

三音一聲

母母母母　多可个舌
母母母母　禾火化八
母母母母　開宰愛○
母母母母　回每退○

三音二聲

母母母母　良兩向○
母母母母　光廣況○
母母母母　丁井亘○
母母母母　兄永瑩○

三音三聲

母母母母　千典旦○
母母母母　元犬半○
母母母母　臣引艮○
母母母母　君允巽○

三音四聲

母母母母　刀早孝岳
母母母母　毛寶報霍
母母母母　牛斗奏六
母母母母　○○○玉

九音二聲

思三星■　丁丁丁丁
寺□象■　丁丁丁丁
□□□■　丁丁丁丁
□□□■　丁丁丁丁

十音二聲

■山手■　丁丁丁丁
■士石■　丁丁丁丁
■□耳■　丁丁丁丁
■□二■　丁丁丁丁

十一音二聲

■莊震■　丁丁丁丁
■乍□■　丁丁丁丁
■又赤■　丁丁丁丁
■崇辰■　丁丁丁丁

十二音二聲

■卓中■　丁丁丁丁
■宅直■　丁丁丁丁
■坼丑■　丁丁丁丁
■茶呈■　丁丁丁丁

母母母母　妻子四日
三音　母母母母　衰○帥骨
五聲　母母母母　○○○德
母母母母　龜水貴北
母母母母　宮孔衆○
三音　母母母母　龍甬用○
六聲　母母母母　魚鼠去○
母母母母　烏虎兔○
母母母母　心審禁○
三音　母母母母　○○○十
七聲　母母母母　男坎欠○
母母母母　○○○妾
母母母母　●●●●
三音　母母母母　●●●●
八聲　母母母母　●●●●
母母母母　●●●●

平聲闢唱呂三之三

古甲九癸　臣臣臣臣
一音　□□近揆　臣臣臣臣
三聲　坤巧丘弃　臣臣臣臣
□□乾虯　臣臣臣臣
黑花香血　臣臣臣臣
二音　黃華雄賢　臣臣臣臣
三聲　五瓦仰□　臣臣臣臣
吾牙月堯　臣臣臣臣
安亞乙一　臣臣臣臣
三音　□爻王寅　臣臣臣臣
三聲　母馬美米　臣臣臣臣
目皃眉民　臣臣臣臣
夫法□飛　臣臣臣臣
四音　父凡□吠　臣臣臣臣
三聲　武晚□尾　臣臣臣臣
文万□未　臣臣臣臣

三音 九聲

母母母母 ●●●●
母母母母 ●●●●
母母母母 ●●●●
母母母母 ●●●●

三音 十聲

母母母母 ●●●●
母母母母 ●●●●
母母母母 ●●●●
母母母母 ●●●●

開音清和律三之四

四音 一聲

武武武武 多可个舌
武武武武 禾火化八
武武武武 開宰愛○
武武武武 回每退○

四音 二聲

武武武武 良兩向○
武武武武 光廣况○
武武武武 丁井亘○
武武武武 兄永瑩○

五音 三聲

卜百丙必 臣臣臣臣
步白葡鼻 臣臣臣臣
普朴品匹 臣臣臣臣
旁排平瓶 臣臣臣臣

六音 三聲

東丹帝■ 臣臣臣臣
兑大弟■ 臣臣臣臣
土貪天■ 臣臣臣臣
同覃田■ 臣臣臣臣

七音 三聲

乃妳女■ 臣臣臣臣
内南年■ 臣臣臣臣
老冷吕■ 臣臣臣臣
鹿犖离■ 臣臣臣臣

八音 三聲

走哉足■ 臣臣臣臣
自在匠■ 臣臣臣臣
草采七■ 臣臣臣臣
曹才全■ 臣臣臣臣

武武武武　千典旦○

四音　三聲

武武武武　元犬半○
武武武武　臣引艮○
武武武武　君允巽○
武武武武　刀早孝岳

四音　四聲

武武武武　毛寶報霍
武武武武　牛斗奏六
武武武武　○○○玉
武武武武　妻子四日

四音　五聲

武武武武　衰○帥骨
武武武武　○○○德
武武武武　龜水貴北
武武武武　宮孔衆○

四音　六聲

武武武武　龍甬用○
武武武武　魚鼠去○
武武武武　烏虎兔○

思三星■　臣臣臣臣

九音　三聲

寺□象■　臣臣臣臣
□□□■　臣臣臣臣
□□□■　臣臣臣臣
■山手■　臣臣臣臣

十音　三聲

■士石■　臣臣臣臣
■□耳■　臣臣臣臣
■□二■　臣臣臣臣
■莊震■　臣臣臣臣

十一音　三聲

■乍□■　臣臣臣臣
■叉赤■　臣臣臣臣
■崇辰■　臣臣臣臣
■卓中■　臣臣臣臣

十二音　三聲

■宅直■　臣臣臣臣
■坼丑■　臣臣臣臣
■茶呈■　臣臣臣臣

四音七聲

武武武武 心審禁○
武武武武 ○○○十
武武武武 男坎欠○
武武武武 ○○○妾

四音八聲

武武武武 ●●●●
武武武武 ●●●●
武武武武 ●●●●
武武武武 ●●●●

四音九聲

武武武武 ●●●●
武武武武 ●●●●
武武武武 ●●●●
武武武武 ●●●●

四音十聲

武武武武 ●●●●
武武武武 ●●●●
武武武武 ●●●●
武武武武 ●●●●

平聲闢唱呂三之四

一音四聲

古甲九癸 牛牛牛牛
□□近揆 牛牛牛牛
坤巧丘弃 牛牛牛牛
□□乾虯 牛牛牛牛

二音四聲

黑花香血 牛牛牛牛
黃華雄賢 牛牛牛牛
五瓦仰□ 牛牛牛牛
吾牙月堯 牛牛牛牛

三音四聲

安亞乙一 牛牛牛牛
□爻王寅 牛牛牛牛
母馬美米 牛牛牛牛
目皃眉民 牛牛牛牛

四音四聲

夫法□飛 牛牛牛牛
父凡□吠 牛牛牛牛
武晚□尾 牛牛牛牛
文万□未 牛牛牛牛

開音清和律三之五

普普普普　多可个舌

五音
一聲

普普普普　禾火化八
普普普普　開宰愛○
普普普普　回每退○
普普普普　良兩向○

五音
二聲

普普普普　光廣況○
普普普普　丁井亘○
普普普普　兄永瑩○
普普普普　千典旦○

五音
三聲

普普普普　元犬半○
普普普普　臣引艮○
普普普普　君允巽○
普普普普　刀早孝岳

五音
四聲

普普普普　毛寶報霍
普普普普　牛斗奏六
普普普普　○○○玉

卜百丙必　牛牛牛牛

五音
四聲

步白葡鼻　牛牛牛牛
普朴品匹　牛牛牛牛
旁排平瓶　牛牛牛牛
東丹帝■　牛牛牛牛

六音
四聲

兑大弟■　牛牛牛牛
土貪天■　牛牛牛牛
同覃田■　牛牛牛牛
乃妳女■　牛牛牛牛

七音
四聲

内南年■　牛牛牛牛
老冷吕■　牛牛牛牛
鹿犖离■　牛牛牛牛
走哉足■　牛牛牛牛

八音
四聲

自在匠■　牛牛牛牛
草采七■　牛牛牛牛
曹才全■　牛牛牛牛

五音 五聲

普普普普 妻子四日
普普普普 衰○帥骨
普普普普 ○○○德
普普普普 龜水貴北

五音 六聲

普普普普 宮孔衆○
普普普普 龍甬用○
普普普普 魚鼠去○
普普普普 烏虎兔○

五音 七聲

普普普普 心審禁○
普普普普 ○○○十
普普普普 男坎欠○
普普普普 ○○○妾

五音 八聲

普普普普 ●●●●
普普普普 ●●●●
普普普普 ●●●●
普普普普 ●●●●

九音 四聲

思三星■ 牛牛牛牛
寺□象■ 牛牛牛牛
□□□■ 牛牛牛牛
□□□■ 牛牛牛牛

十音 四聲

■山手■ 牛牛牛牛
■士石■ 牛牛牛牛
■□耳■ 牛牛牛牛
■□二■ 牛牛牛牛

十一音 四聲

■莊震■ 牛牛牛牛
■牛□■ 牛牛牛牛
■叉赤■ 牛牛牛牛
■崇辰■ 牛牛牛牛

十二音 四聲

■卓中■ 牛牛牛牛
■宅直■ 牛牛牛牛
■坼丑■ 牛牛牛牛
■茶呈■ 牛牛牛牛

五音 九聲

普普普普 ●●●●

普普普普 ●●●●

普普普普 ●●●●

普普普普 ●●●●

五音 十聲

普普普普 ●●●●

普普普普 ●●●●

普普普普 ●●●●

普普普普 ●●●●

開音清和律三之六

六音 一聲

土土土土 多可个舌

土土土土 禾火化八

土土土土 開宰愛○

土土土土 回每退○

平聲闢唱呂三之五

一音 五聲

古甲九癸 ○○○○

□□近揆 ○○○○

坤巧丘弃 ○○○○

□□乾虯 ○○○○

二音 五聲

黑花香血 ○○○○

黃華雄賢 ○○○○

五瓦仰□ ○○○○

吾牙月堯 ○○○○

三音 五聲

安亞乙一 ○○○○

□爻王寅 ○○○○

母馬美米 ○○○○

目皃眉民 ○○○○

六音二聲

土土土土　良兩向○
土土土土　光廣況○
土土土土　丁井亘○
土土土土　兄永瑩○

六音三聲

土土土土　千典旦○
土土土土　元犬半○
土土土土　臣引艮○
土土土土　君允巽○

六音四聲

土土土土　刀早孝岳
土土土土　毛寶報霍
土土土土　牛斗奏六
土土土土　○○○玉

六音五聲

土土土土　妻子四日
土土土土　衰○帥骨
土土土土　○○○德
土土土土　龜水貴北

四音五聲

夫法□飛　○○○○
父凡□吠　○○○○
武晚□尾　○○○○
文万□未　○○○○

五音五聲

卜百丙必　○○○○
步白葡鼻　○○○○
普朴品匹　○○○○
旁排平瓶　○○○○

六音五聲

東丹帝■　○○○○
兑大弟■　○○○○
土貪天■　○○○○
同覃田■　○○○○

七音五聲

乃妳女■　○○○○
內南年■　○○○○
老冷吕■　○○○○
鹿犖离■　○○○○

土土土土　宮孔衆○

六音

土土土土　龍甬用○

六聲

土土土土　魚鼠去○

土土土土　烏虎兔○

土土土土　心審禁○

六音

土土土土　○○○十

七聲

土土土土　男坎欠○

土土土土　○○○妾

土土土土　●●●●

六音

土土土土　●●●●

八聲

土土土土　●●●●

土土土土　●●●●

土土土土　●●●●

六音

土土土土　●●●●

九聲

土土土土　●●●●

土土土土　●●●●

走哉足■　○○○○

八音

自在匠■　○○○○

五聲

草采七■　○○○○

曹才全■　○○○○

思三星■　○○○○

九音

寺□象■　○○○○

五聲

□□□■　○○○○

□□□■　○○○○

■山手■　○○○○

十音

■士石■　○○○○

五聲

■□耳■　○○○○

■□二■　○○○○

■莊震■　○○○○

十一音

■乍□■　○○○○

五聲

■叉赤■　○○○○

■崇辰■　○○○○

六音　十聲

土土土土　●●●●

土土土土　●●●●

土土土土　●●●●

土土土土　●●●●

開音清和律三之七

老老老老　多可个舌

七音　一聲

老老老老　禾火化八

老老老老　開宰愛○

老老老老　回每退○

老老老老　良兩向○

七音　二聲

老老老老　光廣况○

老老老老　丁井亘○

老老老老　兄永瑩○

老老老老　千典旦○

七音　三聲

老老老老　元犬半○

老老老老　臣引艮○

老老老老　君允巽○

十二音　五聲

■卓中■　○○○○

■宅直■　○○○○

■坼丑■　○○○○

■茶呈■　○○○○

平聲闢唱呂三之六

古甲九癸　魚魚魚魚

一音　六聲

□□近揆　魚魚魚魚

坤巧丘弃　魚魚魚魚

□□乾虯　魚魚魚魚

黑花香血　魚魚魚魚

二音　六聲

黃華雄賢　魚魚魚魚

五瓦仰□　魚魚魚魚

吾牙月堯　魚魚魚魚

安亞乙一　魚魚魚魚

三音　六聲

□爻王寅　魚魚魚魚

母馬美米　魚魚魚魚

目皃眉民　魚魚魚魚

老老老老 刀早孝岳

七音 四聲

老老老老 毛寶報霍
老老老老 牛斗奏六
老老老老 ○○○玉
老老老老 妻子四日

七音 五聲

老老老老 衰○帥骨
老老老老 ○○○德
老老老老 龜水貴北
老老老老 宮孔衆○

七音 六聲

老老老老 龍甬用○
老老老老 魚鼠去○
老老老老 烏虎兔○
老老老老 心審禁○

七音 七聲

老老老老 ○○○十
老老老老 男坎欠○
老老老老 ○○○妾

夫法□飛 魚魚魚魚

四音 六聲

父凡□吠 魚魚魚魚
武晚□尾 魚魚魚魚
文万□未 魚魚魚魚
卜百丙必 魚魚魚魚

五音 六聲

步白葡鼻 魚魚魚魚
普朴品匹 魚魚魚魚
旁排平瓶 魚魚魚魚
東丹帝■ 魚魚魚魚

六音 六聲

兑大弟■ 魚魚魚魚
土貪天■ 魚魚魚魚
同覃田■ 魚魚魚魚
乃妳女■ 魚魚魚魚

七音 六聲

内南年■ 魚魚魚魚
老冷吕■ 魚魚魚魚
鹿犖离■ 魚魚魚魚

老老老老　●●●●

七音
老老老老　●●●●

八聲
老老老老　●●●●

老老老老　●●●●

老老老老　●●●●

七音
老老老老　●●●●

九聲
老老老老　●●●●

老老老老　●●●●

老老老老　●●●●

七音
老老老老　●●●●

十聲
老老老老　●●●●

老老老老　●●●●

開音清和律三之八

草草草草　多可个舌

八音
草草草草　禾火化八

一聲
草草草草　開宰愛○

草草草草　回每退○

走哉足■　魚魚魚魚

八音
自在匠■　魚魚魚魚

六聲
草采七■　魚魚魚魚

曹才全■　魚魚魚魚

思三星■　魚魚魚魚

九音
寺□象■　魚魚魚魚

六聲
□□□■　魚魚魚魚

□□□■　魚魚魚魚

■山手■　魚魚魚魚

十音
■士石■　魚魚魚魚

六聲
■□耳■　魚魚魚魚

■□二■　魚魚魚魚

■莊震■　魚魚魚魚

十一音
■乍□■　魚魚魚魚

六聲
■叉赤■　魚魚魚魚

■崇辰■　魚魚魚魚

草草草草　良兩向○

八音二聲

草草草草　光廣況○
草草草草　丁井亘○
草草草草　兄永瑩○

八音三聲

草草草草　千典旦○
草草草草　元犬半○
草草草草　臣引艮○
草草草草　君允巽○
草草草草　刀早孝岳

八音四聲

草草草草　毛寶報霍
草草草草　牛斗奏六
草草草草　○○○玉
草草草草　妻子四日

八音五聲

草草草草　衰○帥骨
草草草草　○○○德
草草草草　龜水貴北

■卓中■　魚魚魚魚

十二音六聲

■宅直■　魚魚魚魚
■坼丑■　魚魚魚魚
■茶呈■　魚魚魚魚

平聲闢唱呂三之七

一音七聲

古甲九癸　男男男男
□□近揆　男男男男
坤巧丘弃　男男男男
□□乾虯　男男男男
黑花香血　男男男男

二音七聲

黃華雄賢　男男男男
五瓦仰□　男男男男
吾牙月堯　男男男男
安亞乙一　男男男男

三音七聲

□爻王寅　男男男男
母馬美米　男男男男
目皃眉民　男男男男

八音　六聲

草草草草　宮孔衆○
草草草草　龍甬用○
草草草草　魚鼠去○
草草草草　烏虎兔○

八音　七聲

草草草草　心審禁○
草草草草　○○○十
草草草草　男坎欠○
草草草草　○○○妾

八音　八聲

草草草草　●●●●
草草草草　●●●●
草草草草　●●●●
草草草草　●●●●

八音　九聲

草草草草　●●●●
草草草草　●●●●
草草草草　●●●●
草草草草　●●●●

四音　七聲

夫法□飛　男男男男
父凡□吠　男男男男
武晚□尾　男男男男
文万□未　男男男男

五音　七聲

卜百丙必　男男男男
步白葡鼻　男男男男
普朴品匹　男男男男
旁排平瓶　男男男男

六音　七聲

東丹帝■　男男男男
兌大弟■　男男男男
土貪天■　男男男男
同覃田■　男男男男

七音　七聲

乃妳女■　男男男男
内南年■　男男男男
老冷吕■　男男男男
鹿犖离■　男男男男

八音十聲

草草草草 ●●●●
草草草草 ●●●●
草草草草 ●●●●
草草草草 ●●●●

開音清和律三之九

九音一聲

□□□□ 多可个舌
□□□□ 禾火化八
□□□□ 開宰愛○
□□□□ 四每退○
□□□□ 良兩向○

九音二聲

□□□□ 光廣況○
□□□□ 丁井亘○
□□□□ 兄永瑩○
□□□□ 千典旦○

九音三聲

□□□□ 元犬半○
□□□□ 臣引良○
□□□□ 君允巽○

八音七聲

走哉足■ 男男男男
自在匠■ 男男男男
草采七■ 男男男男
曹才全■ 男男男男

九音七聲

思三星■ 男男男男
寺□象■ 男男男男
□□□■ 男男男男
□□□■ 男男男男
■山手■ 男男男男

十音七聲

■士石■ 男男男男
■□耳■ 男男男男
■□二■ 男男男男
■莊震■ 男男男男

十一音七聲

■乍□■ 男男男男
■叉赤■ 男男男男
■崇辰■ 男男男男

九音　四聲

□□□□　刀早孝岳
□□□□　毛寶報霍
□□□□　牛斗奏六
□□□□　○○○玉

九音　五聲

□□□□　妻子四日
□□□□　衰○帥骨
□□□□　○○○德
□□□□　龜水貴北

九音　六聲

□□□□　宮孔衆○
□□□□　龍甬用○
□□□□　魚鼠去○
□□□□　烏虎兔○

九音　七聲

□□□□　心審禁○
□□□□　○○○十
□□□□　男坎欠○
□□□□　○○○妾

十二音　七聲

■卓中■　男男男男
■宅直■　男男男男
■拆丑■　男男男男
■茶呈■　男男男男

平聲闢唱呂三之八

一音　八聲

古甲九癸　●●●●
□□近揆　●●●●
坤巧血弃　●●●●
□□乾虯　●●●●

二音　八聲

黑花香血　●●●●
黃華雄賢　●●●●
五瓦仰□　●●●●
吾牙月堯　●●●●

三音　八聲

安亞乙一　●●●●
□爻王寅　●●●●
母馬美米　●●●●
目皃眉民　●●●●

□□□□ ●●●●
九音 □□□□ ●●●●
八聲 □□□□ ●●●●
□□□□ ●●●●
□□□□ ●●●●
九音 □□□□ ●●●●
九聲 □□□□ ●●●●
□□□□ ●●●●
□□□□ ●●●●
九音 □□□□ ●●●●
十聲 □□□□ ●●●●
□□□□ ●●●●

開音清和律三之十

■■■■ 多可个舌
十音 ■■■■ 禾火化八
一聲 ■■■■ 開宰愛○
■■■■ 回每退○

夫法□飛 ●●●●
四音 父凡□吠 ●●●●
八聲 武晚□尾 ●●●●
文万□未 ●●●●
卜百丙必 ●●●●
五音 步白葡鼻 ●●●●
八聲 普朴品匹 ●●●●
旁排平瓶 ●●●●
東丹帝■ ●●●●
六音 兑大弟■ ●●●●
八聲 土貪天■ ●●●●
同覃田■ ●●●●
乃妳女■ ●●●●
七音 内南年■ ●●●●
八聲 老冷吕■ ●●●●
鹿犖离■ ●●●●

■■■■良兩向○

十音　二聲

■■■■光廣況○
■■■■丁井亘○
■■■■兄永瑩○
■■■■千典旦○

十音　三聲

■■■■元犬半○
■■■■臣引艮○
■■■■君允巽○
■■■■刀早孝岳

十音　四聲

■■■■毛寶報霍
■■■■牛斗奏六
■■■■○○○玉
■■■■妻子四日

十音　五聲

■■■■衰○帥骨
■■■■○○○德
■■■■龜水貴北

走哉足■●●●●

八音　八聲

自在匠■●●●●
草采七■●●●●
曹才全■●●●●
思三星■●●●●

九音　八聲

寺□象■●●●●
□□□■●●●●
□□□■●●●●
■山手■●●●●

十音　八聲

■士石■●●●●
■□耳■●●●●
■□二■●●●●
■莊震■●●●●

十一音　八聲

■乍□■●●●●
■叉赤■●●●●
■崇辰■●●●●

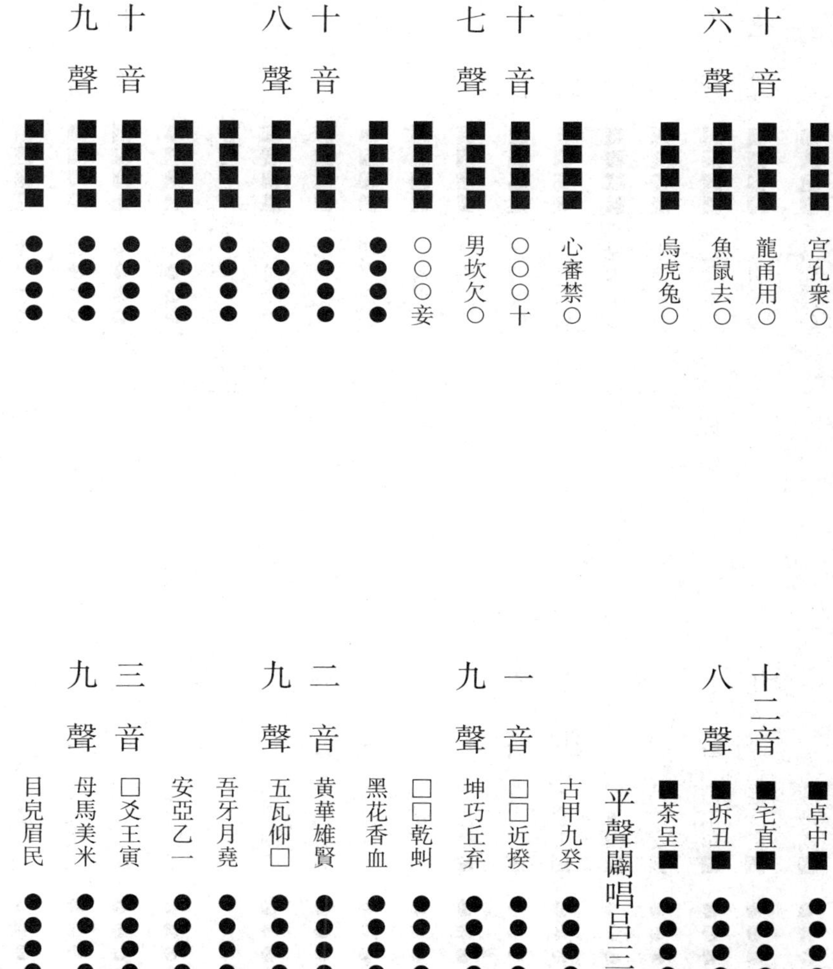

十音六聲

■■■■宮孔衆○●●●●
■■■■龍甬用○●●●●
■■■■魚鼠去○●●●●
■■■■烏虎兔○●●●●

十音七聲

■■■■心審禁○●●●●
■■■■○○○十●●●●
■■■■男坎欠○●●●●
■■■■○○○妾●●●●
■■■■●●●●

十音八聲

■■■■●●●●
■■■■●●●●
■■■■●●●●
■■■■●●●●

十音九聲

■■■■●●●●
■■■■●●●●
■■■■●●●●
■■■■●●●●

十二音八聲

■卓中■●●●●
■宅直■●●●●
■坼丑■●●●●
■茶呈■●●●●

平聲闢唱呂三之九

古甲九癸●●●●

一音九聲

□□近揆●●●●
坤巧丘弃●●●●
□□乾虯●●●●
黑花香血●●●●

二音九聲

黃華雄賢●●●●
五瓦仰□●●●●
吾牙月堯●●●●
安亞乙一●●●●

三音九聲

□爻王寅●●●●
母馬美米●●●●
目皃眉民●●●●

■■■■ ●●●●

十音 ■■■■ ●●●●

十聲 ■■■■ ●●●●

■■■■ ●●●●

開音清和律三之十一

■■■■ 多可个舌

十一音 ■■■■ 禾火化八

一聲 ■■■■ 開宰愛○

■■■■ 回每退○

■■■■ 良兩向○

十一音 ■■■■ 光廣況○

二聲 ■■■■ 丁井亘○

■■■■ 兄永瑩○

■■■■ 千典旦○

十一音 ■■■■ 元犬半○

三聲 ■■■■ 臣引艮○

■■■■ 君允巽○

夫法□飛 ●●●●

四音 父凡□吠 ●●●●

九聲 武晚□尾 ●●●●

文万□未 ●●●●

卜百丙必 ●●●●

五音 步白犕鼻 ●●●●

九聲 普朴品匹 ●●●●

旁排平瓶 ●●●●

東丹帝■ ●●●●

六音 兑大弟■ ●●●●

九聲 土貪天■ ●●●●

同覃田■ ●●●●

乃妳女■ ●●●●

七音 内南年■ ●●●●

九聲 老冷吕■ ●●●●

鹿犖离■ ●●●●

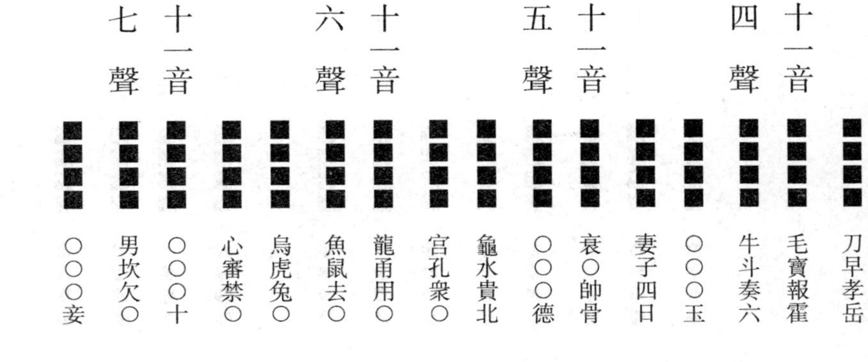

十一音 四聲

■■■■ 刀早孝岳
■■■■ 毛寶報霍
■■■■ 牛斗奏六
■■■■ ○○○玉
■■■■ 妻子四日

十一音 五聲

■■■■ 衰○帥骨
■■■■ ○○○德
■■■■ 龜水貴北
■■■■ 宮孔衆○

十一音 六聲

■■■■ 龍甬用○
■■■■ 魚鼠去○
■■■■ 烏虎兔○
■■■■ 心審禁○

十一音 七聲

■■■■ ○○○十
■■■■ 男坎欠○
■■■■ ○○○妾

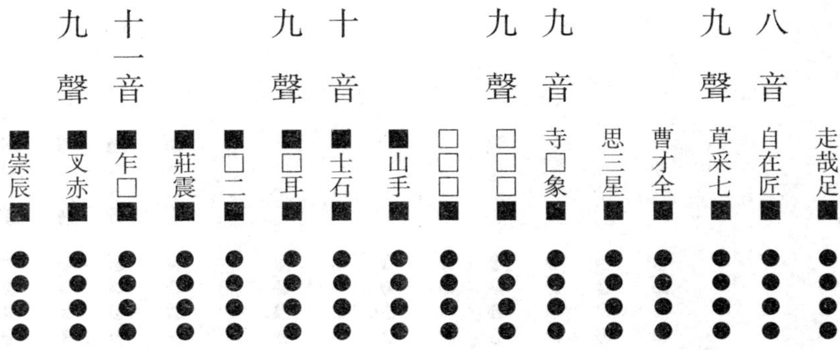

八音 九聲

走哉足■ ●●●●
自在匠■ ●●●●
草采七■ ●●●●
曹才全■ ●●●●
思三星■ ●●●●

九音 九聲

寺□象■ ●●●●
□□□■ ●●●●
□□□■ ●●●●
■山手■ ●●●●

十音 九聲

■士石■ ●●●●
■□耳■ ●●●●
■□二■ ●●●●
■莊震■ ●●●●

十一音 九聲

■乍□■ ●●●●
■叉赤■ ●●●●
■崇辰■ ●●●●

十一音　八聲

■■■■●●●●
■■■■●●●●
■■■■●●●●
■■■■●●●●

十一音　九聲

■■■■●●●●
■■■■●●●●
■■■■●●●●
■■■■●●●●

十一音　十聲

■■■■●●●●
■■■■●●●●
■■■■●●●●
■■■■●●●●

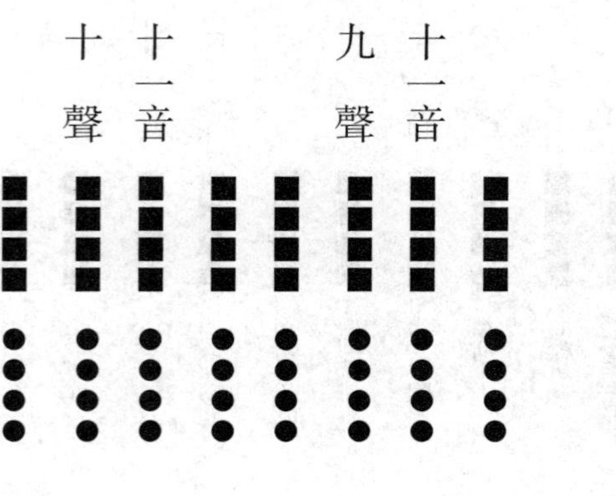

十二音　九聲

■卓中■●●●●
■宅直■●●●●
■坼丑■●●●●
■茶呈■●●●●

平聲闢唱呂三之十

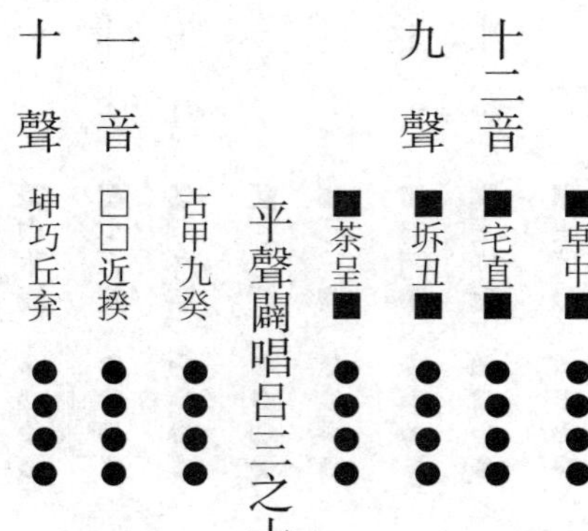

一音　十聲

古甲九癸●●●●
□□近揆●●●●
坤巧丘弃●●●●
□□乾虯●●●●

二音　十聲

黑花香血●●●●
黃華雄賢●●●●
五瓦仰□●●●●
吾牙月堯●●●●

開音清和律三之十二

十二音 一聲

■■■■ 多可个舌
■■■■ 禾火化八
■■■■ 開宰愛○
■■■■ 回每退○

十二音 二聲

■■■■ 良兩向○
■■■■ 光廣況○
■■■■ 丁井亘○
■■■■ 兄永瑩○

十二音 三聲

■■■■ 千典旦○
■■■■ 元犬半○
■■■■ 臣引艮○
■■■■ 君允巽○

十二音 四聲

■■■■ 刀早孝岳
■■■■ 毛寶報霍
■■■■ 牛斗奏六
■■■■ ○○○玉

三音 十聲

安亞乙一 ●●●●
□爻王寅 ●●●●
母馬美米 ●●●●
目皃眉民 ●●●●

四音 十聲

夫法□飛 ●●●●
父凡□吠 ●●●●
武晚□尾 ●●●●
文万□未 ●●●●

五音 十聲

卜百丙必 ●●●●
步白葡鼻 ●●●●
普朴品匹 ●●●●
旁排平瓶 ●●●●

六音 十聲

東丹帝■ ●●●●
兑大弟■ ●●●●
土貪天■ ●●●●
同覃田■ ●●●●

十二音　五聲

■■■■　妻子四日
■■■■　衰○帥骨
■■■■　○○○德
■■■■　龜水貴北

十二音　六聲

■■■■　宮孔衆○
■■■■　龍甬用○
■■■■　魚鼠去○
■■■■　烏虎兔○

十二音　七聲

■■■■　心審禁○
■■■■　○○○十
■■■■　男坎欠○
■■■■　○○○妾

十二音　八聲

■■■■　●●●●
■■■■　●●●●
■■■■　●●●●
■■■■　●●●●

七音　十聲

乃妳女■　●●●●
内南年■　●●●●
老冷吕■　●●●●
鹿犖离■　●●●●

八音　十聲

走哉足■　●●●●
自在匠■　●●●●
草采七■　●●●●
曹才全■　●●●●

九音　十聲

思三星■　●●●●
寺□象■　●●●●
□□□■　●●●●
□□□■　●●●●

十音　十聲

■山手■　●●●●
■士石■　●●●●
■□耳■　●●●●
■□二■　●●●●

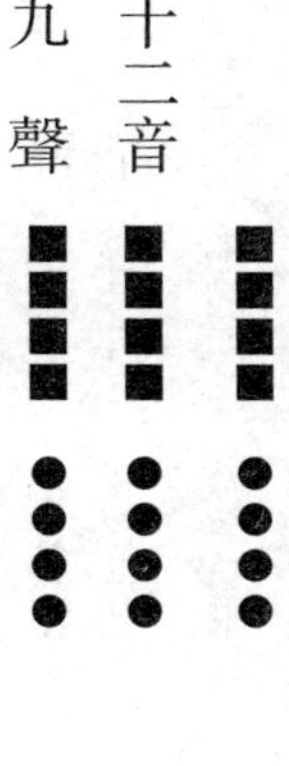

■■■■　●●●●

十二音　■■■■　●●●●

九聲　■■■■　●●●●

■■■■　●●●●

■■■■　●●●●

十二音　■■■■　●●●●

十聲　■■■■　●●●●

■■■■　●●●●

觀物篇之三十八

日辰聲平翕

回兄君○龜

烏●●●●

日辰聲七，下唱地之用音一百五十二，是謂平聲翕音。平聲翕音一千六十四。

■莊震■　●●●●

十一音　■乍□■　●●●●

十聲　■叉赤■　●●●●

■崇辰■　●●○●

■卓中■　●●●●

十二音　■宅直■　●●●●

十聲　■坼丑■　●●●●

■茶呈■　●●●●

水石音開濁

□吾目文旁同

鹿曹□■■■

水石音九，上和天之用聲一百一十二，是謂開音濁聲。開音濁聲一千八。

日辰聲平之四翕

開音濁和律四之一

□□□□　多可个舌
一音　□□□□　禾火化八
一聲　□□□□　開宰愛○
□□□□　回每退○
□□□□　良兩向○
一音　□□□□　光廣況○
二聲　□□□□　丁井亘○
□□□□　兄永瑩○
□□□□　千典旦○
一音　□□□□　元犬半○
三聲　□□□□　臣引艮○
□□□□　君允巽○
□□□□　刀早孝岳
一音　□□□□　毛寶報霍
四聲　□□□□　牛斗奏六
□□□□　○○○玉

水石音開之四濁

平聲翕唱呂四之一

古甲九癸　回回回回
一音　□□近揆　回回回回
一聲　坤巧丘弃　回回回回
□□乾虯　回回回回
黑花香血　回回回回
二音　黃華雄賢　回回回回
一聲　五瓦仰□　回回回回
吾牙月堯　回回回回
安亞乙一　回回回回
三音　□爻王寅　回回回回
一聲　母馬美米　回回回回
目皃眉民　回回回回
夫法□飛　回回回回
四音　父凡□吠　回回回回
一聲　武晚□尾　回回回回
文万□未　回回回回

□□□□ 妻子四日

一音 五聲

□□□□ 衰○帥骨

□□□□ ○○○德

□□□□ 龜水貴北

□□□□ 宮孔衆○

一音 六聲

□□□□ 龍甬用○

□□□□ 魚鼠去○

□□□□ 烏虎兔○

□□□□ 心審禁○

一音 七聲

□□□□ ○○○十

□□□□ 男坎欠○

□□□□ ○○○妾

□□□□ ●●●●

一音 八聲

□□□□ ●●●●

□□□□ ●●●●

□□□□ ●●●●

卜百丙必 回回回回

五音 一聲

步白葡鼻 回回回回

普朴品匹 回回回回

旁排平瓶 回回回回

東丹帝■ 回回回回

六音 一聲

兑大弟■ 回回回回

土貪天■ 回回回回

同覃田■ 回回回回

乃妳女■ 回回回回

七音 一聲

内南年■ 回回回回

老冷吕■ 回回回回

鹿犖离■ 回回回回

走哉足■ 回回回回

八音 一聲

自在匠■ 回回回回

草采七■ 回回回回

曹才全■ 回回回回

□□□□　●●●●

一音　□□□□　●●●●

九聲　□□□□　●●●●

□□□□　●●●●

□□□□　●●●●

一音　□□□□　●●●●

十聲　□□□□　●●●●

□□□□　●●●●

開音濁和律四之二

吾吾吾吾　多可个舌

二音　吾吾吾吾　禾火化八

一聲　吾吾吾吾　開宰愛○

吾吾吾吾　回每退○

吾吾吾吾　良兩向○

二音　吾吾吾吾　光廣況○

二聲　吾吾吾吾　丁井亘○

吾吾吾吾　兄永瑩○

思三星■　回回回回

九音　寺□象■　回回回回

一聲　□□□■　回回回回

□□□■　回回回回

■山手■　回回回回

十音　■士石■　回回回回

一聲　■□耳■　回回回回

■□二■　回回回回

■莊震■　回回回回

十一音　■乍□■　回回回回

一聲　■叉赤■　回回回回

■崇辰■　回回回回

■卓中■　回回回回

十二音　■宅直■　回回回回

一聲　■坼丑■　回回回回

■茶呈■　回回回回

吾吾吾吾　千典旦○

二音　吾吾吾吾　元犬半○

三聲　吾吾吾吾　臣引艮○

吾吾吾吾　君允巽○

吾吾吾吾　刀早孝岳

二音　吾吾吾吾　毛寶報霍

四聲　吾吾吾吾　牛斗奏六

吾吾吾吾　○○○玉

吾吾吾吾　妻子四日

二音　吾吾吾吾　衰○帥骨

五聲　吾吾吾吾　○○○德

吾吾吾吾　龜水貴北

吾吾吾吾　宮孔衆○

二音　吾吾吾吾　龍甬用○

六聲　吾吾吾吾　魚鼠去○

吾吾吾吾　烏虎兔○

平聲翕唱呂四之二

古甲九癸　兄兄兄兄

一音　□□近揆　兄兄兄兄

二聲　坤巧丘弃　兄兄兄兄

□□乾虯　兄兄兄兄

黑花香血　兄兄兄兄

二音　黃華雄賢　兄兄兄兄

二聲　五瓦仰□　兄兄兄兄

吾牙月堯　兄兄兄兄

安亞乙一　兄兄兄兄

三音　□爻王寅　兄兄兄兄

二聲　母馬美米　兄兄兄兄

目皃眉民　兄兄兄兄

夫法□飛　兄兄兄兄

四音　父凡□吠　兄兄兄兄

二聲　武晚□尾　兄兄兄兄

文万□未　兄兄兄兄

二音七聲

吾吾吾吾　心審禁○
吾吾吾吾　○○○十
吾吾吾吾　男坎欠○
吾吾吾吾　○○○妾

二音八聲

吾吾吾吾　●●●●
吾吾吾吾　●●●●
吾吾吾吾　●●●●
吾吾吾吾　●●●●

二音九聲

吾吾吾吾　●●●●
吾吾吾吾　●●●●
吾吾吾吾　●●●●
吾吾吾吾　●●●●

二音十聲

吾吾吾吾　●●●●
吾吾吾吾　●●●●
吾吾吾吾　●●●●
吾吾吾吾　●●●●

五音二聲

卜百丙必　兄兄兄兄
步白葡鼻　兄兄兄兄
普朴品匹　兄兄兄兄
旁排平瓶　兄兄兄兄

六音二聲

東丹帝■　兄兄兄兄
兑大弟■　兄兄兄兄
土貪天■　兄兄兄兄
同覃田■　兄兄兄兄

七音二聲

乃妳女■　兄兄兄兄
内南年■　兄兄兄兄
老冷吕■　兄兄兄兄
鹿犖离■　兄兄兄兄

八音二聲

走哉足■　兄兄兄兄
自在匠■　兄兄兄兄
草采七■　兄兄兄兄
曹才全■　兄兄兄兄

開音濁和律四之三

三音　一聲

目目目目　多可个舌
目目目目　禾火化八
目目目目　開宰愛○
目目目目　回每退○

三音　二聲

目目目目　良兩向○
目目目目　光廣況○
目目目目　丁井亘○
目目目目　兄永瑩○

三音　三聲

目目目目　千典旦○
目目目目　元犬半○
目目目目　臣引艮○
目目目目　君允巽○

三音　四聲

目目目目　刀早孝岳
目目目目　毛寶報霍
目目目目　牛斗奏六
目目目目　○○○玉

九音　二聲

思三星■　兄兄兄兄
寺□象■　兄兄兄兄
□□□■　兄兄兄兄
□□□■　兄兄兄兄

十音　二聲

■山手■　兄兄兄兄
■士石■　兄兄兄兄
■□耳■　兄兄兄兄
■□二■　兄兄兄兄

十一音　二聲

■莊震■　兄兄兄兄
■乍□■　兄兄兄兄
■叉赤■　兄兄兄兄
■崇辰■　兄兄兄兄

十二音　二聲

■卓中■　兄兄兄兄
■宅直■　兄兄兄兄
■坼丑■　兄兄兄兄
■茶呈■　兄兄兄兄

目目目目　妻子四日

三音五聲

目目目目　衰○帥骨
目目目目　○○○德
目目目目　龜水貴北
目目目目　宮孔衆○

三音六聲

目目目目　龍甬用○
目目目目　魚鼠去○
目目目目　烏虎兔○
目目目目　心審禁○

三音七聲

目目目目　○○○十
目目目目　男坎欠○
目目目目　○○○妾
目目目目　●●●●

三音八聲

目目目目　●●●●
目目目目　●●●●
目目目目　●●●●

平聲翕唱呂四之三

古甲九癸　君君君君

一音三聲

□□近揆　君君君君
坤巧丘弃　君君君君
□□乾虯　君君君君
黑花香血　君君君君

二音三聲

黃華雄賢　君君君君
五瓦仲□　君君君君
吾牙月堯　君君君君
安亞乙一　君君君君

三音三聲

□爻王寅　君君君君
母馬美米　君君君君
目皃眉民　君君君君
夫法□飛　君君君君

四音三聲

父凡□吠　君君君君
武晚□尾　君君君君
文万□未　君君君君

目目目目 ●●●●

三音九聲

目目目目 ●●●●

目目目目 ●●●●

目目目目 ●●●●

目目目目 ●●●●

三音十聲

目目目目 ●●●●

目目目目 ●●●●

開音濁和律四之四

文文文文 多可个舌

四音一聲

文文文文 禾火化八

文文文文 開宰愛○

文文文文 回每退○

文文文文 良兩向○

四音二聲

文文文文 光廣況○

文文文文 丁井亘○

文文文文 兄永瑩○

卜百丙必 君君君君

五音三聲

步白備鼻 君君君君

普朴品匹 君君君君

旁排平瓶 君君君君

東丹帝■ 君君君君

六音三聲

兑大弟■ 君君君君

土貪天■ 君君君君

同覃田■ 君君君君

乃妳女■ 君君君君

七音三聲

内南年■ 君君君君

老冷吕■ 君君君君

鹿犖离■ 君君君君

走哉足■ 君君君君

八音三聲

自在匠■ 君君君君

草采七■ 君君君君

曹才全■ 君君君君

文文文文千典旦○

四音三聲

文文文文元犬半○

文文文文臣引艮○

文文文文君允巽○

文文文文刀早孝岳

四音四聲

文文文文毛寶報霍

文文文文牛斗奏六

文文文文○○○玉

文文文文妻子四日

四音五聲

文文文文衰○帥骨

文文文文○○○德

文文文文龜水貴北

文文文文宮孔衆○

四音六聲

文文文文龍甬用○

文文文文魚鼠去○

文文文文烏虎兔○

思三星■君君君君

九音三聲

寺□象■君君君君

□□□■君君君君

□□□■君君君君

■山手■君君君君

十音三聲

■土石■君君君君

■□耳■君君君君

■□二■君君君君

■莊震■君君君君

十一音三聲

■乍□■君君君君

■叉赤■君君君君

■崇辰■君君君君

■卓中■君君君君

十二音三聲

■宅直■君君君君

■坼丑■君君君君

■茶呈■君君君君

文文文文 心審禁○

四音

文文文文 ○○○十

七聲

文文文文 男坎欠○

文文文文 ○○○妾

文文文文 ●●●●

四音

文文文文 ●●●●

八聲

文文文文 ●●●●

文文文文 ●●●●

文文文文 ●●●●

四音

文文文文 ●●●●

九聲

文文文文 ●●●●

文文文文 ●●●●

文文文文 ●●●●

四音

文文文文 ●●●●

十聲

文文文文 ●●●●

文文文文 ●●●●

平聲翕唱呂四之四

古甲九癸 ○○○○

一音

□□近揆 ○○○○

四聲

坤巧丘弃 ○○○○

□□乾虯 ○○○○

黑花香血 ○○○○

二音

黃華雄賢 ○○○○

四聲

五瓦仰□ ○○○○

吾牙月堯 ○○○○

安亞乙一 ○○○○

三音

□爻王寅 ○○○○

四聲

母馬美米 ○○○○

目皃眉民 ○○○○

夫法□飛 ○○○○

四音

父凡□吠 ○○○○

四聲

武晚□尾 ○○○○

文万□未 ○○○○

開音濁和律四之五

五音一聲

旁旁旁旁　多可个舌
旁旁旁旁　禾火化八
旁旁旁旁　開宰愛○
旁旁旁旁　回每退○

五音二聲

旁旁旁旁　良兩向○
旁旁旁旁　光廣況○
旁旁旁旁　丁井亘○
旁旁旁旁　兄永瑩○

五音三聲

旁旁旁旁　千典旦○
旁旁旁旁　元犬半○
旁旁旁旁　臣引艮○
旁旁旁旁　君允巽○

五音四聲

旁旁旁旁　刀早孝岳
旁旁旁旁　毛寶報霍
旁旁旁旁　牛斗奏六
旁旁旁旁　○○○玉

五音四聲

卜百丙必　○○○○
步白葡鼻　○○○○
普朴品匹　○○○○
旁排平瓶　○○○○

六音四聲

東丹帝■　○○○○
兑大弟■　○○○○
土貪天■　○○○○
同覃田■　○○○○

七音四聲

乃妳女■　○○○○
内南年■　○○○○
老冷吕■　○○○○
鹿犖离■　○○○○

八音四聲

走哉足■　○○○○
自在匠■　○○○○
草采七■　○○○○
曹才全■　○○○○

旁旁旁旁　妻子四日

五音　五聲

旁旁旁旁　衰○帥骨
旁旁旁旁　○○○德
旁旁旁旁　龜水貴北
旁旁旁旁　宮孔衆○

五音　六聲

旁旁旁旁　龍甬用○
旁旁旁旁　魚鼠去○
旁旁旁旁　烏虎兔○
旁旁旁旁　心審禁○

五音　七聲

旁旁旁旁　○○○十
旁旁旁旁　男坎欠○
旁旁旁旁　○○○妾
旁旁旁旁　●●●●

五音　八聲

旁旁旁旁　●●●●
旁旁旁旁　●●●●
旁旁旁旁　●●●●

思三星■　○○○○

九音　四聲

寺□象■　○○○○
□□□■　○○○○
□□□■　○○○○
■山手■　○○○○

十音　四聲

■士石■　○○○○
■□耳■　○○○○
■□二■　○○○○
■莊震■　○○○○

十一音　四聲

■乍□■　○○○○
■叉赤■　○○○○
■崇辰■　○○○○
■卓中■　○○○○

十二音　四聲

■宅直■　○○○○
■坼丑■　○○○○
■茶呈■　○○○○

旁旁旁旁 ●●●●

五音九聲

旁旁旁旁 ●●●●
旁旁旁旁 ●●●●
旁旁旁旁 ●●●●
旁旁旁旁 ●●●●

五音十聲

旁旁旁旁 ●●●●
旁旁旁旁 ●●●●
旁旁旁旁 ●●●●

開音濁和律四之六

同同同同 多可个舌

六音一聲

同同同同 禾火化八
同同同同 開宰愛○
同同同同 回每退○
同同同同 良兩向○

六音二聲

同同同同 光廣況○
同同同同 丁井亘○
同同同同 兄永瑩○

平聲翕唱呂四之五

古甲九癸 龜龜龜龜

一音五聲

□□近揆 龜龜龜龜
坤巧丘弃 龜龜龜龜
□□乾虯 龜龜龜龜
黑花香血 龜龜龜龜

二音五聲

黃華雄賢 龜龜龜龜
五瓦仰□ 龜龜龜龜
吾牙月堯 龜龜龜龜
安亞乙一 龜龜龜龜

三音五聲

□爻王寅 龜龜龜龜
母馬美米 龜龜龜龜
目皃眉民 龜龜龜龜
夫法□飛 龜龜龜龜

四音五聲

父凡□吠 龜龜龜龜
武晚□尾 龜龜龜龜
文万□未 龜龜龜龜

同同同同　千典旦○
六音　同同同同　元犬半○
三聲　同同同同　臣引艮○
同同同同　君允巽○
同同同同　刀早孝岳
六音　同同同同　毛寶報霍
四聲　同同同同　牛斗奏六
同同同同　○○○玉
同同同同　妻子四日
六音　同同同同　衰○帥骨
五聲　同同同同　○○○德
同同同同　龜水貴北
同同同同　宮孔衆○
六音　同同同同　龍甬用○
六聲　同同同同　魚鼠去○
同同同同　烏虎兔○

卜百丙必　龜龜龜龜
五音　步白葡鼻　龜龜龜龜
五聲　普朴品匹　龜龜龜龜
旁排平瓶　龜龜龜龜
東丹帝■　龜龜龜龜
六音　兑大弟■　龜龜龜龜
五聲　土貪天■　龜龜龜龜
同覃田■　龜龜龜龜
乃妳女■　龜龜龜龜
七音　内南年■　龜龜龜龜
五聲　老冷呂■　龜龜龜龜
鹿犖离■　龜龜龜龜
走哉足■　龜龜龜龜
八音　自在匠■　龜龜龜龜
五聲　草采七■　龜龜龜龜
曹才全■　龜龜龜龜

同同同同　心審禁○

六音　七聲

同同同同　○○○十
同同同同　男坎欠○
同同同同　○○○妾
同同同同　●●●●

六音　八聲

同同同同　●●●●
同同同同　●●●●
同同同同　●●●●
同同同同　●●●●

六音　九聲

同同同同　●●●●
同同同同　●●●●
同同同同　●●●●
同同同同　●●●●

六音　十聲

同同同同　●●●●
同同同同　●●●●
同同同同　●●●●

思三星■　龜龜龜龜

九音　五聲

寺□象■　龜龜龜龜
□□□■　龜龜龜龜
□□□■　龜龜龜龜
■山手■　龜龜龜龜

十音　五聲

■士石■　龜龜龜龜
■□耳■　龜龜龜龜
■□二■　龜龜龜龜
■莊震■　龜龜龜龜

十一音　五聲

■乍□■　龜龜龜龜
■叉赤■　龜龜龜龜
■崇辰■　龜龜龜龜
■卓中■　龜龜龜龜

十二音　五聲

■宅直■　龜龜龜龜
■坼丑■　龜龜龜龜
■茶呈■　龜龜龜龜

開音濁和律四之七

七音一聲
鹿鹿鹿鹿　多可个舌
鹿鹿鹿鹿　禾火化八
鹿鹿鹿鹿　開宰愛○
鹿鹿鹿鹿　回每退○

七音二聲
鹿鹿鹿鹿　良兩向○
鹿鹿鹿鹿　光廣況○
鹿鹿鹿鹿　丁井亘○
鹿鹿鹿鹿　兄永瑩○

七音三聲
鹿鹿鹿鹿　千典旦○
鹿鹿鹿鹿　元犬半○
鹿鹿鹿鹿　臣引艮○
鹿鹿鹿鹿　君允巽○

七音四聲
鹿鹿鹿鹿　刀早孝岳
鹿鹿鹿鹿　毛寶報霍
鹿鹿鹿鹿　牛斗奏六
鹿鹿鹿鹿　○○○玉

平聲翕唱呂四之六

一音六聲
古甲九癸　烏烏烏烏
□□近揆　烏烏烏烏
坤巧丘弃　烏烏烏烏
□□乾虯　烏烏烏烏

二音六聲
黑花香血　烏烏烏烏
黄華雄賢　烏烏烏烏
五瓦仰□　烏烏烏烏
吾牙月堯　烏烏烏烏

三音六聲
安亞乙一　烏烏烏烏
□爻王寅　烏烏烏烏
母馬美米　烏烏烏烏
目皃眉民　烏烏烏烏

四音六聲
夫法□飛　烏烏烏烏
父凡□吠　烏烏烏烏
武晚□尾　烏烏烏烏
文万□未　烏烏烏烏

鹿鹿鹿鹿　妻子四日

七音

鹿鹿鹿鹿　衰○帥骨

五聲

鹿鹿鹿鹿　○○○德

鹿鹿鹿鹿　龜水貴北

鹿鹿鹿鹿　宮孔衆○

七音

鹿鹿鹿鹿　龍甬用○

六聲

鹿鹿鹿鹿　魚鼠去○

鹿鹿鹿鹿　烏虎兔○

鹿鹿鹿鹿　心審禁○

七音

鹿鹿鹿鹿　○○○十

七聲

鹿鹿鹿鹿　男坎欠○

鹿鹿鹿鹿　○○○妾

鹿鹿鹿鹿　●●●●

七音

鹿鹿鹿鹿　●●●●

八聲

鹿鹿鹿鹿　●●●●

鹿鹿鹿鹿　●●●●

卜百丙必　烏烏烏烏

五音

步白葡鼻　烏烏烏烏

六聲

普朴品匹　烏烏烏烏

旁排平瓶　烏烏烏烏

東丹帝■　烏烏烏烏

六音

兑大弟■　烏烏烏烏

六聲

土貪天■　烏烏烏烏

同覃田■　烏烏烏烏

乃妳女■　烏烏烏烏

七音

内南年■　烏烏烏烏

六聲

老冷吕■　烏烏烏烏

鹿犖离■　烏烏烏烏

走哉足■　烏烏烏烏

八音

自在匠■　烏烏烏烏

六聲

草采七■　烏烏烏烏

曹才全■　烏烏烏烏

七音　九聲

鹿鹿鹿鹿　●●●●
鹿鹿鹿鹿　●●●●
鹿鹿鹿鹿　●●●●
鹿鹿鹿鹿　●●●●
鹿鹿鹿鹿　●●●●

七音　十聲

鹿鹿鹿鹿　●●●●
鹿鹿鹿鹿　●●●●
鹿鹿鹿鹿　●●●●

開音濁和律四之八

曹曹曹曹　多可个舌

八音　一聲

曹曹曹曹　禾火化八
曹曹曹曹　開宰愛○
曹曹曹曹　回每退○
曹曹曹曹　良兩向○

八音　二聲

曹曹曹曹　光廣況○
曹曹曹曹　丁井亘○
曹曹曹曹　兄永瑩○

思三星■　烏烏烏烏

九音　六聲

寺□象■　烏烏烏烏
□□□■　烏烏烏烏
□□□■　烏烏烏烏
■山手■　烏烏烏烏

十音　六聲

■士石■　烏烏烏烏
■□耳■　烏烏烏烏
■□二■　烏烏烏烏

■莊震■　烏烏烏烏

十一音　六聲

■乍□■　烏烏烏烏
■叉赤■　烏烏烏烏
■崇辰■　烏烏烏烏
■卓中■　烏烏烏烏

十二音　六聲

■宅直■　烏烏烏烏
■坼丑■　烏烏烏烏
■茶呈■　烏烏烏烏

曹曹曹曹　千典旦○

八音三聲

曹曹曹曹　元犬半○
曹曹曹曹　臣引艮○
曹曹曹曹　君允巽○
曹曹曹曹　刀早孝岳

八音四聲

曹曹曹曹　毛寶報霍
曹曹曹曹　牛斗奏六
曹曹曹曹　○○○玉
曹曹曹曹　妻子四日

八音五聲

曹曹曹曹　衰○帥骨
曹曹曹曹　○○○德
曹曹曹曹　龜水貴北

八音六聲

曹曹曹曹　宮孔衆○
曹曹曹曹　龍甬用○
曹曹曹曹　魚鼠去○
曹曹曹曹　烏虎兔○

平聲翕唱呂四之七

古甲九癸　○○○○

一音七聲

□□近揆　○○○○
坤巧丘弃　○○○○
□□乾虯　○○○○
黑花香血　○○○○

二音七聲

黃華雄賢　○○○○
五瓦仰□　○○○○
吾牙月堯　○○○○
安亞乙一　○○○○

三音七聲

□爻王寅　○○○○
母馬美米　○○○○
目皃眉民　○○○○
夫法□飛　○○○○

四音七聲

父凡□吠　○○○○
武晚□尾　○○○○
文万□未　○○○○

八音七聲

曹曹曹曹　心審禁○
曹曹曹曹　○○○十
曹曹曹曹　男坎欠○
曹曹曹曹　○○○妾

八音八聲

曹曹曹曹　●●●●
曹曹曹曹　●●●●
曹曹曹曹　●●●●
曹曹曹曹　●●●●

八音九聲

曹曹曹曹　●●●●
曹曹曹曹　●●●●
曹曹曹曹　●●●●
曹曹曹曹　●●●●

八音十聲

曹曹曹曹　●●●●
曹曹曹曹　●●●●
曹曹曹曹　●●●●
曹曹曹曹　●●●●

五音七聲

卜百丙必　○○○○
步白葡鼻　○○○○
普朴品匹　○○○○
旁排平瓶　○○○○

六音七聲

東丹帝■　○○○○
兑大弟■　○○○○
土貪天■　○○○○
同覃田■　○○○○

七音七聲

乃妳女■　○○○○
内南年■　○○○○
老冷吕■　○○○○
鹿犖离■　○○○○

八音七聲

走哉足■　○○○○
自在匠■　○○○○
草采七■　○○○○
曹才全■　○○○○

開音濁和律四之九

九音一聲

□□□□　多可个舌
□□□□　禾火化八
□□□□　開宰愛○
□□□□　回每退○

九音二聲

□□□□　良丙向○
□□□□　光廣況○
□□□□　丁井亘○
□□□□　兄永瑩○

九音三聲

□□□□　千典旦○
□□□□　元犬半○
□□□□　臣引艮○
□□□□　君允巽○

九音四聲

□□□□　刀早孝岳
□□□□　毛寶報霍
□□□□　牛斗奏六
□□□□　○○○玉

九音七聲

思三星■　○○○○
寺□象■　○○○○
□□□■　○○○○
□□□■　○○○○

十音七聲

■山手■　○○○○
■士石■　○○○○
■□耳■　○○○○
■□二■　○○○○

十一音七聲

■莊震■　○○○○
■乍□■　○○○○
■叉赤■　○○○○
■崇辰■　○○○○

十二音七聲

■卓中■　○○○○
■宅直■　○○○○
■坼丑■　○○○○
■茶呈■　○○○○

□□□□ 妻子四日

九音 五聲

□□□□ 衰○帥骨

□□□□ ○○○德

□□□□ 龜水貴北

□□□□ 宮孔衆○

九音 六聲

□□□□ 龍甬用○

□□□□ 魚鼠去○

□□□□ 烏虎兔○

□□□□ 心審禁○

九音 七聲

□□□□ ○○○十

□□□□ 男坎欠○

□□□□ ○○○妾

□□□□ ●●●●

九音 八聲

□□□□ ●●●●

□□□□ ●●●●

□□□□ ●●●●

平聲翕唱呂四之八

古甲九癸 ●●●●

一音 八聲

□□近揆 ●●●●

坤巧丘弃 ●●●●

□□乾虯 ●●●●

黑花香血 ●●●●

二音 八聲

黃華雄賢 ●●●●

五瓦仰□ ●●●●

吾牙月堯 ●●●●

安亞乙一 ●●●●

三音 八聲

□爻王寅 ●●●●

母馬美米 ●●●●

目皃眉民 ●●●●

夫法□飛 ●●●●

四音 八聲

父凡□吠 ●●●●

武晚□尾 ●●●●

文万□未 ●●●●

□□□□●●●●

九音 □□□□●●●●

九聲 □□□□●●●●

□□□□●●●●

□□□□●●●●

九音 □□□□●●●●

十聲 □□□□●●●●

□□□□●●●●

開音濁和律四之十

■■■■多可个舌

十音 ■■■■禾火化八

一聲 ■■■■開宰愛○

■■■■四每退○

■■■■良兩向○

十音 ■■■■光廣況○

二聲 ■■■■丁井亘○

■■■■兄永瑩○

卜百丙必●●●●

五音 步白葡鼻●●●●

八聲 普朴品匹●●●●

旁排平瓶●●●●

東丹帝■●●●●

六音 兑大弟■●●●●

八聲 土貪天■●●●●

同覃田■●●●●

乃妳女■●●●●

七音 内南年■●●●●

八聲 老冷吕■●●●●

鹿犖离■●●●●

走哉足■●●●●

八音 自在匠■●●●●

八聲 草采七■●●●●

曹才全■●●●●

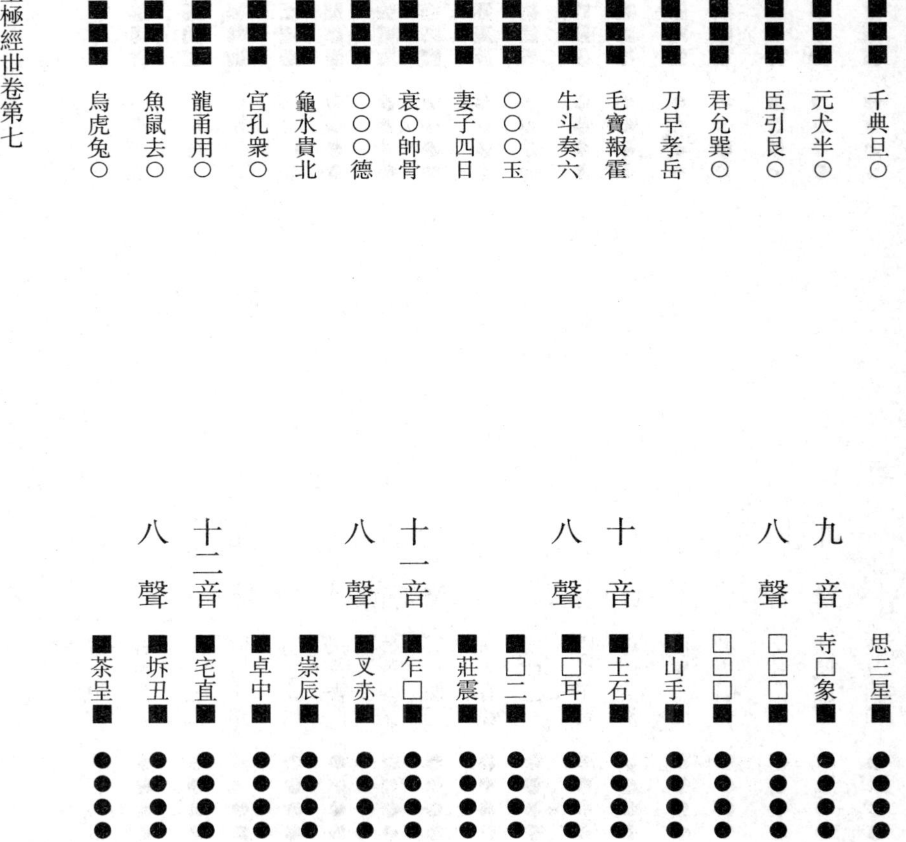

十音三聲

■■■■千典旦○
■■■■元犬半○
■■■■臣引艮○
■■■■君允巽○

十音四聲

■■■■刀早孝岳
■■■■毛寶報霍
■■■■牛斗奏六
■■■■○○○玉

十音五聲

■■■■妻子四日
■■■■衰○帥骨
■■■■○○○德
■■■■龜水貴北

十音六聲

■■■■宮孔衆○
■■■■龍甬用○
■■■■魚鼠去○
■■■■烏虎兔○

九音八聲

思三星■●●●●
寺□象■●●●●
□□□■●●●●
□□□■●●●●

十音八聲

■山手■●●●●
■士石■●●●●
■□耳■●●●●
■□二■●●●●

十一音八聲

■莊震■●●●●
■乍□■●●●●
■叉赤■●●●●
■崇辰■●●●●

十二音八聲

■卓中■●●●●
■宅直■●●●●
■坼丑■●●●●
■茶呈■●●●●

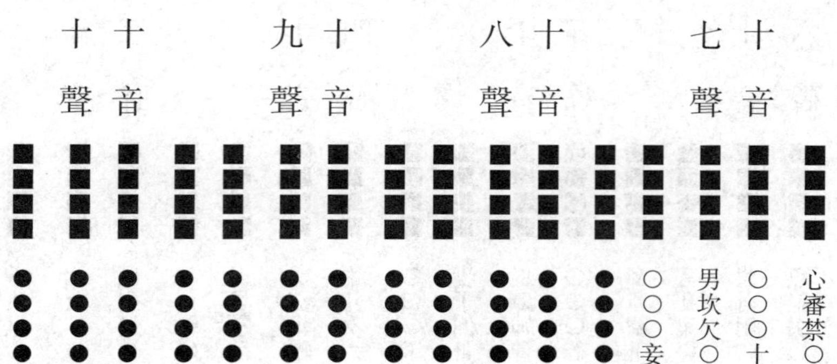

十音七聲

■■■■ 心審禁○

■■■■ ○○○十

■■■■ 男坎欠○

■■■■ ○○○妾

十音八聲

■■■■ ●●●●

■■■■ ●●●●

■■■■ ●●●●

■■■■ ●●●●

十音九聲

■■■■ ●●●●

■■■■ ●●●●

■■■■ ●●●●

■■■■ ●●●●

十音十聲

■■■■ ●●●●

■■■■ ●●●●

■■■■ ●●●●

■■■■ ●●●●

平聲翕唱呂四之九

一音九聲

古甲九癸 ●●●●

□□近揆 ●●●●

坤巧丘弃 ●●●●

□□乾虯 ●●●●

二音九聲

黑花香血 ●●●●

黃華雄賢 ●●●●

五瓦仰□ ●●●●

吾牙月堯 ●●●●

三音九聲

安亞乙一 ●●●●

□爻王寅 ●●●●

母馬美米 ●●●●

目皃眉民 ●●●●

四音九聲

夫法□飛 ●●●●

父凡□吠 ●●●●

武晚□尾 ●●●●

文万□未 ●●●●

開音濁和律四之十一

■■■■多可个舌

十一音一聲

■■■■禾火化八
■■■■開宰愛○
■■■■回每退○

■■■■良兩向○

十一音二聲

■■■■光廣況○
■■■■丁井亘○
■■■■兄永瑩○

■■■■千典旦○

十一音三聲

■■■■元犬半○
■■■■臣引艮○
■■■■君允巽○

■■■■刀早孝岳

十一音四聲

■■■■毛寶報霍
■■■■牛斗奏六
■■■■○○○玉

卜百丙必●●●●

五音九聲

步白精鼻●●●●
普朴品匹●●●●
旁排平瓶●●●●

東丹帝■●●●●

六音九聲

兑大弟■●●●●
土貪天■●●●●
同覃田■●●●●

乃妳女■●●●●

七音九聲

內南年■●●●●
老冷呂■●●●●
鹿犖离■●●●●

走哉足■●●●●

八音九聲

自在匠■●●●●
草采七■●●●●
曹才全■●●●●

十一音　五聲

■■■■妻子四日●●●●（omitted）

■■■■衰○帥骨

■■■■○○○德

■■■■龜水貴北

■■■■宮孔衆○

十一音　六聲

■■■■龍甬用○

■■■■魚鼠去○

■■■■烏虎兔○

■■■■心審禁○

十一音　七聲

■■■■○○○十

■■■■男坎欠○

■■■■○○○妾

■■■■●●●●

十一音　八聲

■■■■●●●●

■■■■●●●●

■■■■●●●●

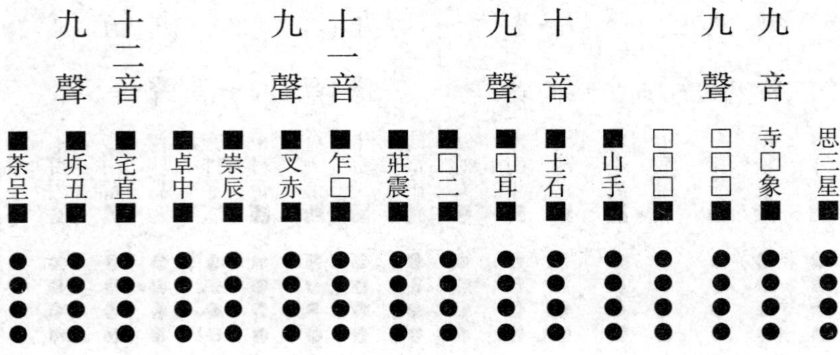

九音　九聲

思三星■●●●●

寺□象■●●●●

□□□■●●●●

□□□■●●●●

十音　九聲

■山手■●●●●

■士石■●●●●

■□耳■●●●●

■□二■●●●●

十一音　九聲

■莊震■●●●●

■乍□■●●●●

■叉赤■●●●●

■崇辰■●●●●

十二音　九聲

■卓中■●●●●

■宅直■●●●●

■坼丑■●●●●

■茶呈■●●●●

■■■■●●●●

十一音 ■■■■●●●●

九聲 ■■■■●●●●

■■■■●●●●

■■■■●●●●

十一音 ■■■■●●●●

十聲 ■■■■●●●●

■■■■●●●●

開音濁和律四之十二

■■■■多可个舌

十二音 ■■■■禾火化八

一聲 ■■■■開宰愛○

■■■■回每退○

■■■■良兩向○

十二音 ■■■■光廣况○

二聲 ■■■■丁井亘○

■■■■兄永瑩○

平聲翕唱吕四之十

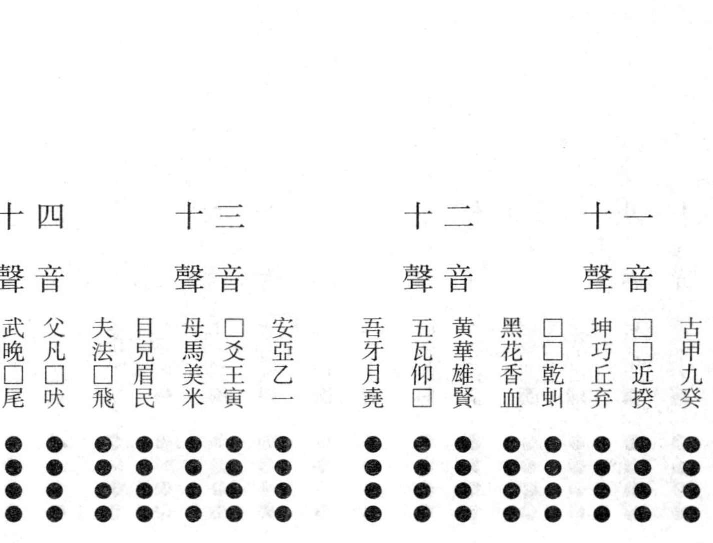

古甲九癸●●●●

一音 □□近揆●●●●

十聲 坤巧丘弃●●●●

□□乾虯●●●●

黑花香血●●●●

二音 黄華雄賢●●●●

十聲 五瓦仰□●●●●

吾牙月堯●●●●

安亞乙一●●●●

三音 □爻王寅●●●●

十聲 母馬美米●●●●

目皃眉民●●●●

夫法□飛●●●●

四音 父凡□吠●●●●

十聲 武晚□尾●●●●

文万□未●●●●

十二音　三聲

■■■■ 千典旦○
■■■■ 元犬半○
■■■■ 臣引艮○
■■■■ 君允巽○

十二音　四聲

■■■■ 刀早孝岳
■■■■ 毛寶報霍
■■■■ 牛斗奏六
■■■■ ○○○玉

十二音　五聲

■■■■ 妻子四日
■■■■ 衰○帥骨
■■■■ ○○○德
■■■■ 龜水貴北

十二音　六聲

■■■■ 宮孔衆○
■■■■ 龍甬用○
■■■■ 魚鼠去○
■■■■ 烏虎兎○

五音　十聲

卜百丙必 ●●●●
步白𤰈鼻 ●●●●
普朴品匹 ●●●●
旁排平瓶 ●●●●

六音　十聲

東丹帝■ ●●●●
兌大弟■ ●●●●
土貪天■ ●●●●
同覃田■ ●●●●

七音　十聲

乃妳女■ ●●●●
内南年■ ●●●●
老冷吕■ ●●●●
鹿犖离■ ●●●●

八音　十聲

走哉足■ ●●●●
自在匠■ ●●●●
草采七■ ●●●●
曹才全■ ●●●●

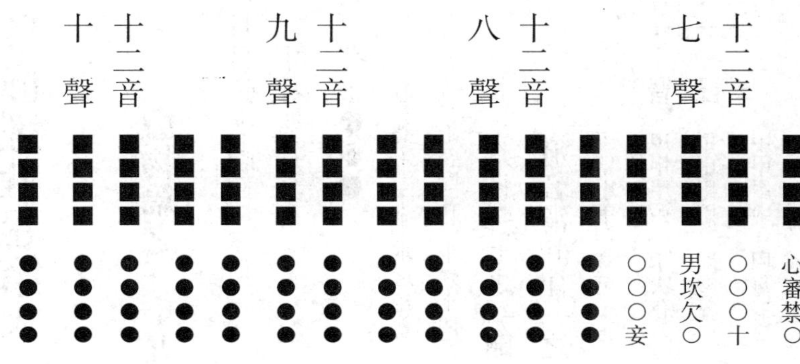

九音　十聲

思三星■　●●●●
寺□象■　●●●●
□□□■　●●●●
□□□■　●●●●

十音　十聲

■山手■　●●●●
■士石■　●●●●
■□耳■　●●●●
■□二■　●●●●

十一音　十聲

■莊震■　●●●●
■乍□■　●●●●
■叉赤■　●●●●
■崇辰■　●●●●

十二音　十聲

■卓中■　●●●●
■宅直■　●●●●
■坼丑■　●●●●
■茶呈■　●●●●

皇極經世卷第八

觀物篇之三十九

月日聲上闢

可兩典早子

孔審●●●

月日聲七，下唱地之用音一百五十二，是謂上聲闢音。上聲闢音一千六十四。

月日聲上之一闢

發音清和律一之一

甲甲甲甲　多可个舌

一音　甲甲甲甲　禾火化八

甲甲甲甲　開宰愛○

一聲　甲甲甲甲　回每退○

火水音發清

甲花亞法百丹

如哉三山莊卓

火水音十二，上和天之用聲一百一十二，是謂發音清聲。發音清聲一千三百四十四。

火水音發之一清

上聲闢唱呂一之一

古甲九癸　可可可可

一音　□□近揆　可可可可

坤巧丘弃　可可可可

一聲　□□乾虯　可可可可

甲甲甲甲　良兩向○

一音

二聲

甲甲甲甲　光廣況○

甲甲甲甲　丁井亘○

甲甲甲甲　兄永瑩○

甲甲甲甲　千典旦○

一音

三聲

甲甲甲甲　元犬半○

甲甲甲甲　臣引艮○

甲甲甲甲　君允巽○

甲甲甲甲　刀早孝岳

一音

四聲

甲甲甲甲　毛寶報霍

甲甲甲甲　牛斗奏六

甲甲甲甲　○○○玉

甲甲甲甲　妻子四日

一音

五聲

甲甲甲甲　衰○帥骨

甲甲甲甲　○○○德

甲甲甲甲　龜水貴北

黑花香血　可可可可

二音

一聲

黃華雄賢　可可可可

五瓦仰□　可可可可

吾牙月堯　可可可可

安亞乙一　可可可可

三音

一聲

□爻王寅　可可可可

母馬美米　可可可可

目皃眉民　可可可可

夫法□飛　可可可可

四音

一聲

父凡□吠　可可可可

武晚□尾　可可可可

文万□未　可可可可

卜百丙必　可可可可

五音

一聲

步白𤰞鼻　可可可可

普朴品匹　可可可可

旁排平瓶　可可可可

一音六聲

甲甲甲甲　宮孔衆○
甲甲甲甲　龍甬用○
甲甲甲甲　魚鼠去○
甲甲甲甲　烏虎兔○
甲甲甲甲　心審禁○

一音七聲

甲甲甲甲　○○○十
甲甲甲甲　男坎欠○
甲甲甲甲　○○○妾
甲甲甲甲　●●●●

一音八聲

甲甲甲甲　●●●●
甲甲甲甲　●●●●
甲甲甲甲　●●●●
甲甲甲甲　●●●●

一音九聲

甲甲甲甲　●●●●
甲甲甲甲　●●●●
甲甲甲甲　●●●●

六音一聲

東丹帝■　可可可可
兑大弟■　可可可可
土貪天■　可可可可
同覃田■　可可可可
乃妳女■　可可可可

七音一聲

内南年■　可可可可
老冷吕■　可可可可
鹿犖离■　可可可可
走哉足■　可可可可

八音一聲

自在匠■　可可可可
草采七■　可可可可
曹才全■　可可可可
思三星■　可可可可

九音一聲

寺□象■　可可可可
□□□■　可可可可
□□□■　可可可可

一音　十聲

甲甲甲甲　●●●●
甲甲甲甲　●●●●
甲甲甲甲　●●●●
甲甲甲甲　●●●●

發音清和律一之二

二音　一聲

花花花花　多可个舌
花花花花　禾火化八
花花花花　開宰愛○
花花花花　回每退○

二音　二聲

花花花花　良兩向○
花花花花　光廣況○
花花花花　丁井亘○
花花花花　兄永瑩○

十音　一聲

■山手■　可可可可
■士石■　可可可可
■□耳■　可可可可
■□二■　可可可可

十一音　一聲

■莊震■　可可可可
■乍□■　可可可可
■叉赤■　可可可可
■崇辰■　可可可可

十二音　一聲

■卓中■　可可可可
■宅直■　可可可可
■坼丑■　可可可可
■茶呈■　可可可可

花花花花　千典旦○

二音　三聲

花花花花　元犬半○
花花花花　臣引艮○
花花花花　君允巽○
花花花花　刀早孝岳

二音　四聲

花花花花　毛寶報霍
花花花花　牛斗奏六
花花花花　○○○玉
花花花花　妻子四日

二音　五聲

花花花花　衰○帥骨
花花花花　○○○德
花花花花　龜水貴北
花花花花　宮孔衆○

二音　六聲

花花花花　龍甬用○
花花花花　魚鼠去○
花花花花　烏虎兔○

上聲闢唱吕一之二

古甲九癸　兩兩兩兩

一音　二聲

□□近揆　兩兩兩兩
坤巧丘弃　兩兩兩兩
□□乾虯　兩兩兩兩
黑花香血　兩兩兩兩

二音　二聲

黃華雄賢　兩兩兩兩
五瓦仰□　兩兩兩兩
吾牙月堯　兩兩兩兩
安亞乙一　兩兩兩兩

三音　二聲

□爻王寅　兩兩兩兩
母馬美米　兩兩兩兩
目皃眉民　兩兩兩兩
夫法□飛　兩兩兩兩

四音　二聲

父凡□吠　兩兩兩兩
武晚□尾　兩兩兩兩
文万□未　兩兩兩兩

花花花花　心審禁○

二音七聲

花花花花　○○○十
花花花花　男坎欠○
花花花花　○○○妾

二音八聲

花花花花　●●●●
花花花花　●●●●
花花花花　●●●●
花花花花　●●●●

二音九聲

花花花花　●●●●
花花花花　●●●●
花花花花　●●●●
花花花花　●●●●

二音十聲

花花花花　●●●●
花花花花　●●●●
花花花花　●●●●

卜百丙必　兩兩兩兩

五音二聲

步白葡鼻　兩兩兩兩
普朴品匹　兩兩兩兩
旁排平瓶　兩兩兩兩

六音二聲

東丹帝■　兩兩兩兩
兑大弟■　兩兩兩兩
土貪天■　兩兩兩兩
同覃田■　兩兩兩兩

七音二聲

乃妳女■　兩兩兩兩
内南年■　兩兩兩兩
老冷吕■　兩兩兩兩
鹿犖离■　兩兩兩兩

八音二聲

走哉足■　兩兩兩兩
自在匠■　兩兩兩兩
草采七■　兩兩兩兩
曹才全■　兩兩兩兩

發音清和律一之三

亞亞亞亞　多可个舌
三音一聲　亞亞亞亞　禾火化八
亞亞亞亞　開宰愛○
亞亞亞亞　回每退○

亞亞亞亞　良兩向○
三音二聲　亞亞亞亞　光廣況○
亞亞亞亞　丁井亘○
亞亞亞亞　兄永瑩○

亞亞亞亞　千典旦○
三音三聲　亞亞亞亞　元犬半○
亞亞亞亞　臣引艮○
亞亞亞亞　君允巽○

亞亞亞亞　刀早孝岳
三音四聲　亞亞亞亞　毛寶報霍
亞亞亞亞　牛斗奏六
亞亞亞亞　○○○玉

思三星■　兩兩兩兩
九音二聲　寺□象■　兩兩兩兩
□□□■　兩兩兩兩
□□□■　兩兩兩兩

■山手■　兩兩兩兩
十音二聲　■士石■　兩兩兩兩
■□耳■　兩兩兩兩
■□二■　兩兩兩兩

■莊震■　兩兩兩兩
十一音二聲　■乍□■　兩兩兩兩
■叉赤■　兩兩兩兩
■崇辰■　兩兩兩兩

■卓中■　兩兩兩兩
十二音二聲　■宅直■　兩兩兩兩
■坼丑■　兩兩兩兩
■茶呈■　兩兩兩兩

亞亞亞亞　妻子四日

三音　五聲

亞亞亞亞　衰○帥骨
亞亞亞亞　○○○德
亞亞亞亞　龜水貴北
亞亞亞亞　宮孔衆○

三音　六聲

亞亞亞亞　龍甬用○
亞亞亞亞　魚鼠去○
亞亞亞亞　烏虎兔○
亞亞亞亞　心審禁○

三音　七聲

亞亞亞亞　○○○十
亞亞亞亞　男坎欠○
亞亞亞亞　○○○妾
亞亞亞亞　●●●●

三音　八聲

亞亞亞亞　●●●●
亞亞亞亞　●●●●
亞亞亞亞　●●●●

上聲闢唱呂一之二

古甲九癸　典典典典

一音　三聲

□□近揆　典典典典
坤巧丘弃　典典典典
□□乾虯　典典典典
黑花香血　典典典典

二音　三聲

黄華雄賢　典典典典
五瓦仰□　典典典典
吾牙月堯　典典典典
安亞乙一　典典典典

三音　三聲

□爻王寅　典典典典
母馬美米　典典典典
目皃眉民　典典典典
夫法□飛　典典典典

四音　三聲

父凡□吠　典典典典
武晚□尾　典典典典
文万□未　典典典典

亞亞亞亞 ●●●●

三音 亞亞亞亞 ●●●●

九聲 亞亞亞亞 ●●●●

亞亞亞亞 ●●●●

亞亞亞亞 ●●●●

三音 亞亞亞亞 ●●●●

十聲 亞亞亞亞 ●●●●

亞亞亞亞 ●●●●

發音清和律一之四

法法法法 多可个舌

四音 法法法法 禾火化八

一聲 法法法法 開宰愛○

法法法法 回每退○

法法法法 良兩向○

四音 法法法法 光廣況○

二聲 法法法法 丁井亘○

法法法法 兄永瑩○

卜百丙必 典典典典

五音 步白莆鼻 典典典典

三聲 普朴品匹 典典典典

旁排平瓶 典典典典

東丹帝■ 典典典典

六音 兑大弟■ 典典典典

三聲 土貪天■ 典典典典

同覃田■ 典典典典

乃妳女■ 典典典典

七音 内南年■ 典典典典

三聲 老冷吕■ 典典典典

鹿犖离■ 典典典典

走哉足■ 典典典典

八音 自在匠■ 典典典典

三聲 草采七■ 典典典典

曹才全■ 典典典典

四音　三聲

法法法法　千典旦○
法法法法　元犬半○
法法法法　臣引艮○
法法法法　君允巽○

四音　四聲

法法法法　刀早孝岳
法法法法　毛寶報霍
法法法法　牛斗奏六
法法法法　○○○玉

四音　五聲

法法法法　妻子四日
法法法法　衰○帥骨
法法法法　○○○德
法法法法　龜水貴北

四音　六聲

法法法法　宮孔衆○
法法法法　龍甬用○
法法法法　魚鼠去○
法法法法　烏虎兔○

九音　三聲

思三星■　典典典典
寺□象■　典典典典
□□□■　典典典典
□□□■　典典典典

十音　三聲

■山手■　典典典典
■士石■　典典典典
■□耳■　典典典典
■□二■　典典典典

十一音　三聲

■莊震■　典典典典
■乍□■　典典典典
■叉赤■　典典典典
■崇辰■　典典典典

十二音　三聲

■卓中■　典典典典
■宅直■　典典典典
■坼丑■　典典典典
■茶呈■　典典典典

法法法法　心審禁○

四音　法法法法　○○○十

七聲　法法法法　男坎欠○

法法法法　○○○妾

法法法法　●●●●

四音　法法法法　●●●●

八聲　法法法法　●●●●

法法法法　●●●●

法法法法　●●●●

四音　法法法法　●●●●

九聲　法法法法　●●●●

法法法法　●●●●

法法法法　●●●●

四音　法法法法　●●●●

十聲　法法法法　●●●●

法法法法　●●●●

上聲闢唱呂一之四

古甲九癸　早早早早

一音　□□近揆　早早早早

四聲　坤巧丘弃　早早早早

□□乾虯　早早早早

黑花香血　早早早早

二音　黃華雄賢　早早早早

四聲　五瓦仰□　早早早早

吾牙月堯　早早早早

安亞乙一　早早早早

三音　□爻王寅　早早早早

四聲　母馬美米　早早早早

目皃眉民　早早早早

夫法□飛　早早早早

四音　父凡□吠　早早早早

四聲　武晚□尾　早早早早

文万□未　早早早早

發音清和律一之五

百百百百　多可个舌

五音　一聲

百百百百　禾火化八

百百百百　開宰愛○

百百百百　回每退○

百百百百　良兩向○

五音　二聲

百百百百　光廣況○

百百百百　丁井亘○

百百百百　兄永瑩○

百百百百　千典旦○

五音　三聲

百百百百　元犬半○

百百百百　臣引艮○

百百百百　君允巽○

百百百百　刀早孝岳

五音　四聲

百百百百　毛寶報霍

百百百百　牛斗奏六

百百百百　○○○玉

卜百丙必　早早早早

五音　四聲

步白莆鼻　早早早早

普朴品匹　早早早早

旁排平瓶　早早早早

東丹帝■　早早早早

六音　四聲

兑大弟■　早早早早

土貪天■　早早早早

同覃田■　早早早早

乃妳女■　早早早早

七音　四聲

內南年■　早早早早

老冷吕■　早早早早

鹿犖离■　早早早早

走哉足■　早早早早

八音　四聲

自在匠■　早早早早

草采七■　早早早早

曹才全■　早早早早

百百百百　妻子四日

五音　百百百百　衰○帥骨

五聲　百百百百　○○○德

百百百百　龜水貴北

百百百百　宮孔衆○

五音　百百百百　龍甬用○

六聲　百百百百　魚鼠去○

百百百百　烏虎兔○

百百百百　心審禁○

五音　百百百百　○○○十

七聲　百百百百　男坎欠○

百百百百　○○○妾

百百百百　●●●●

五音　百百百百　●●●●

八聲　百百百百　●●●●

百百百百　●●●●

思三星■　早早早早

九音　寺□象■　早早早早

四聲　□□□■　早早早早

□□□■　早早早早

■山手■　早早早早

十音　■士石■　早早早早

四聲　■□耳■　早早早早

■□二■　早早早早

■莊震■　早早早早

十一音　■乍□■　早早早早

四聲　■叉赤■　早早早早

■崇辰■　早早早早

■卓中■　早早早早

十二音　■宅直■　早早早早

四聲　■坼丑■　早早早早

■茶呈■　早早早早

五音九聲

百百百百 ●●●●

百百百百 ●●●●

百百百百 ●●●●

百百百百 ●●●●

百百百百 ●●●●

五音十聲

百百百百 ●●●●

百百百百 ●●●●

百百百百 ●●●●

發音清和律一之六

丹丹丹丹 多可个舌

六音一聲

丹丹丹丹 禾火化八

丹丹丹丹 開宰愛○

丹丹丹丹 回每退○

丹丹丹丹 良兩向○

六音二聲

丹丹丹丹 光廣況○

丹丹丹丹 丁井亘○

丹丹丹丹 兄永瑩○

上聲闢唱呂一之五

古甲九癸 子子子子

一音五聲

□□近揆 子子子子

坤巧丘弃 子子子子

□□乾虯 子子子子

黑花香血 子子子子

二音五聲

黄華雄賢 子子子子

五丸仰□ 子子子子

吾牙月堯 子子子子

安亞乙一 子子子子

三音五聲

□爻王寅 子子子子

母馬美米 子子子子

目皃眉民 子子子子

夫法□飛 子子子子

四音五聲

父凡□吠 子子子子

武晚□尾 子子子子

文万□未 子子子子

丹丹丹丹　千典旦○

六音　丹丹丹丹　元犬半○

三聲　丹丹丹丹　臣引艮○

丹丹丹丹　君允巽○

丹丹丹丹　刀早孝岳

六音　丹丹丹丹　毛寶報霍

四聲　丹丹丹丹　牛斗奏六

丹丹丹丹　○○○玉

丹丹丹丹　妻子四日

六音　丹丹丹丹　衰○帥骨

五聲　丹丹丹丹　○○○德

丹丹丹丹　龜水貴北

丹丹丹丹　宮孔衆○

六音　丹丹丹丹　龍甬用○

六聲　丹丹丹丹　魚鼠去○

丹丹丹丹　烏虎兔○

卜百丙必　子子子子

五音　步白葡鼻　子子子子

五聲　普朴品匹　子子子子

旁排平瓶　子子子子

東丹帝■　子子子子

六音　兑大弟■　子子子子

五聲　土貪天■　子子子子

同覃田■　子子子子

乃妳女■　子子子子

七音　内南年■　子子子子

五聲　老冷吕■　子子子子

鹿犖离■　子子子子

走哉足■　子子子子

八音　自在匠■　子子子子

五聲　草采七■　子子子子

曹才全■　子子子子

丹丹丹丹　心審禁○

六音七聲

丹丹丹丹　○○○十
丹丹丹丹　男坎欠○
丹丹丹丹　○○○妾
丹丹丹丹　●●●●

六音八聲

丹丹丹丹　●●●●
丹丹丹丹　●●●●
丹丹丹丹　●●●●
丹丹丹丹　●●●●

六音九聲

丹丹丹丹　●●●●
丹丹丹丹　●●●●
丹丹丹丹　●●●●
丹丹丹丹　●●●●

六音十聲

丹丹丹丹　●●●●
丹丹丹丹　●●●●
丹丹丹丹　●●●●

思三星■　子子子子

九音五聲

寺□象■　子子子子
□□□■　子子子子
□□□■　子子子子
■山手■　子子子子

十音五聲

■士石■　子子子子
■□耳■　子子子子
■□二■　子子子子
■莊震■　子子子子

十一音五聲

■乍□■　子子子子
■叉赤■　子子子子
■崇辰■　子子子子
■卓中■　子子子子

十二音五聲

■宅直■　子子子子
■坼丑■　子子子子
■茶呈■　子子子子

發音清和律一之七

七音一聲

妳妳妳妳　多可个舌
妳妳妳妳　禾火化八
妳妳妳妳　開宰愛○
妳妳妳妳　回每退○

七音二聲

妳妳妳妳　良兩向○
妳妳妳妳　光廣況○
妳妳妳妳　丁井亘○
妳妳妳妳　兄永瑩○

七音三聲

妳妳妳妳　千典旦○
妳妳妳妳　元犬半○
妳妳妳妳　臣引艮○
妳妳妳妳　君允巽○

七音四聲

妳妳妳妳　刀早孝岳
妳妳妳妳　毛寶報霍
妳妳妳妳　牛斗奏六
妳妳妳妳　○○○玉

上聲闢唱呂一之六

一音六聲

古甲九癸　孔孔孔孔
□□近揆　孔孔孔孔
坤巧丘弃　孔孔孔孔
□□乾蚪　孔孔孔孔

二音六聲

黑花香血　孔孔孔孔
黃華雄賢　孔孔孔孔
五瓦仰□　孔孔孔孔
吾牙月堯　孔孔孔孔

三音六聲

安亞乙一　孔孔孔孔
□爻王寅　孔孔孔孔
母馬美米　孔孔孔孔
目皃眉民　孔孔孔孔

四音六聲

夫法□飛　孔孔孔孔
父凡□吠　孔孔孔孔
武晚□尾　孔孔孔孔
文万□未　孔孔孔孔

妳妳妳妳　妻子四日

七音　五聲

妳妳妳妳　衰○帥骨
妳妳妳妳　○○○德
妳妳妳妳　龜水貴北
妳妳妳妳　宫孔衆○

七音　六聲

妳妳妳妳　龍甬用○
妳妳妳妳　魚鼠去○
妳妳妳妳　烏虎兔○
妳妳妳妳　心審禁○

七音　七聲

妳妳妳妳　○○○十
妳妳妳妳　男坎欠○
妳妳妳妳　○○○妾
妳妳妳妳　●●●●

七音　八聲

妳妳妳妳　●●●●
妳妳妳妳　●●●●
妳妳妳妳　●●●●

卜百丙必■　孔孔孔孔

五音　六聲

步白葡鼻　孔孔孔孔
普朴品匹　孔孔孔孔
旁排平瓶　孔孔孔孔
東丹帝■　孔孔孔孔

六音　六聲

兑大弟■　孔孔孔孔
土貪天■　孔孔孔孔
同覃田■　孔孔孔孔
乃妳女■　孔孔孔孔

七音　六聲

内南年■　孔孔孔孔
老冷吕■　孔孔孔孔
鹿犖离■　孔孔孔孔
走哉足■　孔孔孔孔

八音　六聲

自在匠■　孔孔孔孔
草采七■　孔孔孔孔
曹才全■　孔孔孔孔

妳妳妳妳　●●●●

七音 九聲

妳妳妳妳　●●●●
妳妳妳妳　●●●●
妳妳妳妳　●●●●
妳妳妳妳　●●●●

七音 十聲

妳妳妳妳　●●●●
妳妳妳妳　●●●●
妳妳妳妳　●●●●

發音清和律一之八

哉哉哉哉　多可个舌

八音 一聲

哉哉哉哉　禾火化八
哉哉哉哉　開宰愛○
哉哉哉哉　回每退○
哉哉哉哉　良兩向○

八音 二聲

哉哉哉哉　光廣況○
哉哉哉哉　丁井亙○
哉哉哉哉　兄永瑩○

思三星■　孔孔孔孔

九音 六聲

寺□象■　孔孔孔孔
□□□■　孔孔孔孔
□□□■　孔孔孔孔
■山手■　孔孔孔孔

十音 六聲

■士石■　孔孔孔孔
■□耳■　孔孔孔孔
■□二■　孔孔孔孔

■莊震■　孔孔孔孔

十一音 六聲

■乍□■　孔孔孔孔
■叉赤■　孔孔孔孔
■崇辰■　孔孔孔孔
■卓中■　孔孔孔孔

十二音 六聲

■宅直■　孔孔孔孔
■坼丑■　孔孔孔孔
■茶呈■　孔孔孔孔

哉哉哉哉　千典旦○

八音三聲

哉哉哉哉　元犬半○
哉哉哉哉　臣引艮○
哉哉哉哉　君允巽○
哉哉哉哉　刀早孝岳

八音四聲

哉哉哉哉　毛寶報霍
哉哉哉哉　牛斗奏六
哉哉哉哉　○○○玉
哉哉哉哉　妻子四日

八音五聲

哉哉哉哉　衰○帥骨
哉哉哉哉　○○○德
哉哉哉哉　龜水貴北
哉哉哉哉　宮孔衆○

八音六聲

哉哉哉哉　龍甬用○
哉哉哉哉　魚鼠去○
哉哉哉哉　烏虎兔○

上聲闢唱呂一之七

古甲九癸　審審審審

一音七聲

□□近揆　審審審審
坤巧丘弃　審審審審
□□乾虯　審審審審
黑花香血　審審審審

二音七聲

黄華雄賢　審審審審
五瓦仰□　審審審審
吾牙月堯　審審審審
安亞乙一　審審審審

三音七聲

□爻王寅　審審審審
母馬美米　審審審審
目皃眉民　審審審審
夫法□飛　審審審審

四音七聲

父凡□吠　審審審審
武晚□尾　審審審審
文万□未　審審審審

八音 七聲

哉哉哉哉 心審禁○
哉哉哉哉 ○○○十
哉哉哉哉 男坎欠○
哉哉哉哉 ○○○妾

八音 八聲

哉哉哉哉 ●●●●
哉哉哉哉 ●●●●
哉哉哉哉 ●●●●
哉哉哉哉 ●●●●

八音 九聲

哉哉哉哉 ●●●●
哉哉哉哉 ●●●●
哉哉哉哉 ●●●●
哉哉哉哉 ●●●●

八音 十聲

哉哉哉哉 ●●●●
哉哉哉哉 ●●●●
哉哉哉哉 ●●●●
哉哉哉哉 ●●●●

五音 七聲

卜百丙必 審審審審
步白葡鼻 審審審審
普朴品匹 審審審審
旁排平瓶 審審審審

六音 七聲

東丹帝■ 審審審審
兑大弟■ 審審審審
土貪天■ 審審審審
同覃田■ 審審審審

七音 七聲

乃妳女■ 審審審審
内南年■ 審審審審
老冷吕■ 審審審審
鹿犖离■ 審審審審

八音 七聲

走哉足■ 審審審審
自在匠■ 審審審審
草采七■ 審審審審
曹才全■ 審審審審

發音清和律一之九

三三三三 多可个舌

九音 一聲

三三三三 禾火化八
三三三三 開宰愛○
三三三三 回每退○
三三三三 良兩向○

九音 二聲

三三三三 光廣況○
三三三三 丁井亘○
三三三三 兄永瑩○
三三三三 千典旦○

九音 三聲

三三三三 元犬半○
三三三三 臣引艮○
三三三三 君允巽○
三三三三 刀早孝岳

九音 四聲

三三三三 毛寶報霍
三三三三 牛斗奏六
三三三三 ○○○玉

思三星■ 審審審審

九音 七聲

寺□象■ 審審審審
□□□■ 審審審審
□□□■ 審審審審
■山手■ 審審審審

十音 七聲

■士石■ 審審審審
■□耳■ 審審審審
■□二■ 審審審審
■莊震■ 審審審審

十一音 七聲

■乍□■ 審審審審
■叉赤■ 審審審審
■崇辰■ 審審審審
■卓中■ 審審審審

十二音 七聲

■宅直■ 審審審審
■坼丑■ 審審審審
■茶呈■ 審審審審

三三三三三三三　妻子四日

九音　三三三三三三三　衰○帥骨

五聲　三三三三三三三　○○○德

三三三三三三三　龜水貴北

三三三三三三三　宮孔衆○

九音　三三三三三三三　龍甬用○

六聲　三三三三三三三　魚鼠去○

三三三三三三三　烏虎兔○

三三三三三三三　心審禁○

九音　三三三三三三三　○○○十

七聲　三三三三三三三　男坎欠○

三三三三三三三　○○○妾

三三三三三三三　●●●●

九音　三三三三三三三　●●●●

八聲　三三三三三三三　●●●●

三三三三三三三　●●●●

上聲闢唱呂一之八

古甲九癸　●●●●

一音　□□近揆　●●●●

八聲　坤巧丘弃　●●●●

□□乾虯　●●●●

黑花香血　●●●●

二音　黃華雄賢　●●●●

八聲　五瓦仰□　●●●●

吾牙月堯　●●●●

安亞乙一　●●●●

三音　□爻王寅　●●●●

八聲　母馬美米　●●●●

目皃眉民　●●●●

夫法□飛　●●●●

四音　父凡□吠　●●●●

八聲　武晚□尾　○●●●

文万□未　●●●●

九音　九聲

三三三三　●●●●
三三三三　●●●●
三三三三　●●●●
三三三三　●●●●

九音　十聲

三三三三　●●●●
三三三三　●●●●
三三三三　●●●●
三三三三　●●●●

發音清和律一之十

十音　一聲

山山山山　多可个舌
山山山山　禾火化八
山山山山　開宰愛○
山山山山　回每退○

十音　二聲

山山山山　良兩向○
山山山山　光廣況○
山山山山　丁井亘○
山山山山　兄永瑩○

五音　八聲

卜百丙必　●●●●
步白葡鼻　●●●●
普朴品匹　●●●●
旁排平瓶　●●●●

六音　八聲

東丹帝■　●●●●
兑大弟■　●●●●
土貪天■　●●●●
同覃田■　●●●●

七音　八聲

乃妳女■　●●●●
内南年■　●●●●
老冷吕■　●●●●
鹿犖离■　●●●●

八音　八聲

走哉足■　●●●●
自在匠■　●●●●
革采七■　●●●●
曹才全■　●●●●

山山山山　千典旦○

十音　三聲

山山山山　元犬半○
山山山山　臣引艮○
山山山山　君允巽○
山山山山　刀早孝岳

十音　四聲

山山山山　毛寶報霍
山山山山　牛斗奏六
山山山山　○○○玉
山山山山　妻子四日

十音　五聲

山山山山　衰○帥骨
山山山山　○○○德
山山山山　龜水貴北
山山山山　宮孔衆○

十音　六聲

山山山山　龍甬用○
山山山山　魚鼠去○
山山山山　烏虎兔○

思三星■　●●●●

九音　八聲

寺□象■　●●●●
□□□■　●●●●
□□□■　●●●●
■山手■　●●●●

十音　八聲

■士石■　●●●●
■□耳■　●●●●
■□二■　●●●●
■莊震■　●●●●

十一音　八聲

■乍□■　●●●●
■叉赤■　●●●●
■崇辰■　●●●●
■卓中■　●●●●

十二音　八聲

■宅直■　●●●●
■坼丑■　●●●●
■茶呈■　●●●●

山山山山 心審禁○

十音

七聲

山山山山 ○○○十

山山山山 男坎欠○

山山山山 ○○○妾

山山山山 ●●●●

十音

八聲

山山山山 ●●●●

山山山山 ●●●●

山山山山 ●●●●

山山山山 ●●●●

十音

九聲

山山山山 ●●●●

山山山山 ●●●●

山山山山 ●●●●

山山山山 ●●●●

十音

十聲

山山山山 ●●●●

山山山山 ●●●●

山山山山 ●●●●

上聲闢唱呂一之九

古甲九癸 ●●●●

一音

九聲

□□近揆 ●●●●

坤巧丘弃 ●●●●

□□乾虯 ●●●●

黑花香血 ●●●●

二音

九聲

黃華雄賢 ●●●●

五瓦仰□ ●●●●

吾牙月堯 ●●●●

安亞乙一 ●●●●

三音

九聲

□爻王寅 ●●●●

母馬美米 ●●●●

目皃眉民 ●●●●

夫法□飛 ●●●●

四音

九聲

父凡□吠 ●●●●

武晚□尾 ●●●●

文万□未 ●●●●

發音清和律一之十一

莊莊莊莊　多可个舌

十一音　莊莊莊莊　禾火化八
一聲　莊莊莊莊　開宰愛○
莊莊莊莊　回每退○

莊莊莊莊　良兩向○
十一音　莊莊莊莊　光廣況○
二聲　莊莊莊莊　丁井亘○
莊莊莊莊　兄永瑩○

莊莊莊莊　千典旦○
十一音　莊莊莊莊　元犬半○
三聲　莊莊莊莊　臣引艮○
莊莊莊莊　君允巽○

莊莊莊莊　刀早孝岳
十一音　莊莊莊莊　毛寶報霍
四聲　莊莊莊莊　牛斗奏六
莊莊莊莊　○○○玉

卜百丙必　●●●●
五音　步白葡鼻　●●●●
九聲　普朴品匹　●●●●
旁排平瓶　●●●●

東丹帝■　●●●●
六音　兑大弟■　●●●●
九聲　土貪天■　●●●●
同覃田■　●●●●

乃妳女■　●●●●
七音　内南年■　●●●●
九聲　老冷吕■　●●●●
鹿犖离■　●●●●

走哉足■　●●●●
八音　自在匠■　●●●●
九聲　草采七■　●●●●
曹才全■　●●●●

莊莊莊莊　妻子四日

十一音　五聲

莊莊莊莊　衰○帥骨
莊莊莊莊　○○○德
莊莊莊莊　龜水貴北
莊莊莊莊　宮孔衆○

十一音　六聲

莊莊莊莊　龍甬用○
莊莊莊莊　魚鼠去○
莊莊莊莊　烏虎兔○
莊莊莊莊　心審禁○

十一音　七聲

莊莊莊莊　○○○十
莊莊莊莊　男坎欠○
莊莊莊莊　○○○妾
莊莊莊莊　●●●●

十一音　八聲

莊莊莊莊　●●●●
莊莊莊莊　●●●●
莊莊莊莊　●●●●

思三星■　●●●●

九音　九聲

寺□象■　●●●●
□□□■　●●●●
□□□■　●●●●
■山手■　●●●●

十音　九聲

■士石■　●●●●
■□耳■　●●●●
■□二■　●●●●
■莊震■　●●●●

十一音　九聲

■乍□■　●●●●
■叉赤■　●●●●
■崇辰■　●●●●
■卓中■　●●●●

十二音　九聲

■宅直■　●●●●
■坼丑■　●●●●
■茶呈■　●●●●

莊莊莊莊 ●●●●
十一音 莊莊莊莊 ●●●●
九聲 莊莊莊莊 ●●●●
莊莊莊莊 ●●●●
莊莊莊莊 ●●●●
十一音 莊莊莊莊 ●●●●
十聲 莊莊莊莊 ●●●●
莊莊莊莊 ●●●●

發音清和律一之十二

卓卓卓卓 多可个舌
十二音 卓卓卓卓 禾火化八
一聲 卓卓卓卓 開宰愛○
卓卓卓卓 回每退○
卓卓卓卓 良兩向○
十二音 卓卓卓卓 光廣況○
二聲 卓卓卓卓 丁井亘○
卓卓卓卓 兄永瑩○

上聲闢唱呂一之十

古甲九癸 ●●●●
一音 □□近揆 ●●●●
十聲 坤巧丘弃 ●●●●
□□乾虯 ●●●●
黑花香血 ●●●●
二音 黃華雄賢 ●●●●
十聲 五瓦仰□ ●●●●
吾牙月堯 ●●●●
安亞乙一 ●●●●
三音 □爻王寅 ●●●●
十聲 母馬美米 ●●●●
目皃眉民 ●●●●
夫法□飛 ●●●●
四音 父凡□吠 ●●●●
十聲 武晚□尾 ●●●●
文万□未 ●●●●

卓卓卓卓　千典旦○

十二音　卓卓卓卓　元犬半○

三　聲　卓卓卓卓　臣引艮○

卓卓卓卓　君允巽○

卓卓卓卓　刀早孝岳

十二音　卓卓卓卓　毛寶報霍

四　聲　卓卓卓卓　牛斗奏六

卓卓卓卓　○○○玉

卓卓卓卓　妻子四日

十二音　卓卓卓卓　衰○帥骨

五　聲　卓卓卓卓　○○○德

卓卓卓卓　龜水貴北

卓卓卓卓　宮孔衆○

十二音　卓卓卓卓　龍甬用○

六　聲　卓卓卓卓　魚鼠去○

卓卓卓卓　烏虎兔○

卜百丙必　●●●●

五　音　步白葡鼻　●●●●

十　聲　普朴品匹　●●●●

旁排平瓶　●●●●

東丹帝■　●●●●

六　音　兑大弟■　●●●●

十　聲　土貪天■　●●●●

同覃田■　●●●●

乃妳女■　●●●●

七　音　内南年■　●●●●

十　聲　老冷吕■　●●●●

鹿犖离■　●●●●

走哉足■　●●●●

八　音　自在匠■　●●●●

十　聲　草采七■　●●●●

曹才全■　●●●●

卓卓卓卓　心審禁○
十二音　卓卓卓卓　○○○十
七聲　卓卓卓卓　男坎欠○
卓卓卓卓　○○○妾
卓卓卓卓　●●●●
十二音　卓卓卓卓　●●●●
八聲　卓卓卓卓　●●●●
卓卓卓卓　●●●●
卓卓卓卓　●●●●
十二音　卓卓卓卓　●●●●
九聲　卓卓卓卓　●●●●
卓卓卓卓　●●●●
卓卓卓卓　●●●●
十二音　卓卓卓卓　●●●●
十聲　卓卓卓卓　●●●●
卓卓卓卓　●●●●

思三星■　●●●●
九音　寺□象■　●●●●
十聲　□□□■　●●●●
□□□■　●●●●
■山手■　●●●●
十音　■士石■　●●●●
十聲　■□耳■　●●●●
■□二■　●●●●
■莊震■　●●●●
十一音　■乍□■　●●●●
十聲　■叉赤■　●●●●
■崇辰■　●●●●
■卓中■　●●●●
十二音　■宅直■　●●●●
十聲　■坼丑■　●●●●
■茶呈■　●●●●

觀物篇之四十

月月聲上翕

火廣犬寶○

甬○●●●

月月聲七，下唱地之用音一百五十二，是謂上聲翕音。上聲翕音一千六十四。

月月聲上之二翕

發音濁和律二之一

□□□□　多可个舌

一音　□□□□　禾火化八

一聲　□□□□　開宰愛○

□□□□　回每退○

□□□□　良兩向○

一音　□□□□　光廣況○

二聲　□□□□　丁井亘○

□□□□　況永瑩○

火火音發濁

□華爻凡白大

南在□士乍宅

火火音十二，上和天之用聲一百一十二，是謂發音濁聲。發音濁聲一千三百四十四。

火火音發之二濁

上聲翕唱呂二之一

古甲九癸　火火火火

一音　□□近揆　火火火火

一聲　坤巧丘弃　火火火火

□□乾虯　火火火火

黑花香血　火火火火

二音　黃華雄賢　火火火火

一聲　五瓦仰□　火火火火

吾牙月堯　火火火火

□□□□　千典旦〇

一音
三聲

□□□□　元犬半〇
□□□□　臣引艮〇
□□□□　君允巽〇
□□□□　刀早孝岳

一音
四聲

□□□□　毛寶報霍
□□□□　牛斗奏六
□□□□　〇〇〇玉
□□□□　妻子四日

一音
五聲

□□□□　衰〇帥骨
□□□□　〇〇〇德
□□□□　龜水貴北
□□□□　宮孔衆〇

一音
六聲

□□□□　龍甬用〇
□□□□　魚鼠去〇
□□□□　烏虎兔〇

安亞乙一　火火火火

三音
一聲

□爻王寅　火火火火
母馬美米　火火火火
目皃眉民　火火火火
夫法□飛　火火火火

四音
一聲

父凡□吠　火火火火
武晚□尾　火火火火
文万□未　火火火火
卜百丙必　火火火火

五音
一聲

步白葡鼻　火火火火
普朴品匹　火火火火
旁排平瓶　火火火火
東丹帝■　火火火火

六音
一聲

兑大弟■　火火火火
土貪天■　火火火火
同覃田■　火火火火

□□□□心審禁○
一音□□□□○○○十
七聲□□□□男坎欠○
□□□□○○○妾
□□□□●●●●
一音□□□□●●●●
八聲□□□□●●●●
□□□□●●●●
□□□□●●●●
一音□□□□●●●●
九聲□□□□●●●●
□□□□●●●●
□□□□●●●●
一音□□□□●●●●
十聲□□□□●●●●
□□□□●●●●

乃妳女■火火火火
七音内南年■火火火火
一聲老冷呂■火火火火
鹿犖离■火火火火
走哉足■火火火火
八音自在匠■火火火火
一聲草采七■火火火火
曹才全■火火火火
思三星■火火火火
九音寺□象■火火火火
一聲□□□■火火火火
□□□■火火火火
■山手■火火火火
十音■士石■火火火火
一聲■□耳■火火火火
■□二■火火火火

發音濁和律二之二

華華華華　多可个舌

二音　一聲

華華華華　禾火化八

華華華華　開宰愛○

華華華華　回每退○

華華華華　良兩向○

二音　二聲

華華華華　光廣況○

華華華華　丁井亘○

華華華華　兄永瑩○

華華華華　千典旦○

二音　三聲

華華華華　元犬半○

華華華華　臣引艮○

華華華華　君允巽○

華華華華　刀早孝岳

二音　四聲

華華華華　毛寶報霍

華華華華　牛斗奏六

華華華華　○○○玉

■莊震■　火火火火

十一音　一聲

■乍□■　火火火火

■叉赤■　火火火火

■崇辰■　火火火火

■卓中■　火火火火

十二音　一聲

■宅直■　火火火火

■坼丑■　火火火火

■茶呈■　火火火火

上聲翕唱呂二之二

古甲九癸　廣廣廣廣

一音　二聲

□□近揆　廣廣廣廣

坤巧丘弃　廣廣廣廣

□□乾虯　廣廣廣廣

黑花香血　廣廣廣廣

二音　二聲

黃華雄賢　廣廣廣廣

五瓦仰□　廣廣廣廣

吾牙月堯　廣廣廣廣

華華華華　妻子四日

二音五聲

華華華華　衰○帥骨
華華華華　○○○德
華華華華　龜水貴北
華華華華　宮孔衆○

二音六聲

華華華華　龍甬用○
華華華華　魚鼠去○
華華華華　烏虎兔○
華華華華　心審禁○

二音七聲

華華華華　○○○十
華華華華　男坎欠○
華華華華　○○○妾
華華華華　●●●●

二音八聲

華華華華　●●●●
華華華華　●●●●
華華華華　●●●●

安亞乙一　廣廣廣廣

三音二聲

□爻王寅　廣廣廣廣
母馬美米　廣廣廣廣
目皃眉民　廣廣廣廣
夫法□飛　廣廣廣廣

四音二聲

父凡□吠　廣廣廣廣
武晚□尾　廣廣廣廣
文万□未　廣廣廣廣
卜百丙必　廣廣廣廣

五音二聲

步白葡鼻　廣廣廣廣
普朴品匹　廣廣廣廣
旁排平瓶　廣廣廣廣
東丹帝■　廣廣廣廣

六音二聲

兑大弟■　廣廣廣廣
土貪天■　廣廣廣廣
同覃田■　廣廣廣廣

華華華華 ●●●●

二音　九聲

華華華華 ●●●●
華華華華 ●●●●
華華華華 ●●●●
華華華華 ●●●●

二音　十聲

華華華華 ●●●●
華華華華 ●●●●
華華華華 ●●●●

發音濁和律二之三

爻爻爻爻 多可个舌

三音　一聲

爻爻爻爻 禾火化八
爻爻爻爻 開宰愛○
爻爻爻爻 回每退○
爻爻爻爻 良兩向○

三音　二聲

爻爻爻爻 光廣況○
爻爻爻爻 丁井亘○
爻爻爻爻 兄永瑩○

乃妳女■ 廣廣廣廣

七音　二聲

內南年■ 廣廣廣廣
老冷吕■ 廣廣廣廣
鹿犖离■ 廣廣廣廣
走哉足■ 廣廣廣廣

八音　二聲

自在匠■ 廣廣廣廣
草采七■ 廣廣廣廣
曹才全■ 廣廣廣廣
思三星■ 廣廣廣廣

九音　二聲

寺□象■ 廣廣廣廣
□□□■ 廣廣廣廣
□□□■ 廣廣廣廣
■山手■ 廣廣廣廣

十音　二聲

■士石■ 廣廣廣廣
■□耳■ 廣廣廣廣
■□二■ 廣廣廣廣

爻爻爻爻　千典旦○

三音　爻爻爻爻　元犬半○

三聲　爻爻爻爻　臣引艮○

爻爻爻爻　君允巽○

爻爻爻爻　刀早孝岳

三音　爻爻爻爻　毛寶報霍

四聲　爻爻爻爻　牛斗奏六

爻爻爻爻　○○○玉

爻爻爻爻　妻子四日

三音　爻爻爻爻　衰○師骨

五聲　爻爻爻爻　○○○德

爻爻爻爻　龜水貴北

爻爻爻爻　宮孔衆○

三音　爻爻爻爻　龍甬用○

六聲　爻爻爻爻　魚鼠去○

爻爻爻爻　烏虎兔○

■莊震■　廣廣廣廣

十一音　■乍□■　廣廣廣廣

二聲　■叉赤■　廣廣廣廣

■崇辰■　廣廣廣廣

■卓中■　廣廣廣廣

十二音　■宅直■　廣廣廣廣

二聲　■坼丑■　廣廣廣廣

■茶呈■　廣廣廣廣

上聲翕唱呂一之三

古甲九癸　犬犬犬犬

一音　□□近揆　犬犬犬犬

三聲　坤巧丘弃　犬犬犬犬

□□乾虯　犬犬犬犬

黑花香血　犬犬犬犬

二音　黃華雄賢　犬犬犬犬

三聲　五瓦仰□　犬犬犬犬

吾牙月堯　犬犬犬犬

爻爻爻爻　心審禁○

三音七聲

爻爻爻爻　○○○十

爻爻爻爻　男坎欠○

爻爻爻爻　○○○妾

三音八聲

爻爻爻爻　●●●●

爻爻爻爻　●●●●

爻爻爻爻　●●●●

爻爻爻爻　●●●●

三音九聲

爻爻爻爻　●●●●

爻爻爻爻　●●●●

爻爻爻爻　●●●●

爻爻爻爻　●●●●

三音十聲

爻爻爻爻　●●●●

爻爻爻爻　●●●●

爻爻爻爻　●●●●

爻爻爻爻　●●●●

安亞乙一　犬犬犬犬

三音三聲

□爻王寅　犬犬犬犬

母馬美米　犬犬犬犬

目皃眉民　犬犬犬犬

夫法□飛　犬犬犬犬

四音三聲

父凡□吠　犬犬犬犬

武晚□尾　犬犬犬犬

文万□未　犬犬犬犬

卜百丙必　犬犬犬犬

五音三聲

步白葡鼻　犬犬犬犬

普朴品匹　犬犬犬犬

旁排平瓶　犬犬犬犬

東丹帝■　犬犬犬犬

六音三聲

兑大弟■　犬犬犬犬

土貪天■　犬犬犬犬

同覃田■　犬犬犬犬

發音濁和律二之四

凡凡凡凡　多可个舌

四音　一聲

凡凡凡凡　禾火化八
凡凡凡凡　開宰愛○
凡凡凡凡　回每退○
凡凡凡凡　良兩向○

四音　二聲

凡凡凡凡　光廣況○
凡凡凡凡　丁井亘○
凡凡凡凡　兄永瑩○
凡凡凡凡　千典旦○

四音　三聲

凡凡凡凡　元犬半○
凡凡凡凡　臣引艮○
凡凡凡凡　君允巽○
凡凡凡凡　刀早孝岳

四音　四聲

凡凡凡凡　毛寶報霍
凡凡凡凡　牛斗奏六
凡凡凡凡　○○○玉

乃妳女■　犬犬犬犬

七音　三聲

內南年■　犬犬犬犬
老冷吕■　犬犬犬犬
鹿犖离■　犬犬犬犬
走哉足■　犬犬犬犬

八音　三聲

自在匠■　犬犬犬犬
草采七■　犬犬犬犬
曹才全■　犬犬犬犬
思三星■　犬犬犬犬

九音　三聲

寺□象■　犬犬犬犬
□□□■　犬犬犬犬
□□□■　犬犬犬犬
■山手■　犬犬犬犬

十音　三聲

■士石■　犬犬犬犬
■□耳■　犬犬犬犬
■□二■　犬犬犬犬

凡凡凡凡　妻子四日

四音　五聲

凡凡凡凡　衰○帥骨
凡凡凡凡　○○○德
凡凡凡凡　龜水貴北
凡凡凡凡　宮孔衆○

四音　六聲

凡凡凡凡　龍甬用○
凡凡凡凡　魚鼠去○
凡凡凡凡　烏虎兔○
凡凡凡凡　心審禁○

四音　七聲

凡凡凡凡　○○○十
凡凡凡凡　男坎欠○
凡凡凡凡　○○○妾
凡凡凡凡　●●●●

四音　八聲

凡凡凡凡　●●●●
凡凡凡凡　●●●●
凡凡凡凡　●●●●

■莊震■　犬犬犬犬

十一音　三聲

■乍□■　犬犬犬犬
■叉赤■　犬犬犬犬
■崇辰■　犬犬犬犬
■卓中■　犬犬犬犬

十二音　三聲

■宅直■　犬犬犬犬
■坼丑■　犬犬犬犬
■茶呈■　犬犬犬犬

上聲翕唱呂二之四

古甲九癸　賓賓賓賓

一音　四聲

□□近揆　賓賓賓賓
坤巧丘弃　賓賓賓賓
□□乾虯　賓賓賓賓
黑花香血　賓賓賓賓

二音　四聲

黃華雄賢　賓賓賓賓
五瓦仰□　賓賓賓賓
吾牙月堯　賓賓賓賓

凡凡凡凡　●●●●

四音　九聲

凡凡凡凡　●●●●
凡凡凡凡　●●●●
凡凡凡凡　●●●●
凡凡凡凡　●●●●

四音　十聲

凡凡凡凡　●●●●
凡凡凡凡　●●●●
凡凡凡凡　●●●●

發音濁和律二之五

白白白白　多可个舌

五音　一聲

白白白白　禾火化八
白白白白　開宰愛○
白白白白　回每退○
白白白白　良兩向○

五音　二聲

白白白白　光廣況○
白白白白　丁井亘○
白白白白　兄永瑩○

安亞乙一　寳寳寳寳

三音　四聲

□爻王寅　寳寳寳寳
母馬美米　寳寳寳寳
目皃眉民　寳寳寳寳
夫法□飛　寳寳寳寳

四音　四聲

父凡□吠　寳寳寳寳
武晚□尾　寳寳寳寳
文万□未　寳寳寳寳
卜百丙必　寳寳寳寳

五音　四聲

步白葡鼻　寳寳寳寳
普朴品匹　寳寳寳寳
旁排平瓶　寳寳寳寳
東丹帝■　寳寳寳寳

六音　四聲

兑大弟■　寳寳寳寳
土貪天■　寳寳寳寳
同覃田■　寳寳寳寳

白白白白　千典旦○

五音　三聲

白白白白　元犬半○
白白白白　臣引艮○
白白白白　君允巽○
白白白白　刀早孝岳

五音　四聲

白白白白　毛寶報霍
白白白白　牛斗奏六
白白白白　○○○玉
白白白白　妻子四日

五音　五聲

白白白白　衰○帥骨
白白白白　○○○德
白白白白　龜水貴北
白白白白　宮孔衆○

五音　六聲

白白白白　龍甬用○
白白白白　魚鼠去○
白白白白　烏虎兔○

乃妳女■　竇竇竇竇

七音　四聲

內南年■　竇竇竇竇
老冷吕■　竇竇竇竇
鹿犖离■　竇竇竇竇
走哉足■　竇竇竇竇

八音　四聲

自在匠■　竇竇竇竇
草采七■　竇竇竇竇
曹才全■　竇竇竇竇
思三星■　竇竇竇竇

九音　四聲

寺□象■　竇竇竇竇
□□□■　竇竇竇竇
□□□■　竇竇竇竇
■山手■　竇竇竇竇

十音　四聲

■士石■　竇竇竇竇
■□耳■　竇竇竇竇
■□二■　竇竇竇竇

白白白白　心審禁○

五音七聲

白白白白　○○○十
白白白白　男坎欠○
白白白白　○○○妾
白白白白　●●●●

五音八聲

白白白白　●●●●
白白白白　●●●●
白白白白　●●●●
白白白白　●●●●

五音九聲

白白白白　●●●●
白白白白　●●●●
白白白白　●●●●
白白白白　●●●●

五音十聲

白白白白　●●●●
白白白白　●●●●
白白白白　●●●●

■莊震■　賓賓賓賓

十一音四聲

■乍□■　賓賓賓賓
■叉赤■　賓賓賓賓
■崇辰■　賓賓賓賓
■卓中■　賓賓賓賓

十二音四聲

■宅直■　賓賓賓賓
■拆丑■　賓賓賓賓
■茶呈■　賓賓賓賓

上聲翕唱呂二之五

古甲九癸　○○○○

一音五聲

□□近揆　○○○○
坤巧丘弃　○○○○
□□乾虯　○○○○
黑花香血　○○○○

二音五聲

黃華雄賢　○○○○
五瓦仰□　○○○○
吾牙月堯　○○○○

發音濁和律二之六

大大大大　多可个舌
六音　大大大大　禾火化八
一聲　大大大大　開宰愛○
大大大大　回每退○
大大大大　良兩向○
六音　大大大大　光廣况○
二聲　大大大大　丁井亘○
大大大大　兄永瑩○
大大大大　千典旦○
六音　大大大大　元犬半○
三聲　大大大大　臣引艮○
大大大大　君允巽○
大大大大　刀早孝岳
六音　大大大大　毛寶報霍
四聲　大大大大　牛斗奏六
大大大大　○○○玉

安亞乙一　○○○○
三音　冂爻王寅　○○○○
五聲　毋馬美米　○○○○
目皃眉民　○○○○
夫法□飛　○○○○
四音　父凡□吠　○○○○
五聲　武晚□尾　○○○○
文万□未　○○○○
卜百丙必　○○○○
五音　步白葡鼻　○○○○
五聲　普朴品匹　○○○○
旁排平瓶　○○○○
東丹帝■　○○○○
六音　兑大弟■　○○○○
五聲　土貪天■　○○○○
同覃田■　○○○○

大大大大　妻子四日

六音　大大大大　衰○帥骨

五聲　大大大大　○○○德

大大大大　龜水貴北

大大大大　宮孔衆○

六音　大大大大　龍甬用○

六聲　大大大大　魚鼠去○

大大大大　烏虎兔○

大大大大　心審禁○

六音　大大大大　○○○十

七聲　大大大大　男坎欠○

大大大大　○○○妾

大大大大　●●●●

六音　大大大大　●●●●

八聲　大大大大　●●●●

大大大大　●●●●

乃妳女■　○○○○

七音　內南年■　○○○○

五聲　老冷呂■　○○○○

鹿犖离■　○○○○

走哉足■　○○○○

八音　自在匠■　○○○○

五聲　草采七■　○○○○

曹才全■　○○○○

思三星■　○○○○

九音　寺□象■　○○○○

五聲　□□□■　○○○○

□□□■　○○○○

■山手■　○○○○

十音　■士石■　○○○○

五聲　■□耳■　○○○○

■□二■　○○○○

大大大大 ●●●●
六音 大大大大 ●●●●
九聲 大大大大 ●●●●
大大大大 ●●●●
大大大大 ●●●●
六音 大大大大 ●●●●
十聲 大大大大 ●●●●
大大大大 ●●●●

發音濁和律二之七

南南南南 多可个舌
七音 南南南南 禾火化八
一聲 南南南南 開宰愛○
南南南南 回每退○
南南南南 良兩向○
七音 南南南南 光廣况○
二聲 南南南南 丁井亘○
南南南南 兄永瑩○

■莊震■ ○○○○
十一音 ■乍□■ ○○○○
五聲 ■叉赤■ ○○○○
■崇辰■ ○○○○
■卓中■ ○○○○
十二音 ■宅直■ ○○○○
五聲 ■坼丑■ ○○○○
■茶呈■ ○○○○

上聲翕唱呂二之六

古甲九癸 甬甬甬甬
一音 □□近揆 甬甬甬甬
六聲 坤巧丘弃 甬甬甬甬
□□乾虯 甬甬甬甬
黑花香血 甬甬甬甬
二音 黄華雄賢 甬甬甬甬
六聲 五瓦仰□ 甬甬甬甬
吾牙月堯 甬甬甬甬

南南南南 千典旦○

七音 南南南南 元犬半○

三聲 南南南南 臣引艮○

南南南南 君允巽○

南南南南 刀早孝岳

七音 南南南南 毛寶報霍

四聲 南南南南 牛斗奏六

南南南南 ○○○玉

南南南南 妻子四日

七音 南南南南 衰○帥骨

五聲 南南南南 ○○○德

南南南南 龜水貴北

南南南南 宮孔衆○

七音 南南南南 龍甬用○

六聲 南南南南 魚鼠去○

南南南南 烏虎兔○

安亞乙一 甬甬甬甬

三音 □爻王寅 甬甬甬甬

六聲 母馬美米 甬甬甬甬

目皃眉民 甬甬甬甬

夫法□飛 甬甬甬甬

四音 父凡□吠 甬甬甬甬

六聲 武晚□尾 甬甬甬甬

文万□未 甬甬甬甬

卜百丙必 甬甬甬甬

五音 步白葡鼻 甬甬甬甬

六聲 普朴品匹 甬甬甬甬

旁排平瓶 甬甬甬甬

東丹帝■ 甬甬甬甬

六音 兑大弟■ 甬甬甬甬

六聲 土貪天■ 甬甬甬甬

同覃田■ 甬甬甬甬

南南南南　心審禁○

七音　南南南南　○○○十

七聲　南南南南　男坎欠○

南南南南　○○○妾

南南南南　●●●●

七音　南南南南　●●●●

八聲　南南南南　●●●●

南南南南　●●●●

南南南南　●●●●

七音　南南南南　●●●●

九聲　南南南南　●●●●

南南南南　●●●●

南南南南　●●●●

七音　南南南南　●●●●

十聲　南南南南　●●●●

南南南南　●●●●

乃妳女■　甬甬甬甬

七音　内南年■　甬甬甬甬

六聲　老冷吕■　甬甬甬甬

鹿犖离■　甬甬甬甬

走哉足■　甬甬甬甬

八音　自在匠■　甬甬甬甬

六聲　草采七■　甬甬甬甬

曹才全■　甬甬甬甬

思三星■　甬甬甬甬

九音　寺□象■　甬甬甬甬

六聲　□□□■　甬甬甬甬

□□□■　甬甬甬甬

■山手■　甬甬甬甬

十音　■士石■　甬甬甬甬

六聲　■□耳■　甬甬甬甬

■□二■　甬甬甬甬

發音濁和律二之八

八音一聲

在在在在 多可个舌
在在在在 禾火化八
在在在在 開宰愛○
在在在在 回每退○

八音二聲

在在在在 良兩向○
在在在在 光廣况○
在在在在 丁井亘○
在在在在 兄永瑩○

八音三聲

在在在在 千典旦○
在在在在 元犬半○
在在在在 臣引艮○
在在在在 君允巽○

八音四聲

在在在在 刀早孝岳
在在在在 毛寶報霍
在在在在 牛斗奏六
在在在在 ○○○玉

十一音六聲

■莊震■ 甬甬甬甬
■乍□■ 甬甬甬甬
■叉赤■ 甬甬甬甬
■崇辰■ 甬甬甬甬

十二音六聲

■卓中■ 甬甬甬甬
■宅直■ 甬甬甬甬
■坼丑■ 甬甬甬甬
■茶呈■ 甬甬甬甬

上聲翕唱吕二之七

一音七聲

古甲九癸 ○○○○
□□近揆 ○○○○
坤巧丘弃 ○○○○
□□乾虯 ○○○○

二音七聲

黑花香血 ○○○○
黄華雄賢 ○○○○
五瓦仰□ ○○○○
吾牙月堯 ○○○○

在在在在　妻子四日

八音　五聲

在在在在　衰○帥骨

在在在在　○○○德

在在在在　龜水貴北

在在在在　宮孔衆○

八音　六聲

在在在在　龍甬用○

在在在在　魚鼠去○

在在在在　烏虎兔○

在在在在　心審禁○

八音　七聲

在在在在　○○○十

在在在在　男坎欠○

在在在在　○○○妾

在在在在　●●●●

八音　八聲

在在在在　●●●●

在在在在　●●●●

在在在在　●●●●

安亞乙一　○○○○

三音　七聲

□爻王寅　○○○○

母馬美米　○○○○

目皃眉民　○○○○

夫法□飛　○○○○

四音　七聲

父凡□吠　○○○○

武晚□尾　○○○○

文万□未　○○○○

卜百丙必　○○○○

五音　七聲

步白葡鼻　○○○○

普朴品匹　○○○○

旁排平瓶　○○○○

東丹帝■　○○○○

六音　七聲

兑大弟■　○○○○

土貪天■　○○○○

同覃田■　○○○○

在在在在 ●●●●

八音 九聲

在在在在 ●●●●

在在在在 ●●●●

在在在在 ●●●●

在在在在 ●●●●

八音 十聲

在在在在 ●●●●

在在在在 ●●●●

在在在在 ●●●●

發音濁和律二之九

□□□□ 多可个舌

九音 一聲

□□□□ 禾火化八

□□□□ 開宰愛○

□□□□ 回每退○

□□□□ 良兩向○

九音 二聲

□□□□ 光廣況○

□□□□ 丁井亘○

□□□□ 兄永瑩○

乃妳女■ ○○○○

七音 七聲

内南年■ ○○○○

老冷吕■ ○○○○

鹿犖离■ ○○○○

走哉足■ ○○○○

八音 七聲

自在匠■ ○○○○

草采七■ ○○○○

曹才全■ ○○○○

思三星■ ○○○○

九音 七聲

寺□象■ ○○○○

□□□■ ○○○○

□□□■ ○○○○

■山手■ ○○○○

十音 七聲

■士石■ ○○○○

■□耳■ ○○○○

■□二■ ○○○○

九音三聲
□□□□　千典旦○
□□□□　元犬半○
□□□□　臣引艮○
□□□□　君允巽○
□□□□　刀早孝岳

九音四聲
□□□□　毛寶報霍
□□□□　牛斗奏六
□□□□　○○○玉
□□□□　妻子四日

九音五聲
□□□□　衰○帥骨
□□□□　○○○德
□□□□　龜水貴北
□□□□　宮孔衆○

九音六聲
□□□□　龍甬用○
□□□□　魚鼠去○
□□□□　烏虎兔○

十一音七聲
■莊震■　○○○○
■乍□■　○○○○
■叉赤■　○○○○
■崇辰■　○○○○
■卓中■　○○○○

十二音七聲
■宅直■　○○○○
■坼丑■　○○○○
■茶呈■　○○○○

上聲翕唱呂二之八

一音八聲
古甲九癸　●●●●
□□近揆　●●●●
坤巧丘弃　●●●●
□□乾虯　●●●●
黑花香血　●●●●

二音八聲
黄華雄賢　●●●●
五瓦仰□　●●●●
吾牙月堯　●●●●

九音 七聲

□□□□ 心審禁○
□□□□ ○○○十
□□□□ 男坎欠○
□□□□ ○○○妾

九音 八聲

□□□□ ●●●●
□□□□ ●●●●
□□□□ ●●●●
□□□□ ●●●●

九音 九聲

□□□□ ●●●●
□□□□ ●●●●
□□□□ ●●●●
□□□□ ●●●●

九音 十聲

□□□□ ●●●●
□□□□ ●●●●
□□□□ ●●●●
□□□□ ●●●●

三音 八聲

安亞乙一 ●●●●
□爻王寅 ●●●●
母馬美米 ●●●●
目皃眉民 ●●●●

四音 八聲

夫法□飛 ●●●●
父凡□吠 ●●●●
武晚□尾 ●●●●
文万□未 ●●●●

五音 八聲

卜百丙必 ●●●●
步白葡鼻 ●●●●
普朴品匹 ●●●●
旁排平瓶 ●●●●

六音 八聲

東丹帝■ ●●●●
兑大弟■ ●●●●
土貪天■ ●●●●
同覃田■ ●●●●

發音濁和律一之十

士士士士　多可个舌

十音一聲

士士士士　禾火化八
士士士士　開宰愛○
士士士士　回每退○
士士士士　良兩向○

十音二聲

士士士士　光廣况○
士士士士　丁井亘○
士士士士　兄永瑩○
士士士士　千典旦○

十音三聲

士士士士　元犬半○
士士士士　臣引艮○
士士士士　君允巽○
士士士士　刀早孝岳

十音四聲

士士士士　毛寶報霍
士士士士　牛斗奏六
士士士士　○○○玉

乃妳女■　●●●●

七音八聲

内南年■　●●●●
老冷吕■　●●●●
鹿犖离■　●●●●
走哉足■　●●●●

八音八聲

自在匠■　●●●●
草采七■　●●●●
曹才全■　●●●●
思三星■　●●●●

九音八聲

寺□象■　●●●●
□□□■　●●●●
□□□■　●●●●
■山手■　●●●●

十音八聲

■士石■　●●●●
■□耳■　●●●●
■□二■　●●●●

士士士士　妻子四日

十音　五聲

士士士士　衰○帥骨
士士士士　○○○德
士士士士　龜水貴北
士士士士　宮孔眾○

十音　六聲

士士士士　龍甬用○
士士士士　魚鼠去○
士士士士　烏虎兔○
士士士士　心審禁○

十音　七聲

士士士士　○○○十
士士士士　男坎欠○
士士士士　○○○妾
士士士士　●●●●

十音　八聲

士士士士　●●●●
士士士士　●●●●
士士士士　●●●●

■莊震■　●●●●

十一音　八聲

■乍□■　●●●●
■叉赤■　●●●●
■崇辰■　●●●●
■卓中■　●●●●

十二音　八聲

■宅直■　●●●●
■坼丑■　●●●●
■茶呈■　●●●●

上聲翕唱呂二之九

古甲九癸　●●●●

一音　九聲

□□近揆　●●●●
坤巧丘弃　●●●●
□□乾虯　●●●●
黑花香血　●●●●

二音　九聲

黃華雄賢　●●●●
五瓦仰□　●●●●
吾牙月堯　●●●●

士士士士 ●●●●

十音 士士士士 ●●●●

九聲 士士士士 ●●●●

士士士士 ●●●●

士士士士 ●●●●

十音 士士士士 ●●●●

十聲 士士士士 ●●●●

士士士士 ●●●●

發音濁和律二之十一

乍乍乍乍 多可个舌

十一音 乍乍乍乍 禾火化八

一聲 乍乍乍乍 開宰愛○

乍乍乍乍 回每退○

乍乍乍乍 良兩向○

十一音 乍乍乍乍 光廣況○

二聲 乍乍乍乍 丁井亘○

乍乍乍乍 兄永瑩○

安亞乙一 ●●●●

三音 □乑王寅 ●●●●

九聲 母馬美米 ●●●●

目皃眉民 ●●●●

夫法□飛 ●●●●

四音 父凡□吠 ●●●●

九聲 武晚□尾 ●●●●

文万□未 ●●●●

卜百丙必 ●●●●

五音 步白葡鼻 ●●●●

九聲 普朴品匹 ●●●●

旁排平瓶 ●●●●

東丹帝■ ●●●●

六音 兌大弟■ ●●●●

九聲 土貪天■ ●●●●

同覃田■ ●●●●

十一音三聲

乍乍乍乍　千典旦○
乍乍乍乍　元犬半○
乍乍乍乍　臣引艮○
乍乍乍乍　君允巽○

十一音四聲

乍乍乍乍　刀早孝岳
乍乍乍乍　毛寶報霍
乍乍乍乍　牛斗奏六
乍乍乍乍　○○○玉

十一音五聲

乍乍乍乍　妻子四日
乍乍乍乍　衰○帥骨
乍乍乍乍　○○○德
乍乍乍乍　龜水貴北

十一音六聲

乍乍乍乍　宮孔衆○
乍乍乍乍　龍甬用○
乍乍乍乍　魚鼠去○
乍乍乍乍　烏虎兔○

七音九聲

乃妳女■　●●●●
内南年■　●●●●
老冷吕■　●●●●
鹿犖离■　●●●●

八音九聲

走哉足■　●●●●
自在匠■　●●●●
草采七■　●●●●
曹才全■　●●●●

九音九聲

思三星■　●●●●
寺□象■　●●●●
□□□■　●●●●
□□□■　●●●●

十音九聲

■山手■　●●●●
■士石■　●●●●
■□耳■　●●●●
■□二■　●●●●

乍乍乍乍 心審禁○

十一音　乍乍乍乍 ○○○十

七聲　乍乍乍乍 男坎欠○

乍乍乍乍 ○○○妾

乍乍乍乍 ●●●●

十一音　乍乍乍乍 ●●●●

八聲　乍乍乍乍 ●●●●

乍乍乍乍 ●●●●

乍乍乍乍 ●●●●

十一音　乍乍乍乍 ●●●●

九聲　乍乍乍乍 ●●●●

乍乍乍乍 ●●●●

乍乍乍乍 ●●●●

十一音　乍乍乍乍 ●●●●

十聲　乍乍乍乍 ●●●●

乍乍乍乍 ●●●●

■莊震■ ●●●●

十一音　■乍□■ ●●●●

九聲　■叉赤■ ●●●●

■崇辰■ ●●●●

■卓中■ ●●●●

十二音　■宅直■ ●●●●

九聲　■坼丑■ ●●●●

■茶呈■ ●●●●

上聲翕唱吕二之十

古甲九癸 ●●●●

一音　□□近揆 ●●●●

十聲　坤巧丘弃 ●●●●

□□乾虯 ●●●●

黑花香血 ●●●●

二音　黄華雄賢 ●●●●

十聲　五瓦仰□ ●●●●

吾牙月堯 ●●●●

發音濁和律一之十二

宅宅宅宅 多可个舌

十二音 宅宅宅宅 禾火化八

一聲 宅宅宅宅 開宰愛○

宅宅宅宅 回每退○

宅宅宅宅 良兩向○

十二音 宅宅宅宅 光廣況○

二聲 宅宅宅宅 丁井亘○

宅宅宅宅 兄永瑩○

宅宅宅宅 千典旦○

十二音 宅宅宅宅 元犬半○

三聲 宅宅宅宅 臣引艮○

宅宅宅宅 君允巽○

宅宅宅宅 刀早孝岳

十二音 宅宅宅宅 毛寶報霍

四聲 宅宅宅宅 牛斗奏六

宅宅宅宅 ○○○玉

安亞乙一 ●●●●

三音 □爻王寅 ●●●●

十聲 母馬美米 ●●●●

目皃眉民 ●●●●

夫法□飛 ●●●●

四音 父凡□吠 ●●●●

十聲 武晚□尾 ●●●●

文万□未 ●●●●

卜百丙必 ●●●●

五音 步白葡鼻 ●●●●

十聲 普朴品匹 ●●●●

旁排平瓶 ●●●●

東丹帝■ ●●●●

六音 兑大弟■ ●●●●

十聲 土貪天■ ●●●●

同覃田■ ●●●●

宅宅宅宅　妻子四日

十二音　宅宅宅宅　衰○帥骨

五聲　宅宅宅宅　○○○德

宅宅宅宅　龜水貴北

宅宅宅宅　宫孔衆○

十二音　宅宅宅宅　龍甬用○

六聲　宅宅宅宅　魚鼠去○

宅宅宅宅　烏虎兔○

宅宅宅宅　心審禁○

十二音　宅宅宅宅　○○○十

七聲　宅宅宅宅　男坎欠○

宅宅宅宅　○○○妾

宅宅宅宅　●●●●

十二音　宅宅宅宅　●●●●

八聲　宅宅宅宅　●●●●

宅宅宅宅　●●●●

乃妳女■　●●●●

七音　内南年■　●●●●

十聲　老冷吕■　●●●●

鹿犖离■　●●●●

走哉足■　●●●●

八音　自在匠■　●●●●

十聲　草采七■　●●●●

曹才全■　●●●●

思三星■　●●●●

九音　寺□象■　●●●●

十聲　□□□■　●●●●

□□□■　●●●●

■山手■　●●●●

十音　■士石■　●●●●

十聲　■□耳■　●●●●

■□二■　●●●●

宅宅宅宅●●●●

十二音 宅宅宅宅●●●●

九聲 宅宅宅宅●●●●

宅宅宅宅●●●●

宅宅宅宅●●●●

十二音 宅宅宅宅●●●●

十聲 宅宅宅宅●●●●

宅宅宅宅●●●●

觀物篇之四十一

月星聲上闢

辛井引斗●

鼠坎●●●

月星聲七，下唱地之用音一百五十二，是謂上聲闢音。

上聲闢音一千六十四。

■莊震■●●●●

十一音 ■乍□■●●●●

十聲 ■叉赤■●●●●

■崇辰■●●●●

■卓中■●●●●

十二音 ■宅直■●●●●

十聲 ■坼丑■●●●●

■茶呈■●●●●

火土音發清

巧瓦馬晚朴貪

冷采□□叉坼

火土音十二，上和天之用聲一百一十二，是謂發音清聲。

發音清聲一千三百四十四。

月星聲上之三闢

發音清和律三之一

巧巧巧巧　多可个舌

一音　巧巧巧巧　禾火化八

一聲　巧巧巧巧　開宰愛○

巧巧巧巧　回每退○

巧巧巧巧　良兩向○

一音　巧巧巧巧　光廣況○

二聲　巧巧巧巧　丁井亘○

巧巧巧巧　兄永瑩○

巧巧巧巧　千典旦○

一音　巧巧巧巧　元犬半○

三聲　巧巧巧巧　臣引艮○

巧巧巧巧　君允巽○

巧巧巧巧　刀早孝岳

一音　巧巧巧巧　毛寶報霍

四聲　巧巧巧巧　牛斗奏六

巧巧巧巧　○○○玉

火土音發之三清

上聲闢唱呂三之一

古甲九癸　宰宰宰宰

一音　□□近揆　宰宰宰宰

一聲　坤巧丘弃　宰宰宰宰

□□乾虯　宰宰宰宰

黑花香血　宰宰宰宰

二音　黃華雄賢　宰宰宰宰

一聲　五瓦仰□　宰宰宰宰

吾牙月堯　宰宰宰宰

安亞乙一　宰宰宰宰

三音　□爻王寅　宰宰宰宰

一聲　母馬美米　宰宰宰宰

目皃眉民　宰宰宰宰

夫法□飛　宰宰宰宰

四音　父凡□吠　宰宰宰宰

一聲　武晚□尾　宰宰宰宰

文万□未　宰宰宰宰

巧巧巧巧　妻子四日

一音　五聲

巧巧巧巧　衰○帥骨
巧巧巧巧　○○○德
巧巧巧巧　龜水貴北
巧巧巧巧　宫孔衆○

一音　六聲

巧巧巧巧　龍甬用○
巧巧巧巧　魚鼠去○
巧巧巧巧　烏虎兔○
巧巧巧巧　心審禁○

一音　七聲

巧巧巧巧　○○○十
巧巧巧巧　男坎欠○
巧巧巧巧　○○○妾
巧巧巧巧　●●●●

一音　八聲

巧巧巧巧　●●●●
巧巧巧巧　●●●●
巧巧巧巧　●●●●

卜百丙必　宰宰宰宰

五音　一聲

步白葡鼻　宰宰宰宰
普朴品匹　宰宰宰宰
旁排平瓶　宰宰宰宰
東丹帝■　宰宰宰宰

六音　一聲

兑大弟■　宰宰宰宰
土貪天■　宰宰宰宰
同覃田■　宰宰宰宰
乃妳女■　宰宰宰宰

七音　一聲

内南年■　宰宰宰宰
老冷吕■　宰宰宰宰
鹿犖离■　宰宰宰宰
走哉足■　宰宰宰宰

八音　一聲

自在匠■　宰宰宰宰
草采七■　宰宰宰宰
曹才全■　宰宰宰宰

巧巧巧巧 ●●●●

一音 巧巧巧巧 ●●●●

九聲 巧巧巧巧 ●●●●

巧巧巧巧 ●●●●

巧巧巧巧 ●●●●

一音 巧巧巧巧 ●●●●

十聲 巧巧巧巧 ●●●●

巧巧巧巧 ●●●●

發音清和律三之二

瓦瓦瓦瓦 多可个舌

二音 瓦瓦瓦瓦 禾火化八

一聲 瓦瓦瓦瓦 開宰愛○

瓦瓦瓦瓦 回每退○

瓦瓦瓦瓦 良兩向○

二音 瓦瓦瓦瓦 光廣況○

二聲 瓦瓦瓦瓦 丁井亘○

瓦瓦瓦瓦 兄永瑩○

思三星■ 宰宰宰宰

九音 寺□象■ 宰宰宰宰

一聲 □□□■ 宰宰宰宰

□□□■ 宰宰宰宰

■山手■ 宰宰宰宰

十音 ■士石■ 宰宰宰宰

一聲 ■□耳■ 宰宰宰宰

■□二■ 宰宰宰宰

■莊震■ 宰宰宰宰

十一音 ■乍□■ 宰宰宰宰

一聲 ■叉赤■ 宰宰宰宰

■崇辰■ 宰宰宰宰

■卓中■ 宰宰宰宰

十二音 ■宅直■ 宰宰宰宰

一聲 ■坼丑■ 宰宰宰宰

■茶呈■ 宰宰宰宰

瓦瓦瓦瓦　千典旦○

二音　瓦瓦瓦瓦　元犬半○
三聲　瓦瓦瓦瓦　臣引艮○
瓦瓦瓦瓦　君允巽○
瓦瓦瓦瓦　刀早孝岳

二音　瓦瓦瓦瓦　毛寶報霍
四聲　瓦瓦瓦瓦　牛斗奏六
瓦瓦瓦瓦　○○○玉
瓦瓦瓦瓦　妻子四日

二音　瓦瓦瓦瓦　衰○帥骨
五聲　瓦瓦瓦瓦　○○○德
瓦瓦瓦瓦　龜水貴北
瓦瓦瓦瓦　宮孔衆○

二音　瓦瓦瓦瓦　龍甬用○
六聲　瓦瓦瓦瓦　魚鼠去○
瓦瓦瓦瓦　烏虎兔○

上聲闢唱呂三之二

古甲九發　井井井井

一音　□□近揆　井井井井
二聲　坤巧丘弃　井井井井
□□乾虯　井井井井
黑花香血　井井井井

二音　黃華雄賢　井井井井
二聲　五瓦仰□　井井井井
吾牙月堯　井井井井
安亞乙一　井井井井

三音　□爻王寅　井井井井
二聲　母馬美米　井井井井
目皃眉民　井井井井
夫法□飛　井井井井

四音　父凡□吠　井井井井
二聲　武晚□尾　井井井井
文万□未　井井井井

二音七聲

瓦瓦瓦瓦　心審禁○
瓦瓦瓦瓦　○○○十
瓦瓦瓦瓦　男坎欠○
瓦瓦瓦瓦　○○○妾

二音八聲

瓦瓦瓦瓦　●●●●
瓦瓦瓦瓦　●●●●
瓦瓦瓦瓦　●●●●
瓦瓦瓦瓦　●●●●

二音九聲

瓦瓦瓦瓦　●●●●
瓦瓦瓦瓦　●●●●
瓦瓦瓦瓦　●●●●
瓦瓦瓦瓦　●●●●

二音十聲

瓦瓦瓦瓦　●●●●
瓦瓦瓦瓦　●●●●
瓦瓦瓦瓦　●●●●
瓦瓦瓦瓦　●●●●

五音二聲

卜百丙必　井井井井
步白葡鼻　井井井井
普朴品匹　井井井井
旁排平瓶　井井井井

六音二聲

東丹帝■　井井井井
兑大弟■　井井井井
土貪天■　井井井井
同覃田■　井井井井

七音二聲

乃妳女■　井井井井
内南年■　井井井井
老冷吕■　井井井井
鹿犖离■　井井井井

八音二聲

走哉足■　井井井井
自在匠■　井井井井
草采七■　井井井井
曹才全■　井井井井

發音清和律三之三

馬馬馬馬　多可个舌

三音　馬馬馬馬　禾火化八

一聲　馬馬馬馬　開宰愛○

馬馬馬馬　回每退○

馬馬馬馬　良兩向○

三音　馬馬馬馬　光廣況○

二聲　馬馬馬馬　丁井亘○

馬馬馬馬　兄永瑩○

馬馬馬馬　千典旦○

三音　馬馬馬馬　元犬半○

三聲　馬馬馬馬　臣引艮○

馬馬馬馬　君允巽○

馬馬馬馬　刀早孝岳

三音　馬馬馬馬　毛寶報霍

四聲　馬馬馬馬　牛斗奏六

馬馬馬馬　○○○玉

思三星■　井井井井

九音　寺□象■　井井井井

二聲　□□□■　井井井井

□□□■　井井井井

■山手■　井井井井

十音　■士石■　井井井井

二聲　■□耳■　井井井井

■□二■　井井井井

■莊震■　井井井井

十一音　■乍□■　井井井井

二聲　■叉赤■　井井井井

■崇辰■　井井井井

■卓中■　井井井井

十二音　■宅直■　井井井井

二聲　■坼丑■　井井井井

■茶呈■　井井井井

馬馬馬　妻子四日

三音五聲
馬馬馬馬　衰○帥骨
馬馬馬馬　○○○德
馬馬馬馬　龜水貴北
馬馬馬馬　宮孔衆○

三音六聲
馬馬馬馬　龍甬用○
馬馬馬馬　魚鼠去○
馬馬馬馬　烏虎兔○
馬馬馬馬　心審禁○

三音七聲
馬馬馬馬　○○○十
馬馬馬馬　男坎欠○
馬馬馬馬　○○○妾
馬馬馬馬　●●●●

三音八聲
馬馬馬　●●●●
馬馬馬　●●●●
馬馬馬馬　●●●●

上聲闢唱呂三之三

古甲九癸　引引引引

一音三聲
□□近揆　引引引引
坤巧丘弃　引引引引
□□乾虯　引引引引
黑花香血　引引引引

二音三聲
黃華雄賢　引引引引
五瓦仰□　引引引引
吾牙月堯　引引引引
安亞乙一　引引引引

三音三聲
□爻王寅　引引引引
母馬美米　引引引引
目皃眉民　引引引引
夫法□飛　引引引引

四音三聲
父凡□吠　引引引引
武晚□尾　引引引引
文万□未　引引引引

馬馬馬馬 ●●●●

三音 九聲

馬馬馬馬 ●●●●
馬馬馬馬 ●●●●
馬馬馬馬 ●●●●
馬馬馬馬 ●●●●

三音 十聲

馬馬馬馬 ●●●●
馬馬馬馬 ●●●●
馬馬馬馬 ●●●●

發音清和律三之四

晚晚晚晚 多可个舌

四音 一聲

晚晚晚晚 禾火化八
晚晚晚晚 開宰愛○
晚晚晚晚 回每退○
晚晚晚晚 良兩向○

四音 二聲

晚晚晚晚 光廣況○
晚晚晚晚 丁井亘○
晚晚晚晚 兄永瑩○

卜百丙必 引引引引

五音 三聲

步白荀鼻 引引引引
普朴品匹 引引引引
旁排平瓶 引引引引
東丹帝■ 引引引引

六音 三聲

兑大弟■ 引引引引
土貪天■ 引引引引
同覃田■ 引引引引

乃妳女■ 引引引引

七音 三聲

內南年■ 引引引引
老冷呂■ 引引引引
鹿犖离■ 引引引引
走哉足■ 引引引引

八音 三聲

自在匠■ 引引引引
草采七■ 引引引引
曹才全■ 引引引引

四音 三聲

晚晚晚晚 千典旦○
晚晚晚晚 元犬半○
晚晚晚晚 臣引艮○
晚晚晚晚 君允巽○

四音 四聲

晚晚晚晚 刀早孝岳
晚晚晚晚 毛寶報霍
晚晚晚晚 牛斗奏六
晚晚晚晚 ○○○玉

四音 五聲

晚晚晚晚 妻子四日
晚晚晚晚 衰○帥骨
晚晚晚晚 ○○○德
晚晚晚晚 龜水貴北

四音 六聲

晚晚晚晚 宮孔衆○
晚晚晚晚 龍甬用○
晚晚晚晚 魚鼠去○
晚晚晚晚 烏虎兔○

九音 三聲

思三星■ 引引引引
寺□象■ 引引引引
□□□■ 引引引引
□□□■ 引引引引

十音 三聲

■山手■ 引引引引
■士石■ 引引引引
■□耳■ 引引引引
■□二■ 引引引引

十一音 三聲

■莊震■ 引引引引
■乍□■ 引引引引
■叉赤■ 引引引引
■崇辰■ 引引引引

十二音 三聲

■卓中■ 引引引引
■宅直■ 引引引引
■坼丑■ 引引引引
■茶呈■ 引引引引

晚晚晚晚　心審禁○

四音七聲

晚晚晚晚　○○○十
晚晚晚晚　男坎欠○
晚晚晚晚　○○○妾
晚晚晚晚　●●●●

四音八聲

晚晚晚晚　●●●●
晚晚晚晚　●●●●
晚晚晚晚　●●●●
晚晚晚晚　●●●●

四音九聲

晚晚晚晚　●●●●
晚晚晚晚　●●●●
晚晚晚晚　●●●●
晚晚晚晚　●●●●

四音十聲

晚晚晚晚　●●●●
晚晚晚晚　●●●●
晚晚晚晚　●●●●

上聲闢唱呂三之四

古甲九癸　斗斗斗斗

一音四聲

□□近揆　斗斗斗斗
坤巧丘弃　斗斗斗斗
□□乾虯　斗斗斗斗
黑花香血　斗斗斗斗

二音四聲

黃華雄賢　斗斗斗斗
五瓦仰□　斗斗斗斗
吾牙月堯　斗斗斗斗
安亞乙一　斗斗斗斗

三音四聲

□爻王寅　斗斗斗斗
母馬美米　斗斗斗斗
目皃眉民　斗斗斗斗
夫法□飛　斗斗斗斗

四音四聲

父凡□吠　斗斗斗斗
武晚□尾　斗斗斗斗
文万□未　斗斗斗斗

發音清和律三之五

朴朴朴朴 多可个舌

五音一聲

朴朴朴朴 禾火化八
朴朴朴朴 開宰愛○
朴朴朴朴 回每退○
朴朴朴朴 良兩向○

五音二聲

朴朴朴朴 光廣況○
朴朴朴朴 丁井亘○
朴朴朴朴 兄永瑩○
朴朴朴朴 千典旦○

五音三聲

朴朴朴朴 元犬半○
朴朴朴朴 臣引艮○
朴朴朴朴 君允巽○
朴朴朴朴 刀早孝岳

五音四聲

朴朴朴朴 毛寶報霍
朴朴朴朴 牛斗奏六
朴朴朴朴 ○○○玉

卜百丙必 斗斗斗斗

五音四聲

步白葡鼻 斗斗斗斗
普朴品匹 斗斗斗斗
旁排平瓶 斗斗斗斗
東丹帝■ 斗斗斗斗

六音四聲

兑大弟■ 斗斗斗斗
土貪天■ 斗斗斗斗
同覃田■ 斗斗斗斗
乃妳女■ 斗斗斗斗

七音四聲

内南年■ 斗斗斗斗
老冷吕■ 斗斗斗斗
鹿犖离■ 斗斗斗斗
走哉足■ 斗斗斗斗

八音四聲

自在匠■ 斗斗斗斗
草采七■ 斗斗斗斗
曹才全■ 斗斗斗斗

五音 五聲

朴朴朴朴 妻子四日
朴朴朴朴 衰○帥骨
朴朴朴朴 ○○○德
朴朴朴朴 龜水貴北

五音 六聲

朴朴朴朴 宮孔衆○
朴朴朴朴 龍甬用○
朴朴朴朴 魚鼠去○
朴朴朴朴 烏虎兔○

五音 七聲

朴朴朴朴 心審禁○
朴朴朴朴 ○○○十
朴朴朴朴 男坎欠○
朴朴朴朴 ○○○妾

五音 八聲

朴朴朴朴 ●●●●
朴朴朴朴 ●●●●
朴朴朴朴 ●●●●
朴朴朴朴 ●●●●

九音 四聲

思三星■ 斗斗斗斗
寺□象■ 斗斗斗斗
□□□■ 斗斗斗斗
□□□■ 斗斗斗斗

十音 四聲

■山手■ 斗斗斗斗
■士石■ 斗斗斗斗
■□耳■ 斗斗斗斗
■□二■ 斗斗斗斗

十一音 四聲

■莊震■ 斗斗斗斗
■乍□■ 斗斗斗斗
■叉赤■ 斗斗斗斗
■崇辰■ 斗斗斗斗

十二音 四聲

■卓中■ 斗斗斗斗
■宅直■ 斗斗斗斗
■坼丑■ 斗斗斗斗
■茶呈■ 斗斗斗斗

朴朴朴朴 ●●●●

五音九聲

朴朴朴朴 ●●●●
朴朴朴朴 ●●●●
朴朴朴朴 ●●●●
朴朴朴朴 ●●●●

五音十聲

朴朴朴朴 ●●●●
朴朴朴朴 ●●●●
朴朴朴朴 ●●●●

發音清和律三之六

貪貪貪貪 多可个舌

六音一聲

貪貪貪貪 禾火化八
貪貪貪貪 開宰愛○
貪貪貪貪 回每退○
貪貪貪貪 良兩向○

六音二聲

貪貪貪貪 光廣況○
貪貪貪貪 丁井亘○
貪貪貪貪 兄永瑩○

上聲闢唱呂三之五

古甲九癸 ○○○○

一音五聲

□□近揆 ○○○○
坤巧丘弃 ○○○○
□□乾虯 ○○○○
黑花香血 ○○○○

二音五聲

黃華雄賢 ○○○○
五瓦仰□ ○○○○
吾牙月堯 ○○○○
安亞乙一 ○○○○

三音五聲

□爻王寅 ○○○○
母馬美米 ○○○○
目皃眉民 ○○○○
夫法□飛 ○○○○

四音五聲

父凡□吠 ○○○○
武晚□尾 ○○○○
文万□未 ○○○○

貪貪貪貪 千典旦○

六音 貪貪貪貪 元犬半○

三聲 貪貪貪貪 臣引艮○

貪貪貪貪 君允巽○

貪貪貪貪 刀早孝岳

六音 貪貪貪貪 毛寶報霍

四聲 貪貪貪貪 牛斗奏六

貪貪貪貪 ○○○玉

貪貪貪貪 妻子四日

六音 貪貪貪貪 衰○帥骨

五聲 貪貪貪貪 ○○○德

貪貪貪貪 龜水貴北

貪貪貪貪 宮孔衆○

六音 貪貪貪貪 龍甬用○

六聲 貪貪貪貪 魚鼠去○

貪貪貪貪 烏虎兔○

卜百丙必 ○○○○

五音 步白葡鼻 ○○○○

五聲 普朴品匹 ○○○○

旁排平瓶 ○○○○

東丹帝■ ○○○○

六音 兑大弟■ ○○○○

五聲 土貪天■ ○○○○

同覃田■ ○○○○

乃妳女■ ○○○○

七音 内南年■ ○○○○

五聲 老冷吕■ ○○○○

鹿犖离■ ○○○○

走哉足■ ○○○○

八音 自在匠■ ○○○○

五聲 草采七■ ○○○○

曹才全■ ○○○○

貪貪貪貪　心審禁○

六音七聲

貪貪貪貪　○○○十
貪貪貪貪　男坎欠○
貪貪貪貪　○○○妾

六音八聲

貪貪貪貪　●●●●
貪貪貪貪　●●●●
貪貪貪貪　●●●●
貪貪貪貪　●●●●

六音九聲

貪貪貪貪　●●●●
貪貪貪貪　●●●●
貪貪貪貪　●●●●
貪貪貪貪　●●●●

六音十聲

貪貪貪貪　●●●●
貪貪貪貪　●●●●
貪貪貪貪　●●●●
貪貪貪貪　●●●●

思三星■　○○○○

九音五聲

寺□象■　○○○○
□□□■　○○○○
□□□■　○○○○

十音五聲

■山手■　○○○○
■士石■　○○○○
■□耳■　○○○○
■□二■　○○○○

十一音五聲

■莊震■　○○○○
■乍□■　○○○○
■叉赤■　○○○○
■崇辰■　○○○○

十二音五聲

■卓中■　○○○○
■宅直■　○○○○
■坼丑■　○○○○
■茶呈■　○○○○

發音清和律三之七

冷冷冷冷　多可个舌

七音　一聲
冷冷冷冷　禾火化八
冷冷冷冷　開宰愛○
冷冷冷冷　回每退○
冷冷冷冷　良兩向○

七音　二聲
冷冷冷冷　光廣況○
冷冷冷冷　丁井亘○
冷冷冷冷　兄永瑩○
冷冷冷冷　千典旦○

七音　三聲
冷冷冷冷　元犬半○
冷冷冷冷　臣引艮○
冷冷冷冷　君允巽○
冷冷冷冷　刀早孝岳

七音　四聲
冷冷冷冷　毛寶報霍
冷冷冷冷　牛斗奏六
冷冷冷冷　○○○玉

上聲闢唱呂三之六

古甲九癸　鼠鼠鼠鼠

一音　六聲
□□近揆　鼠鼠鼠鼠
坤巧丘弃　鼠鼠鼠鼠
□□乾虯　鼠鼠鼠鼠
黑花香血　鼠鼠鼠鼠

二音　六聲
黃華雄賢　鼠鼠鼠鼠
五瓦仰□　鼠鼠鼠鼠
吾牙月堯　鼠鼠鼠鼠
安亞乙一　鼠鼠鼠鼠

三音　六聲
□爻王寅　鼠鼠鼠鼠
母馬美米　鼠鼠鼠鼠
目皃眉民　鼠鼠鼠鼠
夫法□飛　鼠鼠鼠鼠

四音　六聲
父凡□吠　鼠鼠鼠鼠
武晚□尾　鼠鼠鼠鼠
文万□未　鼠鼠鼠鼠

七音 五聲

泠泠泠泠 妻子四日
泠泠泠泠 衰○帥骨
泠泠泠泠 ○○○德
泠泠泠泠 龜水貴北

七音 六聲

泠泠泠泠 宫孔衆○
泠泠泠泠 龍甬用○
泠泠泠泠 魚鼠去○
泠泠泠泠 烏虎兔○

七音 七聲

泠泠泠泠 心審禁○
泠泠泠泠 ○○○十
泠泠泠泠 男坎欠○
泠泠泠泠 ○○○妾

七音 八聲

泠泠泠泠 ●●●●
泠泠泠泠 ●●●●
泠泠泠泠 ●●●●
泠泠泠泠 ●●●●

五音 六聲

卜百丙必 鼠鼠鼠鼠
步白葡鼻 鼠鼠鼠鼠
普朴品匹 鼠鼠鼠鼠
旁排平瓶 鼠鼠鼠鼠

六音 六聲

東丹帝■ 鼠鼠鼠鼠
兑大弟■ 鼠鼠鼠鼠
土貪天■ 鼠鼠鼠鼠
同覃田■ 鼠鼠鼠鼠

七音 六聲

乃妳女■ 鼠鼠鼠鼠
内南年■ 鼠鼠鼠鼠
老冷吕■ 鼠鼠鼠鼠
鹿犖离■ 鼠鼠鼠鼠

八音 六聲

走哉足■ 鼠鼠鼠鼠
自在匠■ 鼠鼠鼠鼠
草采七■ 鼠鼠鼠鼠
曹才全■ 鼠鼠鼠鼠

冷冷冷冷　●●●●

七音　九聲

冷冷冷冷　●●●●
冷冷冷冷　●●●●
冷冷冷冷　●●●●
冷冷冷冷　●●●●

七音　十聲

冷冷冷冷　●●●●
冷冷冷冷　●●●●
冷冷冷冷　●●●●

發音清和律三之八

采采采采　多可个舌

八音　一聲

采采采采　禾火化八
采采采采　開宰愛○
采采采采　回每退○
采采采采　良兩向○

八音　二聲

采采采采　光廣況○
采采采采　丁井亘○
采采采采　兄永瑩○

思三星■　鼠鼠鼠鼠

九音　六聲

寺□象■　鼠鼠鼠鼠
□□□■　鼠鼠鼠鼠
□□□■　鼠鼠鼠鼠
■山手■　鼠鼠鼠鼠

十音　六聲

■士石■　鼠鼠鼠鼠
■□耳■　鼠鼠鼠鼠
■□二■　鼠鼠鼠鼠
■莊震■　鼠鼠鼠鼠

十一音　六聲

■乍□■　鼠鼠鼠鼠
■叉赤■　鼠鼠鼠鼠
■崇辰■　鼠鼠鼠鼠
■卓中■　鼠鼠鼠鼠

十二音　六聲

■宅直■　鼠鼠鼠鼠
■坼丑■　鼠鼠鼠鼠
■茶呈■　鼠鼠鼠鼠

采采采采　千典旦○

八音三聲

采采采采　元犬半○
采采采采　臣引艮○
采采采采　君允巽○
采采采采　刀早孝岳

八音四聲

采采采采　毛寶報霍
采采采采　牛斗奏六
采采采采　○○○玉
采采采采　妻子四日

八音五聲

采采采采　衰○帥骨
采采采采　○○○德
采采采采　龜水貴北
采采采采　宮孔衆○

八音六聲

采采采采　龍甬用○
采采采采　魚鼠去○
采采采采　烏虎兔○

上聲闢唱呂三之七

古甲九癸　坎坎坎坎

一音七聲

□□近揆　坎坎坎坎
坤巧丘弃　坎坎坎坎
□□乾虯　坎坎坎坎
黑花香血　坎坎坎坎

二音七聲

黃華雄賢　坎坎坎坎
五瓦仰□　坎坎坎坎
吾牙月堯　坎坎坎坎
安亞乙一　坎坎坎坎

三音七聲

□爻王寅　坎坎坎坎
母馬美米　坎坎坎坎
目皃眉民　坎坎坎坎
夫法□飛　坎坎坎坎

四音七聲

父凡□吠　坎坎坎坎
武晚□尾　坎坎坎坎
文万□未　坎坎坎坎

八音七聲

采采采采　心審禁○
采采采采　○○○十
采采采采　男坎欠○
采采采采　○○○妾

八音八聲

采采采采　●●●●
采采采采　●●●●
采采采采　●●●●
采采采采　●●●●

八音九聲

采采采采　●●●●
采采采采　●●●●
采采采采　●●●●
采采采采　●●●●

八音十聲

采采采采　●●●●
采采采采　●●●●
采采采采　●●●●
采采采采　●●●●

五音七聲

卜百丙必　坎坎坎坎
步白莆鼻　坎坎坎坎
普朴品匹　坎坎坎坎
旁排平瓶　坎坎坎坎

六音七聲

東丹帝■　坎坎坎坎
兑大弟■　坎坎坎坎
土貪天■　坎坎坎坎
同覃田■　坎坎坎坎

七音七聲

乃妳女■　坎坎坎坎
內南年■　坎坎坎坎
老冷吕■　坎坎坎坎
鹿犖离■　坎坎坎坎

八音七聲

走哉足■　坎坎坎坎
自在匠■　坎坎坎坎
草采七■　坎坎坎坎
曹才全■　坎坎坎坎

發音清和律三之九

□□□□多可个舌

九音一聲

□□□□禾火化八
□□□□開宰愛○
□□□□回每退○
□□□□良兩向○

九音二聲

□□□□光廣況○
□□□□丁井亘○
□□□□兄永瑩○
□□□□千典亘○

九音三聲

□□□□元犬半○
□□□□臣引艮○
□□□□君允巽○
□□□□刀早孝岳

九音四聲

□□□□毛寶報霍
□□□□牛斗奏六
□□□□○○○玉

思三星■坎坎坎坎

九音七聲

寺□象■坎坎坎坎
■□□■坎坎坎坎
□□□■坎坎坎坎
■山手■坎坎坎坎

十音七聲

■士石■坎坎坎坎
■□耳■坎坎坎坎
■□二■坎坎坎坎
■莊震■坎坎坎坎

十一音七聲

■乍□■坎坎坎坎
■叉赤■坎坎坎坎
■崇辰■坎坎坎坎
■卓中■坎坎坎坎

十二音七聲

■宅直■坎坎坎坎
■坼丑■坎坎坎坎
■茶呈■坎坎坎坎

□□□□　妻子四日

九音　□□□□　衰○帥骨

五聲　□□□□　○○○德

□□□□　龜水貴北

□□□□　宮孔衆○

九音　□□□□　龍甬用○

六聲　□□□□　魚鼠去○

□□□□　烏虎兔○

□□□□　心審禁○

九音　□□□□　○○○十

七聲　□□□□　男坎欠○

□□□□　○○○妾

□□□□　●●●●

九音　□□□□　●●●●

八聲　□□□□　●●●●

□□□□　●●●●

上聲闢唱呂三之八

古甲九癸　●●●●

一音　□□近揆　●●●●

八聲　坤巧丘弃　●●●●

□□乾虯　●●●●

黑花香血　●●●●

二音　黄華雄賢　●●●●

八聲　五瓦仰□　●●●●

吾牙月堯　●●●●

安亞乙一　●●●●

三音　□爻王寅　●●●●

八聲　母馬美米　●●●●

目皃眉民　●●●●

夫法□飛　●●●●

四音　父凡□吠　●●●●

八聲　武晚□尾　●●●●

文万□未　●●●●

□□□□ ●●●●

九音 □□□□ ●●●●

九聲 □□□□ ●●●●

□□□□ ●●●●

□□□□ ●●●●

九音 □□□□ ●●●●

十聲 □□□□ ●●●●

□□□□ ●●●●

發音清和律三之十

□□□□ 多可个舌

十音 □□□□ 禾火化八

一聲 □□□□ 開宰愛○

□□□□ 回每退○

□□□□ 良兩向○

十音 □□□□ 光廣況○

二聲 □□□□ 丁井亘○

□□□□ 兄永瑩○

卜百丙必 ●●●●

五音 步白葡鼻 ●●●●

八聲 普朴品匹 ●●●●

旁排平瓶 ●●●●

東丹帝■ ●●●●

六音 兑大弟■ ●●●●

八聲 土貪天■ ●●●●

同覃田■ ●●●●

乃妳女■ ●●●●

七音 内南年■ ●●●●

八聲 老冷吕■ ●●●●

鹿犖离■ ●●●●

走哉足■ ●●●●

八音 自在匠■ ●●●●

八聲 草采七■ ●●●●

曹才全■ ●●●●

□□□□ 千典旦○

十音三聲

□□□□ 元犬半○
□□□□ 臣引艮○
□□□□ 君允巽○
□□□□ 刀早孝岳

十音四聲

□□□□ 毛寶報霍
□□□□ 牛斗奏六
□□□□ ○○○玉
□□□□ 妻子四日

十音五聲

□□□□ 衰○帥骨
□□□□ ○○○德
□□□□ 龜水貴北
□□□□ 宮孔衆○

十音六聲

□□□□ 龍甬用○
□□□□ 魚鼠去○
□□□□ 烏虎兔○

思三星■ ●●●●

九音八聲

寺□象■ ●●●●
□□□■ ●●●●
□□□■ ●●●●
■山手■ ●●●●

十音八聲

■士石■ ●●●●
■□耳■ ●●●●
■□二■ ●●●●
■莊震■ ●●●●

十一音八聲

■乍□■ ●●●●
■叉赤■ ●●●●
■崇辰■ ●●●●
■卓中■ ●●●●

十二音八聲

■宅直■ ●●●●
■坼丑■ ●●●●
■茶呈■ ●●●●

□□□□ 心審禁○

十音 □□□□ ○○○十

七聲 □□□□ 男坎欠○

□□□□ ○○○妾

□□□□ ●●●●

十音 □□□□ ●●●●

八聲 □□□□ ●●●●

□□□□ ●●●●

□□□□ ●●●●

十音 □□□□ ●●●●

九聲 □□□□ ●●●●

□□□□ ●●●●

□□□□ ●●●●

十音 □□□□ ●●●●

十聲 □□□□ ●●●●

□□□□ ●●●●

上聲闢唱吕三之九

古甲九癸 ●●●●

一音 □□近揆 ●●●●

九聲 坤巧丘弃 ●●●●

□□乾虯 ●●●●

黑花香血 ●●●●

二音 黄華雄賢 ●●●●

九聲 五瓦仰□ ●●●●

吾牙月堯 ●●●●

安亞乙一 ●●●●

三音 □爻王寅 ●●●●

九聲 母馬美米 ●●●●

目皃眉民 ●●●●

夫法□飛 ●●●●

四音 父凡□吠 ●●●●

九聲 武晚□尾 ●●●●

文万□未 ●●●●

發音清和律三之十一

十一音 一聲

乂乂乂乂 多可个舌
乂乂乂乂 禾火化八
乂乂乂乂 開宰愛○
乂乂乂乂 回每退○

十一音 二聲

乂乂乂乂 良兩向○
乂乂乂乂 光廣況○
乂乂乂乂 丁井亘○
乂乂乂乂 兄永瑩○

十一音 三聲

乂乂乂乂 千典旦○
乂乂乂乂 元犬半○
乂乂乂乂 臣引艮○
乂乂乂乂 君允巽○

十一音 四聲

乂乂乂乂 刀早孝岳
乂乂乂乂 毛寶報霍
乂乂乂乂 牛斗奏六
乂乂乂乂 ○○○玉

五音 九聲

卜百丙必 ●●●●
步白精鼻 ●●●●
普朴品匹 ●●●●
旁排平瓶 ●●●●

六音 九聲

東丹帝■ ●●●●
兑大弟■ ●●●●
土貪天■ ●●●●
同覃田■ ●●●●

七音 九聲

乃妳女■ ●●●●
内南年■ ●●●●
老冷吕■ ●●●●
鹿犖离■ ●●●●

八音 九聲

走哉足■ ●●●●
自在匠■ ●●●●
草采七■ ●●●●
曹才全■ ●●●●

乂乂乂乂妻子四日

十一音　五聲

乂乂乂乂衰○帥骨
乂乂乂乂○○○德
乂乂乂乂龜水貴北
乂乂乂乂宮孔衆○

十一音　六聲

乂乂乂乂龍甬用○
乂乂乂乂魚鼠去○
乂乂乂乂烏虎兔○
乂乂乂乂心審禁○

十一音　七聲

乂乂乂乂○○○十
乂乂乂乂男坎欠○
乂乂乂乂○○○妾
乂乂乂乂●●●●

十一音　八聲

乂乂乂乂●●●●
乂乂乂乂●●●●
乂乂乂乂●●●●

思三星■●●●●

九音　九聲

寺□象■●●●●
□□□■●●●●
□□□■●●●●
■山手■●●●●

十音　九聲

■士石■●●●●
■□耳■●●●●
■□二■●●●●
■莊震■●●●●

十一音　九聲

■乍□■●●●●
■叉赤■●●●●
■崇辰■●●●●
■卓中■●●●●

十二音　九聲

■宅直■●●●●
■坼丑■●●●●
■茶呈■●●●●

乂乂乂乂　●●●●

十一音　九聲
乂乂乂乂　●●●●
乂乂乂乂　●●●●
乂乂乂乂　●●●●
乂乂乂乂　●●●●

十一音　十聲
乂乂乂乂　●●●●
乂乂乂乂　●●●●
乂乂乂乂　●●●●

發音清和律三之十二

坼坼坼坼　多可个舌

十二音　一聲
坼坼坼坼　禾火化八
坼坼坼坼　開宰愛○
坼坼坼坼　回每退○
坼坼坼坼　良兩向○

十二音　二聲
坼坼坼坼　光廣況○
坼坼坼坼　丁井亘○
坼坼坼坼　兄永瑩○

上聲闢唱呂三之十

古甲九癸　●●●●

一音　十聲
□□近揆　●●●●
坤巧丘弃　●●●●
□□乾虯　●●●●
黑花香血　●●●●

二音　十聲
黃華雄賢　●●●●
五瓦仰□　●●●●
吾牙月堯　●●●●
安亞乙一　●●●●

三音　十聲
□爻王寅　●●●●
母馬美米　●●●●
目皃眉民　●●●●
夫法□飛　●●●●

四音　十聲
父凡□吠　●●●●
武晚□尾　●●●●
文万□未　●●●●

坼坼坼坼　千典旦○

十二音　坼坼坼坼　元犬半○

三聲　坼坼坼坼　臣引艮○

坼坼坼坼　君允巽○

坼坼坼坼　刀早孝岳

十二音　坼坼坼坼　毛寳報霍

四聲　坼坼坼坼　牛斗奏六

坼坼坼坼　○○○玉

坼坼坼坼　妻子四日

十二音　坼坼坼坼　衰○帥骨

五聲　坼坼坼坼　○○○德

坼坼坼坼　龜水貴北

坼坼坼坼　宮孔衆○

十二音　坼坼坼坼　龍甬用○

六聲　坼坼坼坼　魚鼠去○

坼坼坼坼　烏虎兔○

卜百丙必　●●●●

五音　步白葡鼻　●●●●

十聲　普朴品匹　●●●●

旁排平瓶　●●●●

東丹帝■　●●●●

六音　兑大弟■　●●●●

十聲　土貪天■　●●●●

同覃田■　●●●●

乃妳女■　●●●●

七音　内南年■　●●●●

十聲　老冷吕■　●●●●

鹿犖离■　●●●●

走哉足■　●●●●

八音　自在匠■　●●●●

十聲　草采七■　●●●●

曹才全■　●●●●

坼坼坼坼　心審禁○
十二音　坼坼坼坼　○○○十
七聲　坼坼坼坼　男坎欠○
坼坼坼坼　○○○妾
坼坼坼坼　●●●●
十二音　坼坼坼坼　●●●●
八聲　坼坼坼坼　●●●●
坼坼坼坼　●●●●
坼坼坼坼　●●●●
十二音　坼坼坼坼　●●●●
九聲　坼坼坼坼　●●●●
坼坼坼坼　●●●●
坼坼坼坼　●●●●
十二音　坼坼坼坼　●●●●
十聲　坼坼坼坼　●●●●
坼坼坼坼　●●●●

思三星■　●●●●
九音　寺□象■　●●●●
十聲　□□□■　●●●●
□□□■　●●●●
■山手■　●●●●
十音　■士石■　●●●●
十聲　■□耳■　●●●●
■□二■　●●●●
■莊震■　●●●●
十一音　■乍□■　●●●●
十聲　■叉赤■　●●●●
■崇辰■　●●●●
■卓中■　●●●●
十二音　■宅直■　●●●●
十聲　■坼丑■　●●●●
■茶呈■　●●●●

觀物篇之四十二

月辰聲上翕

每永允○水

虎○●●●

月辰聲七，下唱地之用音一百五十二，是謂上聲翕音。

上聲翕音一千六十四。

月辰聲上之四翕

發音濁和律四之一

□□□□ 多可个舌

一音 □□□□ 禾火化八

一聲 □□□□ 開宰愛○

□□□□ 回每退○

□□□□ 良兩向○

一音 □□□□ 光廣況○

二聲 □□□□ 丁井亘○

□□□□ 兄永瑩○

火石音發濁

□牙皃万排覃

犖才□□崇茶

火石音十二，上和天之用聲一百一十二，是謂發音濁聲。發音濁聲一千三百四十四。

火石音發之四濁

上聲翕唱呂四之一

古甲九癸 每每每每

一音 □□近揆 每每每每

一聲 坤巧丘弃 每每每每

□□乾虯 每每每每

黑花香血 每每每每

二音 黃華雄賢 每每每每

一聲 五瓦仰□ 每每每每

吾牙月堯 每每每每

□□□□　千典旦○

一音　□□□□　元犬半○

三聲　□□□□　臣引艮○

□□□□　君允巽○

□□□□　刀早孝岳

一音　□□□□　毛寶報霍

四聲　□□□□　牛斗奏六

□□□□　○○○玉

□□□□　妻子四日

一音　□□□□　衰○帥骨

五聲　□□□□　○○○德

□□□□　龜水貴北

□□□□　宮孔衆○

一音　□□□□　龍甬用○

六聲　□□□□　魚鼠去○

□□□□　烏虎兔○

安亞乙一　每每每每

三音　□爻王寅　每每每每

一聲　母馬美米　每每每每

目皃眉民　每每每每

夫法□飛　每每每每

四音　父凡□吠　每每每每

一聲　武晚□尾　每每每每

文万□未　每每每每

卜百丙必　每每每每

五音　步白𤰞鼻　每每每每

一聲　普朴品匹　每每每每

旁排平瓶　每每每每

東丹帝■　每每每每

六音　兑大弟■　每每每每

一聲　土貪天■　每每每每

同覃田■　每每每每

一音七聲

□□□□ 心審禁○
□□□□ ○○○十
□□□□ 男坎欠○
□□□□ ○○○妾

一音八聲

□□□□ ●●●●
□□□□ ●●●●
□□□□ ●●●●
□□□□ ●●●●

一音九聲

□□□□ ●●●●
□□□□ ●●●●
□□□□ ●●●●
□□□□ ●●●●

一音十聲

□□□□ ●●●●
□□□□ ●●●●
□□□□ ●●●●
□□□□ ●●●●

七音一聲

乃妳女■ 每每每每
內南年■ 每每每每
老冷吕■ 每每每每
鹿犖离■ 每每每每

八音一聲

走哉足■ 每每每每
自在匠■ 每每每每
草采七■ 每每每每
曹才全■ 每每每每

九音一聲

思三星■ 每每每每
寺□象■ 每每每每
□□□■ 每每每每
□□□■ 每每每每

十音一聲

■山手■ 每每每每
■士石■ 每每每每
■□耳■ 每每每每
■□二■ 每每每每

發音濁和律四之二

牙牙牙牙　多可个舌

二音一聲

牙牙牙牙　禾火化八
牙牙牙牙　開宰愛○
牙牙牙牙　回每退○
牙牙牙牙　良兩向○

二音二聲

牙牙牙牙　光廣況○
牙牙牙牙　丁井亘○
牙牙牙牙　兄永瑩○
牙牙牙牙　千典旦○

二音三聲

牙牙牙牙　元犬半○
牙牙牙牙　臣引艮○
牙牙牙牙　君允巽○
牙牙牙牙　刀早孝岳

二音四聲

牙牙牙牙　毛寶報霍
牙牙牙牙　牛斗奏六
牙牙牙牙　○○○玉

■莊震■　每每每每

十一音一聲

■乍□■　每每每每
■叉赤■　每每每每
■崇辰■　每每每每
■卓中■　每每每每

十二音一聲

■宅直■　每每每每
■坼丑■　每每每每
■茶呈■　每每每每

上聲翕唱呂四之二

古甲九癸　永永永永

一音二聲

□□近揆　永永永永
坤巧丘弃　永永永永
□□乾虯　永永永永
黑花香血　永永永永

二音二聲

黃華雄賢　永永永永
五瓦仰□　永永永永
吾牙月堯　永永永永

牙牙牙牙　妻子四日

二音

五聲

牙牙牙牙　衰○帥骨

牙牙牙牙　○○○德

牙牙牙牙　龜水貴北

牙牙牙牙　宮孔衆○

二音

六聲

牙牙牙牙　龍甬用○

牙牙牙牙　魚鼠去○

牙牙牙牙　烏虎兔○

牙牙牙牙　心審禁○

二音

七聲

牙牙牙牙　○○○十

牙牙牙牙　男坎欠○

牙牙牙牙　○○○妾

牙牙牙牙　●●●●

二音

八聲

牙牙牙牙　●●●●

牙牙牙牙　●●●●

牙牙牙牙　●●●●

安亞乙一　永永永永

三音

二聲

□爻王寅　永永永永

母馬美米　永永永永

目皃眉民　永永永永

夫法□飛　永永永永

四音

二聲

父凡□吠　永永永永

武晚□尾　永永永永

文万□未　永永永永

卜百丙必　永永永永

五音

二聲

步白葡鼻　永永永永

普朴品匹　永永永永

旁排平瓶　永永永永

東丹帝■　永永永永

六音

二聲

兑大弟■　永永永永

土貪天■　永永永永

同覃田■　永永永永

牙牙牙牙　●●●●

二音

九聲

牙牙牙牙　●●●●

牙牙牙牙　●●●●

牙牙牙牙　●●●●

牙牙牙牙　●●●●

二音

十聲

牙牙牙牙　●●●●

牙牙牙牙　●●●●

牙牙牙牙　●●●●

發音濁和律四之三

兒兒兒兒　多可个舌

三音

一聲

兒兒兒兒　禾火化八

兒兒兒兒　開宰愛○

兒兒兒兒　回每退○

兒兒兒兒　良兩向○

三音

二聲

兒兒兒兒　光廣況○

兒兒兒兒　丁井亘○

兒兒兒兒　兄永瑩○

乃妳女■　永永永永

七音

二聲

內南年■　永永永永

老冷呂■　永永永永

鹿犖离■　永永永永

走哉足■　永永永永

八音

二聲

自在匠■　永永永永

草采七■　永永永永

曹才全■　永永永永

思三星■　永永永永

九音

二聲

寺□象■　永永永永

□□□■　永永永永

□□□■　永永永永

■山手■　永永永永

十音

二聲

■士石■　永永永永

■□耳■　永永永永

■□二■　永永永永

兒兒兒兒　千典旦○

三音　兒兒兒兒　元犬半○

三聲　兒兒兒兒　臣引艮○

兒兒兒兒　君允巽○

兒兒兒兒　刀早孝岳

三音　兒兒兒兒　毛寶報霍

四聲　兒兒兒兒　牛斗奏六

兒兒兒兒　○○○玉

兒兒兒兒　妻子四日

三音　兒兒兒兒　衰○帥骨

五聲　兒兒兒兒　○○○德

兒兒兒兒　龜水貴北

兒兒兒兒　宮孔衆○

三音　兒兒兒兒　龍甬用○

六聲　兒兒兒兒　魚鼠去○

兒兒兒兒　烏虎兔○

■莊震■　永永永永

十一音　■乍□■　永永永永

二聲　■叉赤■　永永永永

■崇辰■　永永永永

■卓中■　永永永永

十二音　■宅直■　永永永永

二聲　■坼丑■　永永永永

■茶呈■　永永永永

上聲翕唱呂四之三

古甲九癸　允允允允

一音　□□近揆　允允允允

三聲　坤巧丘弃　允允允允

□□乾虯　允允允允

黑花香血　允允允允

二音　黃華雄賢　允允允允

三聲　五瓦仰□　允允允允

吾牙月堯　允允允允

皃皃皃皃　心審禁○

三音
七聲

皃皃皃皃　○○○十
皃皃皃皃　男坎欠○
皃皃皃皃　○○○妾
皃皃皃皃　●●●●

三音
八聲

皃皃皃皃　●●●●
皃皃皃皃　●●●●
皃皃皃皃　●●●●
皃皃皃皃　●●●●

三音
九聲

皃皃皃皃　●●●●
皃皃皃皃　●●●●
皃皃皃皃　●●●●
皃皃皃皃　●●●●

三音
十聲

皃皃皃皃　●●●●
皃皃皃皃　●●●●
皃皃皃皃　●●●●

安亞乙一　允允允允

三音
三聲

□爻王寅　允允允允
母馬美米　允允允允
目皃眉民　允允允允
夫法□飛　允允允允

四音
三聲

父凡□吠　允允允允
武晚□尾　允允允允
文万□未　允允允允
卜百丙必　允允允允

五音
三聲

步白莆鼻　允允允允
普朴品匹　允允允允
旁排平瓶　允允允允
東丹帝■　允允允允

六音
三聲

兑大弟■　允允允允
土貪天■　允允允允
同覃田■　允允允允

發音濁和律四之四

四音一聲

万万万万　多可个舌
万万万万　禾火化八
万万万万　開宰愛○
万万万万　回每退○

四音二聲

万万万万　良兩向○
万万万万　光廣況○
万万万万　丁井亘○
万万万万　兄永瑩○

四音三聲

万万万万　千典旦○
万万万万　元犬半○
万万万万　臣引艮○
万万万万　君允巽○

四音四聲

万万万万　刀早孝岳
万万万万　毛寶報霍
万万万万　牛斗奏六
万万万万　○○○玉

七音三聲

乃妳女■　允允允允
内南年■　允允允允
老冷呂■　允允允允
鹿犖离■　允允允允

八音三聲

走哉足■　允允允允
自在匠■　允允允允
草采七■　允允允允
曹才全■　允允允允

九音三聲

思三星■　允允允允
寺□象■　允允允允
□□□■　允允允允
□□□■　允允允允

十音三聲

■山手■　允允允允
■士石■　允允允允
■□耳■　允允允允
■□二■　允允允允

万万万万　妻子四日

四音　五聲

万万万万　衰○帥骨
万万万万　○○○德
万万万万　龜水貴北
万万万万　宮孔衆○

四音　六聲

万万万万　龍甬用○
万万万万　魚鼠去○
万万万万　烏虎兔○
万万万万　心審禁○

四音　七聲

万万万万　○○○十
万万万万　男坎欠○
万万万万　○○○妾
万万万万　●●●●

四音　八聲

万万万万　●●●●
万万万万　●●●●
万万万万　●●●●

■莊震■　允允允允

十一音　三聲

■乍□■　允允允允
■叉赤■　允允允允
■崇辰■　允允允允
■卓中■　允允允允

十二音　三聲

■宅直■　允允允允
■坼丑■　允允允允
■茶呈■　允允允允

上聲翕唱呂四之四

古甲九癸　○○○○

一音　四聲

□□近揆　○○○○
坤巧丘弃　○○○○
□□乾虯　○○○○
黑花香血　○○○○

二音　四聲

黃華雄賢　○○○○
五瓦仰□　○○○○
吾牙月堯　○○○○

万万万万 ●●●●

四音 九聲

万万万万 ●●●●
万万万万 ●●●●
万万万万 ●●●●
万万万万 ●●●●

四音 十聲

万万万万 ●●●●
万万万万 ●●●●
万万万万 ●●●●

發音濁和律四之五

五音 一聲

排排排排 多可个舌
排排排排 禾火化八
排排排排 開宰愛○
排排排排 回每退○

五音 二聲

排排排排 良兩向○
排排排排 光廣況○
排排排排 丁井亘○
排排排排 兄永瑩○

安亞乙一 ○○○○

三音 四聲

□爻王寅 ○○○○
母馬美米 ○○○○
目皃眉民 ○○○○
夫法□飛 ○○○○

四音 四聲

父凡□吠 ○○○○
武晚□尾 ○○○○
文万□未 ○○○○
卜百丙必 ○○○○

五音 四聲

步白葡鼻 ○○○○
普朴品匹 ○○○○
旁排平瓶 ○○○○
東丹帝■ ○○○○

六音 四聲

兑大弟■ ○○○○
土貪天■ ○○○○
同覃田■ ○○○○

排排排排　千典旦○

五音　三聲

排排排排　元犬半○
排排排排　臣引艮○
排排排排　君允巽○
排排排排　刀早孝岳

五音　四聲

排排排排　毛寶報霍
排排排排　牛斗奏六
排排排排　○○○玉
排排排排　妻子四日

五音　五聲

排排排排　衰○帥骨
排排排排　○○○德
排排排排　龜水貴北
排排排排　宮孔衆○

五音　六聲

排排排排　龍甬用○
排排排排　魚鼠去○
排排排排　烏虎兔○

乃妳女■　○○○○

七音　四聲

内南年■　○○○○
老冷吕■　○○○○
鹿犖离■　○○○○
走哉足■　○○○○

八音　四聲

自在匠■　○○○○
草采七■　○○○○
曹才全■　○○○○
思三星■　○○○○

九音　四聲

寺□象■　○○○○
□□□■　○○○○
□□□■　○○○○
■山手■　○○○○

十音　四聲

■士石■　○○○○
■□耳■　○○○○
■□二■　○○○○

排排排排　心審禁○

五音七聲

排排排排　○○○十

排排排排　男坎欠○

排排排排　○○○妾

排排排排　●●●●

五音八聲

排排排排　●●●●

排排排排　●●●●

排排排排　●●●●

排排排排　●●●●

五音九聲

排排排排　●●●●

排排排排　●●●●

排排排排　●●●●

排排排排　●●●●

五音十聲

排排排排　●●●●

排排排排　●●●●

排排排排　●●●●

■莊震■　○○○○

十一音四聲

■乍□■　○○○○

■乂赤■　○○○○

■崇辰■　○○○○

■卓中■　○○○○

十二音四聲

■宅直■　○○○○

■坼丑■　○○○○

■茶呈■　○○○○

上聲翕唱呂四之五

古甲九癸　水水水水

一音五聲

□□近揆　水水水水

坤巧丘弃　水水水水

□□乾虯　水水水水

黑花香血　水水水水

二音五聲

黃華雄賢　水水水水

五瓦仰□　水水水水

吾牙月堯　水水水水

發音濁和律四之六

覃覃覃覃　多可个舌
六音　覃覃覃覃　禾火化八
一聲　覃覃覃覃　開宰愛○
覃覃覃覃　回每退○
覃覃覃覃　良兩向○
六音　覃覃覃覃　光廣況○
二聲　覃覃覃覃　丁井亘○
覃覃覃覃　兄永瑩○
覃覃覃覃　千典旦○
六音　覃覃覃覃　元犬半○
三聲　覃覃覃覃　臣引艮○
覃覃覃覃　君允巽○
覃覃覃覃　刀早孝岳
六音　覃覃覃覃　毛寶報霍
四聲　覃覃覃覃　牛斗奏六
覃覃覃覃　○○○玉

安亞乙一　水水水水
三音　□爻王寅　水水水水
五聲　母馬美米　水水水水
目皃眉民　水水水水
夫法□飛　水水水水
四音　父凡□吠　水水水水
五聲　武晚□尾　水水水水
文万□未　水水水水
卜百丙必　水水水水
五音　步白葡鼻　水水水水
五聲　普朴品匹　水水水水
旁排平瓶　水水水水
東丹帝■　水水水水
六音　兑大弟■　水水水水
五聲　土貪天■　水水水水
同覃田■　水水水水

六音五聲

覃覃覃覃　妻子四日
覃覃覃覃　衰○帥骨
覃覃覃覃　○○○德
覃覃覃覃　龜水貴北

六音六聲

覃覃覃覃　宮孔衆○
覃覃覃覃　龍甬用○
覃覃覃覃　魚鼠去○
覃覃覃覃　烏虎兔○

六音七聲

覃覃覃覃　心審禁○
覃覃覃覃　○○○十
覃覃覃覃　男坎欠○
覃覃覃覃　○○○妾

六音八聲

覃覃覃覃　●●●●
覃覃覃覃　●●●●
覃覃覃覃　●●●●
覃覃覃覃　●●●●

七音五聲

乃妳女■　水水水水
內南年■　水水水水
老冷吕■　水水水水
鹿犖离■　水水水水

八音五聲

走哉足■　水水水水
自在匠■　水水水水
草采七■　水水水水
曹才全■　水水水水

九音五聲

思三星■　水水水水
寺□象■　水水水水
□□□■　水水水水
□□□■　水水水水

十音五聲

■山手■　水水水水
■士石■　水水水水
■□耳■　水水水水
■□二■　水水水水

覃覃覃覃 ●●●●
六音 覃覃覃覃 ●●●●
九聲 覃覃覃覃 ●●●●
覃覃覃覃 ●●●●
覃覃覃覃 ●●●●
六音 覃覃覃覃 ●●●●
十聲 覃覃覃覃 ●●●●
覃覃覃覃 ●●●●

發音濁和律四之七

犖犖犖犖 多可个舌
七音 犖犖犖犖 禾火化八
一聲 犖犖犖犖 開宰愛○
犖犖犖犖 回每退○
犖犖犖犖 良兩向○
七音 犖犖犖犖 光廣況○
二聲 犖犖犖犖 丁井亘○
犖犖犖犖 兄永瑩○

■莊震■ 水水水水
十一音 ■乍□■ 水水水水
五聲 ■叉赤■ 水水水水
■崇辰■ 水水水水
■卓中■ 水水水水
十二音 ■宅直■ 水水水水
五聲 ■坼丑■ 水水水水
■茶呈■ 水水水水

上聲翕唱呂四之六

古甲九癸 虎虎虎虎
一音 □□近揆 虎虎虎虎
六聲 坤巧丘弃 虎虎虎虎
□□乾虯 虎虎虎虎
黑花香血 虎虎虎虎
二音 黃華雄賢 虎虎虎虎
六聲 五瓦仰□ 虎虎虎虎
吾牙月堯 虎虎虎虎

犖犖犖犖　千典旦○

七音　三聲

犖犖犖犖　元犬半○
犖犖犖犖　臣引艮○
犖犖犖犖　君允巽○
犖犖犖犖　刀早孝岳

七音　四聲

犖犖犖犖　毛寶報霍
犖犖犖犖　牛斗奏六
犖犖犖犖　○○○玉
犖犖犖犖　妻子四日

七音　五聲

犖犖犖犖　衰○帥骨
犖犖犖犖　○○○德
犖犖犖犖　龜水貴北
犖犖犖犖　宮孔衆○

七音　六聲

犖犖犖犖　龍甬用○
犖犖犖犖　魚鼠去○
犖犖犖犖　烏虎兔○

安亞乙一　虎虎虎虎

三音　六聲

□爻王寅　虎虎虎虎
母馬美米　虎虎虎虎
目皃眉民　虎虎虎虎
夫法□飛　虎虎虎虎

四音　六聲

父凡□吠　虎虎虎虎
武晚□尾　虎虎虎虎
文万□未　虎虎虎虎
卜百丙必　虎虎虎虎

五音　六聲

步白葡鼻　虎虎虎虎
普朴品匹　虎虎虎虎
旁排平瓶　虎虎虎虎
東丹帝■　虎虎虎虎

六音　六聲

兑大弟■　虎虎虎虎
土貪天■　虎虎虎虎
同覃田■　虎虎虎虎

犖犖犖　心審禁○

七音　七聲

犖犖犖犖　○○○十
犖犖犖犖　男坎欠○
犖犖犖犖　○○○妾
犖犖犖犖　●●●●

七音　八聲

犖犖犖犖　●●●●
犖犖犖犖　●●●●
犖犖犖犖　●●●●
犖犖犖犖　●●●●

七音　九聲

犖犖犖犖　●●●●
犖犖犖犖　●●●●
犖犖犖犖　●●●●
犖犖犖犖　●●●●

七音　十聲

犖犖犖犖　●●●●
犖犖犖犖　●●●●
犖犖犖犖　●●●●

乃妳女■　虎虎虎虎

七音　六聲

内南年■　虎虎虎虎
老冷吕■　虎虎虎虎
鹿犖离■　虎虎虎虎
走哉足■　虎虎虎虎

八音　六聲

自在匠■　虎虎虎虎
草采七■　虎虎虎虎
曹才全■　虎虎虎虎
思三星■　虎虎虎虎

九音　六聲

寺□象■　虎虎虎虎
□□□■　虎虎虎虎
□□□■　虎虎虎虎
■山手■　虎虎虎虎

十音　六聲

■士石■　虎虎虎虎
■□耳■　虎虎虎虎
■□二■　虎虎虎虎

發音濁和律四之八

オオオオ　多可个舌

八音　一聲

オオオオ　禾火化八
オオオオ　開宰愛○
オオオオ　回每退○
オオオオ　良兩向○

八音　二聲

オオオオ　光廣況○
オオオオ　丁井亘○
オオオオ　兄永瑩○
オオオオ　千典旦○

八音　三聲

オオオオ　元犬半○
オオオオ　臣引艮○
オオオオ　君允巽○
オオオオ　刀早孝岳

八音　四聲

オオオオ　毛寶報霍
オオオオ　牛斗奏六
オオオオ　○○○玉

■莊震■　虎虎虎虎

十一音　六聲

■乍□■　虎虎虎虎
■叉赤■　虎虎虎虎
■崇辰■　虎虎虎虎
■卓中■　虎虎虎虎

十二音　六聲

■宅直■　虎虎虎虎
■坼丑■　虎虎虎虎
■茶呈■　虎虎虎虎

上聲翕唱呂四之七

古甲九癸　○○○○

一音　七聲

□□近揆　○○○○
坤巧丘弃　○○○○
□□乾虯　○○○○
黑花香血　○○○○

二音　七聲

黃華雄賢　○○○○
五瓦仰□　○○○○
吾牙月堯　○○○○

才才才才　妻子四日

八音

五聲

才才才才　衰○帥骨
才才才才　○○○德
才才才才　龜水貴北
才才才才　宮孔衆○

八音

六聲

才才才才　龍甬用○
才才才才　魚鼠去○
才才才才　烏虎兔○
才才才才　心審禁○

八音

七聲

才才才才　○○○十
才才才才　男坎欠○
才才才才　○○○妾
才才才才　●●●●

八音

八聲

才才才才　●●●●
才才才才　●●●●
才才才才　●●●●

安亞乙一　○○○○

三音

七聲

□爻王寅　○○○○
母馬美米　○○○○
目皃眉民　○○○○
夫法□飛　○○○○

四音

七聲

父凡□吠　○○○○
武晚□尾　○○○○
文万□未　○○○○
卜百丙必　○○○○

五音

七聲

步白葡鼻　○○○○
普朴品匹　○○○○
旁排平瓶　○○○○
東丹帝■　○○○○

六音

七聲

兑大弟■　○○○○
土貪天■　○○○○
同覃田■　○○○○

八音九聲

才才才才 ●●●●
才才才才 ●●●●
才才才才 ●●●●
才才才才 ●●●●

八音十聲

才才才才 ●●●●
才才才才 ●●●●
才才才才 ●●●●
才才才才 ●●●●

發音濁和律四之九

九音一聲

□□□□ 多可个舌
□□□□ 禾火化八
□□□□ 開宰愛○
□□□□ 回每退○

九音二聲

□□□□ 良兩向○
□□□□ 光廣況○
□□□□ 丁井亘○
□□□□ 兄永瑩○

七音七聲

乃妳女■ ○○○○
内南年■ ○○○○
老冷吕■ ○○○○
鹿犖离■ ○○○○

八音七聲

走哉足■ ○○○○
自在匠■ ○○○○
草采七■ ○○○○
曹才全■ ○○○○

九音七聲

思三星■ ○○○○
寺□象■ ○○○○
□□□■ ○○○○
□□□■ ○○○○

十音七聲

■山手■ ○○○○
■士石■ ○○○○
■□耳■ ○○○○
■□二■ ○○○○

九音 三聲

□□□□ 千典旦○
□□□□ 元犬半○
□□□□ 臣引艮○
□□□□ 君允巽○
□□□□ 刀早孝岳

九音 四聲

□□□□ 毛寶報霍
□□□□ 牛斗奏六
□□□□ ○○○玉

九音 五聲

□□□□ 妻子四日
□□□□ 衰○帥骨
□□□□ ○○○德
□□□□ 龜水貴北

九音 六聲

□□□□ 宮孔衆○
□□□□ 龍甬用○
□□□□ 魚鼠去○
□□□□ 烏虎兔○

十一音 七聲

■莊震■ ○○○○
■乍□■ ○○○○
■叉赤■ ○○○○
■崇辰■ ○○○○
■卓中■ ○○○○

十二音 七聲

■宅直■ ○○○○
■坼丑■ ○○○○
■茶呈■ ○○○○

上聲翕唱呂四之八

一音 八聲

古甲九癸 ●●●●
□□近揆 ●●●●
坤巧丘弃 ●●●●
□□乾虯 ●●●●
黑花香血 ●●●●

二音 八聲

黃華雄賢 ●●●●
五瓦仰□ ●●●●
吾牙月堯 ●●●●

□□□□　心審禁○

九音

□□□□　○○○十　●●●●

七聲

□□□□　男坎欠○　●●●●

□□□□　○○○妾　●●●●

□□□□　●●●●

九音

□□□□　●●●●

八聲

□□□□　●●●●

□□□□　●●●●

□□□□　●●●●

九音

□□□□　●●●●

九聲

□□□□　●●●●

□□□□　●●●●

□□□□　●●●●

九音

□□□□　●●●●

十聲

□□□□　●●●●

□□□□　●●●●

安亞乙一　●●●●

三音

□爻王寅　●●●●

八聲

母馬美米　●●●●

目皃眉民　●●●●

夫法□飛　●●●●

四音

父凡□吠　●●●●

八聲

武晚□尾　●●●●

文万□未　●●●●

卜百丙必　●●●●

五音

步白葡鼻　●●●●

八聲

普朴品匹　●●●●

旁排平瓶　●●●●

東丹帝■　●●●●

六音

兑大弟■　●●●●

八聲

土貪天■　●●●●

同覃田■　●●●●

發音濁和律四之十

十音一聲

□□□□　多可个舌
□□□□　禾火化八
□□□□　開宰愛○
□□□□　回每退○

十音二聲

□□□□　良兩向○
□□□□　光廣況○
□□□□　丁井亘○
□□□□　兄永瑩○

十音三聲

□□□□　千典旦○
□□□□　元犬半○
□□□□　臣引艮○
□□□□　君允巽○

十音四聲

□□□□　刀早孝岳
□□□□　毛寶報霍
□□□□　牛斗奏六
□□□□　○○○玉

七音八聲

乃妳女■　●●●●
內南年■　●●●●
老冷吕■　●●●●
鹿犖离■　●●●●

八音八聲

走哉足■　●●●●
自在匠■　●●●●
草采七■　●●●●
曹才全■　●●●●

九音八聲

思三星■　●●●●
寺□象■　●●●●
□□□■　●●●●
□□□■　●●●●

十音八聲

■山手■　●●●●
■士石■　●●●●
■□耳■　●●●●
■□二■　●●●●

□□□□妻子四日

十音

□□□□衰○帥骨

五聲

□□□□○○○德

□□□□龜水貴北

□□□□宮孔衆○

十音

□□□□龍甬用○

六聲

□□□□魚鼠去○

□□□□烏虎兔○

□□□□心審禁○

十音

□□□□○○○十

七聲

□□□□男坎欠○

□□□□○○○妾

□□□□●●●●

十音

□□□□●●●●

八聲

□□□□●●●●

□□□□●●●●

■莊震■●●●●

十一音

■乍□■●●●●

八聲

■叉赤■●●●●

■崇辰■●●●●

■卓中■●●●●

十二音

■宅直■●●●●

八聲

■坼丑■●●●●

■茶呈■●●●●

上聲翕唱呂四之九

古甲九癸●●●●

一音

□□近揆●●●●

九聲

坤巧丘弃●●●●

□□乾虯●●●●

黑花香血●●●●

二音

黃華雄賢●●●●

九聲

五瓦仰□●●●●

吾牙月堯●●●●

□□□□　●●●●

十音　□□□□　●●●●

九聲　□□□□　●●●●

□□□□　●●●●

□□□□　●●●●

十音　□□□□　●●●●

十聲　□□□□　●●●●

發音濁和律四之十一

崇崇崇崇　多可个舌

十一音　崇崇崇崇　禾火化八

一聲　崇崇崇崇　開宰愛○

崇崇崇崇　回每退○

崇崇崇崇　良兩向○

十一音　崇崇崇崇　光廣況○

二聲　崇崇崇崇　丁井亘○

崇崇崇崇　兄永瑩○

安亞乙一　●●●●

三音　□爻王寅　●●●●

九聲　母馬美米　●●●●

目皃眉民　●●●●

夫法□飛　●●●●

四音　父凡□吠　●●●●

九聲　武晚□尾　●●●●

文万□未　●●●●

卜百丙必　●●●●

五音　步白葡鼻　●●●●

九聲　普朴品匹　●●●●

旁排平瓶　●●●●

東丹帝■　●●●●

六音　兑大弟■　●●●●

九聲　土貪天■　●●●●

同覃田■　●●●●

崇崇崇崇　千典旦○

十一音　三聲

崇崇崇崇　元犬半○
崇崇崇崇　臣引艮○
崇崇崇崇　君允巽○

崇崇崇崇　刀早孝岳

十一音　四聲

崇崇崇崇　毛寶報霍
崇崇崇崇　牛斗奏六
崇崇崇崇　○○○玉

崇崇崇崇　妻子四日

十一音　五聲

崇崇崇崇　衰○帥骨
崇崇崇崇　○○○德
崇崇崇崇　龜水貴北

崇崇崇崇　宮孔衆○

十一音　六聲

崇崇崇崇　龍甬用○
崇崇崇崇　魚鼠去○
崇崇崇崇　烏虎兔○

乃妳女■　●●●●

七音　九聲

內南年■　●●●●
老冷吕■　●●●●
鹿犖离■　●●●●

走哉足■　●●●●

八音　九聲

自在匠■　●●●●
草采七■　●●●●
曹才全■　●●●●

思三星■　●●●●

九音　九聲

寺□象■　●●●●
□□□■　●●●●
□□□■　●●●●

■山手■　●●●●

十音　九聲

■士石■　●●●●
■□耳■　●●●●
■□二■　●●●●

崇崇崇崇　心審禁○

十一音　崇崇崇崇　○○○十

七聲　崇崇崇崇　男坎欠○

崇崇崇崇　○○○妾

崇崇崇崇　●●●●

十一音　崇崇崇崇　●●●●

八聲　崇崇崇崇　●●●●

崇崇崇崇　●●●●

崇崇崇崇　●●●●

十一音　崇崇崇崇　●●●●

九聲　崇崇崇崇　●●●●

崇崇崇崇　●●●●

崇崇崇崇　●●●●

十一音　崇崇崇崇　●●●●

十聲　崇崇崇崇　●●●●

崇崇崇崇　●●●●

■莊震■　●●●●

十一音　■乍□■　●●●●

九聲　■叉赤■　●●●●

■崇辰■　●●●●

■卓中■　●●●●

十二音　■宅直■　●●●●

九聲　■坼丑■　●●●●

■茶呈■　●●●●

上聲翕唱呂四之十

古甲九癸　●●●●

一音　□□近揆　●●●●

十聲　坤巧丘弃　●●●●

□□乾虯　●●●●

黑花香血　●●●●

二音　黃華雄賢　●●●●

十聲　五瓦仰□　●●●●

吾牙月堯　●●●●

發音濁和律四之十二

十二音　一聲

茶茶茶茶　多可个舌
茶茶茶茶　禾火化八
茶茶茶茶　開宰愛○
茶茶茶茶　回每退○

十二音　二聲

茶茶茶茶　良兩向○
茶茶茶茶　光廣况○
茶茶茶茶　丁井亘○
茶茶茶茶　兄永瑩○

十二音　三聲

茶茶茶茶　千典旦○
茶茶茶茶　元犬半○
茶茶茶茶　臣引艮○
茶茶茶茶　君允巽○

十二音　四聲

茶茶茶茶　刀早孝岳
茶茶茶茶　毛寶報霍
茶茶茶茶　牛斗奏六
茶茶茶茶　○○○玉

三音　十聲

安亞乙一　●●●●
□爻王寅　●●●●
母馬美米　●●●●
目皃眉民　●●●●

四音　十聲

夫法□飛　●●●●
父凡□吠　●●●●
武晚□尾　●●●●
文万□未　●●●●

五音　十聲

卜百丙必　●●●●
步白葡鼻　●●●●
普朴品匹　●●●●
旁排平瓶　●●●●

六音　十聲

東丹帝■　●●●●
兑大弟■　●●●●
土貪天■　●●●●
同覃田■　●●●●

茶茶茶茶　妻子四日
十二音　茶茶茶茶　衰○帥骨
五聲　茶茶茶茶　○○○德
茶茶茶茶　龜水貴北
茶茶茶茶　宮孔衆○
十二音　茶茶茶茶　龍甬用○
六聲　茶茶茶茶　魚鼠去○
茶茶茶茶　烏虎兔○
茶茶茶茶　心審禁○
十二音　茶茶茶茶　○○○十
七聲　茶茶茶茶　男坎欠○
茶茶茶茶　○○○妾
茶茶茶茶　●●●●
十二音　茶茶茶茶　●●●●
八聲　茶茶茶茶　●●●●
茶茶茶茶　●●●●

乃妳女■　●●●●
七音　內南年■　●●●●
十聲　老冷呂■　●●●●
鹿犖离■　●●●●
走哉足■　●●●●
八音　自在匠■　●●●●
十聲　草采七■　●●●●
曹才全■　●●●●
思三星■　●●●●
九音　寺□象■　●●●●
十聲　□□□■　●●●●
□□□■　●●●●
■山手■　●●●●
十音　■士石■　●●●●
十聲　■□耳■　●●●●
■□二■　●●●●

茶茶茶茶 ●●●●

十二音 茶茶茶茶 ●●●●

九聲 茶茶茶茶 ●●●●

茶茶茶茶 ●●●●

茶茶茶茶 ●●●●

十二音 茶茶茶茶 ●●●●

十聲 茶茶茶茶 ●●●●

茶茶茶茶 ●●●●

■莊震■ ●●●●

十一音 ■乍□■ ●●●●

十聲 ■叉赤■ ●●●●

■崇辰■ ●●●●

■卓中■ ●●●●

十二音 ■宅直■ ●●●●

十聲 ■坼丑■ ●●●●

■茶呈■ ●●●●

皇極經世卷第九

觀物篇之四十三

星日聲去闢

个向旦孝四

衆禁●●●

星日聲七，下唱地之用音一百五十二，是謂去聲闢音。去聲闢音一千六十四。

星日聲去之一闢

收音清和律一之一

	九九九九	多可个舌
一音	九九九九	禾火化八
一聲	九九九九	開宰愛○
	九九九九	回每退○

土水音收清

九香乙□丙帝

女足星手震中

土水音十二，上和天之用聲一百一十二，是謂收音清聲。收音清聲一千三百四十四。

土水音收之一清

去聲闢唱呂一之一

	古甲九癸	个个个个
一音	□□近揆	个个个个
一聲	坤巧丘弃	个个个个
	□□乾虯	个个个个

九九九九　良兩向○

一音　二聲

九九九九　光廣況○
九九九九　丁井亘○
九九九九　兄永瑩○
九九九九　千典旦○

一音　三聲

九九九九　元犬半○
九九九九　臣引艮○
九九九九　君允巽○
九九九九　刀早孝岳

一音　四聲

九九九九　毛寶報霍
九九九九　牛斗奏六
九九九九　○○○玉
九九九九　妻子四日

一音　五聲

九九九九　衰○帥骨
九九九九　○○○德
九九九九　龜水貴北

黑花香血　个个个个

二音　一聲

黃華雄賢　个个个个
五瓦仰□　个个个个
吾牙月堯　个个个个
安亞乙一　个个个个

三音　一聲

□爻王寅　个个个个
母馬美米　个个个个
目皃眉民　个个个个
夫法□飛　个个个个

四音　一聲

父凡□吠　个个个个
武晚□尾　个个个个
文万□未　个个个个
卜百丙必　个个个个

五音　一聲

步白葡鼻　个个个个
普朴品匹　个个个个
旁排平瓶　个个个个

一音　六聲

九九九九　宮孔衆○
九九九九　龍甬用○
九九九九　魚鼠去○
九九九九　烏虎兔○
九九九九　心審禁○

一音　七聲

九九九九　○○○十
九九九九　男坎欠○
九九九九　○○○妾
九九九九　●●●●

一音　八聲

九九九九　●●●●
九九九九　●●●●
九九九九　●●●●
九九九九　●●●●

一音　九聲

九九九九　●●●●
九九九九　●●●●
九九九九　●●●●

六音　一聲

東丹帝■　个个个个
兑大弟■　个个个个
土貪天■　个个个个
同覃田■　个个个个
乃妳女■　个个个个

七音　一聲

内南年■　个个个个
老冷吕■　个个个个
鹿犖离■　个个个个
走哉足■　个个个个

八音　一聲

自在匠■　个个个个
草采七■　个个个个
曹才全■　个个个个
思三星■　个个个个

九音　一聲

寺□象■　个个个个
□□□■　个个个个
□□□■　个个个个

九九九九●●●●

一音　九九九九●●●●

十聲　九九九九●●●●

九九九九●●●●

收音清和律一之二

香香香香　多可个舌

二音　香香香香　禾火化八

一聲　香香香香　開宰愛○

香香香香　回每退○

香香香香　良兩向○

二音　香香香香　光廣況○

二聲　香香香香　丁井亘○

香香香香　兄永瑩○

■山手■　个个个个

十音　■士石■　个个个个

一聲　■□耳■　个个个个

■□二■　个个个个

■莊震■　个个个个

十一音　■乍□■　个个个个

一聲　■叉赤■　个个个个

■崇辰■　个个个个

■卓中■　个个个个

十二音　■宅直■　个个个个

一聲　■坼丑■　个个个个

■茶呈■　个个个个

香香香香　千典旦○

二音　三聲

香香香香　元犬半○
香香香香　臣引艮○
香香香香　君允巽○
香香香香　刀早孝岳

二音　四聲

香香香香　毛寶報霍
香香香香　牛斗奏六
香香香香　○○○玉
香香香香　妻子四日

二音　五聲

香香香香　衰○帥骨
香香香香　○○○德
香香香香　龜水貴北
香香香香　宮孔衆○

二音　六聲

香香香香　龍甬用○
香香香香　魚鼠去○
香香香香　烏虎兔○

去聲闢唱呂一之二

古甲九癸　向向向向

一音　二聲

□□近揆　向向向向
坤巧丘弃　向向向向
□□乾虬　向向向向
黑花香血　向向向向

二音　二聲

黃華雄賢　向向向向
五瓦仰□　向向向向
吾牙月堯　向向向向
安亞乙一　向向向向

三音　二聲

□爻王寅　向向向向
母馬美米　向向向向
目皃眉民　向向向向
夫法□飛　向向向向

四音　二聲

父凡□吠　向向向向
武晚□尾　向向向向
文万□未　向向向向

香香香香　心審禁○

二音　香香香香　○○○十

七聲　香香香香　男坎欠○

香香香香　○○○妾

香香香香　●●●●

二音　香香香香　●●●●

八聲　香香香香　●●●●

香香香香　●●●●

香香香香　●●●●

二音　香香香香　●●●●

九聲　香香香香　●●●●

香香香香　●●●●

香香香香　●●●●

二音　香香香香　●●●●

十聲　香香香香　●●●●

香香香香　●●●●

卜百丙必　向向向向

五音　步白備鼻　向向向向

二聲　普朴品匹　向向向向

旁排平瓶　向向向向

東丹帝■　向向向向

六音　兑大弟■　向向向向

二聲　土貪天■　向向向向

同覃田■　向向向向

乃妳女■　向向向向

七音　内南年■　向向向向

二聲　老冷吕■　向向向向

鹿犖离■　向向向向

走哉足■　向向向向

八音　自在匠■　向向向向

二聲　草采七■　向向向向

曹才全■　向向向向

收音清和律一之三

乙乙乙乙 多可个舌

三音一聲 乙乙乙乙 禾火化八

乙乙乙乙 開宰愛○

乙乙乙乙 回每退○

乙乙乙乙 良兩向○

三音二聲 乙乙乙乙 光廣況○

乙乙乙乙 丁井亘○

乙乙乙乙 兄永瑩○

乙乙乙乙 千典旦○

三音三聲 乙乙乙乙 元犬半○

乙乙乙乙 臣引艮○

乙乙乙乙 君允巽○

乙乙乙乙 刀早孝岳

三音四聲 乙乙乙乙 毛寶報霍

乙乙乙乙 牛斗奏六

乙乙乙乙 ○○○玉

思三星■ 向向向向

九音二聲 寺□象■ 向向向向

□□□■ 向向向向

□□□■ 向向向向

■山手■ 向向向向

十音二聲 ■士石■ 向向向向

■□耳■ 向向向向

■□二■ 向向向向

■莊震■ 向向向向

十一音二聲 ■乍□■ 向向向向

■叉赤■ 向向向向

■崇辰■ 向向向向

■卓中■ 向向向向

十二音二聲 ■宅直■ 向向向向

■坼丑■ 向向向向

■茶呈■ 向向向向

乙乙乙乙　妻子四日
三音　乙乙乙乙　衰○帥骨
五聲　乙乙乙乙　○○○德
乙乙乙乙　龜水貴北
乙乙乙乙　宮孔衆○
三音　乙乙乙乙　龍甬用○
六聲　乙乙乙乙　魚鼠去○
乙乙乙乙　烏虎兔○
乙乙乙乙　心審禁○
三音　乙乙乙乙　○○○十
七聲　乙乙乙乙　男坎欠○
乙乙乙乙　○○○妾
乙乙乙乙　●●●●
三音　乙乙乙乙　●●●●
八聲　乙乙乙乙　●●●●
乙乙乙乙　●●●●

去聲闢唱呂一之三

古甲九癸　旦旦旦旦
一音　□□近揆　旦旦旦旦
三聲　坤巧丘弃　旦旦旦旦
□□乾虯　旦旦旦旦
黑花香血　旦旦旦旦
二音　黄華雄賢　旦旦旦旦
三聲　五瓦仰□　旦旦旦旦
吾牙月堯　旦旦旦旦
安亞乙一　旦旦旦旦
三音　□爻王寅　旦旦旦旦
三聲　母馬美米　旦旦旦旦
目皃眉民　旦旦旦旦
夫法□飛　旦旦旦旦
四音　父凡□吠　旦旦旦旦
三聲　武晚□尾　旦旦旦旦
文万□未　旦旦旦旦

乙乙乙乙●●●●

三音　九聲

乙乙乙乙●●●●
乙乙乙乙●●●●
乙乙乙乙●●●●
乙乙乙乙●●●●

三音　十聲

乙乙乙乙●●●●
乙乙乙乙●●●●
乙乙乙乙●●●●

收音清和律一之四

□□□□多可个舌

四音　一聲

□□□□禾火化八
□□□□開宰愛○
□□□□回每退○
□□□□良兩向○

四音　二聲

□□□□光廣況○
□□□□丁井亘○
□□□□兄永瑩○

五音　三聲

卜百丙必旦旦旦旦
步白葡鼻旦旦旦旦
普朴品匹旦旦旦旦
旁排平瓶旦旦旦旦
東丹帝■旦旦旦旦

六音　三聲

兑大弟■旦旦旦旦
土貪天■旦旦旦旦
同覃田■旦旦旦旦

七音　三聲

乃妳女■旦旦旦旦
内南年■旦旦旦旦
老冷吕■旦旦旦旦
鹿犖离■旦旦旦旦
走哉足■旦旦旦旦

八音　三聲

自在匠■旦旦旦旦
草采七■旦旦旦旦
曹才全■旦旦旦旦

□□□□　千典旦○

四音　三聲

□□□□　元犬半○
□□□□　臣引艮○
□□□□　君允巽○
□□□□　刀早孝岳

四音　四聲

□□□□　毛寶報霍
□□□□　牛斗奏六
□□□□　○○○玉
□□□□　妻子四日

四音　五聲

□□□□　衰○帥骨
□□□□　○○○德
□□□□　龜水貴北
□□□□　宮孔衆○

四音　六聲

□□□□　龍甬用○
□□□□　魚鼠去○
□□□□　烏虎兔○

思三星■　旦旦旦旦

九音　三聲

寺□象■　旦旦旦旦
□□□■　旦旦旦旦
□□□■　旦旦旦旦
■山手■　旦旦旦旦

十音　三聲

■士石■　旦旦旦旦
■□耳■　旦旦旦旦
■□二■　旦旦旦旦
■莊震■　旦旦旦旦

十一音　三聲

■乍□■　旦旦旦旦
■叉赤■　旦旦旦旦
■崇辰■　旦旦旦旦
■卓中■　旦旦旦旦

十二音　三聲

■宅直■　旦旦旦旦
■坼丑■　旦旦旦旦
■茶呈■　旦旦旦旦

□□□□　心審禁○

四音七聲

□□□□　○○○十
□□□□　男坎欠○
□□□□　○○○妾
□□□□　●●●●

四音八聲

□□□□　●●●●
□□□□　●●●●
□□□□　●●●●
□□□□　●●●●

四音九聲

□□□□　●●●●
□□□□　●●●●
□□□□　●●●●
□□□□　●●●●

四音十聲

□□□□　●●●●
□□□□　●●●●
□□□□　●●●●

去聲闢唱呂一之四

古甲九癸　孝孝孝孝

一音四聲

□□近揆　孝孝孝孝
坤巧丘弃　孝孝孝孝
□□乾虬　孝孝孝孝
黑花香血　孝孝孝孝

二音四聲

黃華雄賢　孝孝孝孝
五瓦仰□　孝孝孝孝
吾牙月堯　孝孝孝孝
安亞乙一　孝孝孝孝

三音四聲

□爻王寅　孝孝孝孝
母馬美米　孝孝孝孝
目皃眉民　孝孝孝孝
夫法□飛　孝孝孝孝

四音四聲

父凡□吠　孝孝孝孝
武晚□尾　孝孝孝孝
文万□未　孝孝孝孝

收音清和律一之五

丙丙丙丙　多可个舌
五音　丙丙丙丙　禾火化八
一聲　丙丙丙丙　開宰愛○
丙丙丙丙　回每退○
丙丙丙丙　良兩向○
五音　丙丙丙丙　光廣况○
二聲　丙丙丙丙　丁井亘○
丙丙丙丙　兄永瑩○
丙丙丙丙　千典旦○
五音　丙丙丙丙　元犬半○
三聲　丙丙丙丙　臣引艮○
丙丙丙丙　君允巽○
丙丙丙丙　刀早孝岳
五音　丙丙丙丙　毛寶報霍
四聲　丙丙丙丙　牛斗奏六
丙丙丙丙　○○○玉

卜百丙必　孝孝孝孝
五音　步白葡鼻　孝孝孝孝
四聲　普朴品匹　孝孝孝孝
旁排平瓶　孝孝孝孝
東丹帝■　孝孝孝孝
六音　兑大弟■　孝孝孝孝
四聲　土貪天■　孝孝孝孝
同覃田■　孝孝孝孝
乃妳女■　孝孝孝孝
七音　内南年■　孝孝孝孝
四聲　老冷吕■　孝孝孝孝
鹿犖离■　孝孝孝孝
走哉足■　孝孝孝孝
八音　自在匠■　孝孝孝孝
四聲　草采七■　孝孝孝孝
曹才全■　孝孝孝孝

丙丙丙丙 妻子四日

五音
五聲

丙丙丙丙 衰○帥骨
丙丙丙丙 ○○○德
丙丙丙丙 龜水貴北
丙丙丙丙 宮孔衆○

五音
六聲

丙丙丙丙 龍甬用○
丙丙丙丙 魚鼠去○
丙丙丙丙 烏虎兔○
丙丙丙丙 心審禁○

五音
七聲

丙丙丙丙 ○○○十
丙丙丙丙 男坎欠○
丙丙丙丙 ○○○妾
丙丙丙丙 ●●●●

五音
八聲

丙丙丙丙 ●●●●
丙丙丙丙 ●●●●
丙丙丙丙 ●●●●

思三星■ 孝孝孝孝

九音
四聲

寺□象■ 孝孝孝孝
□□□■ 孝孝孝孝
□□□■ 孝孝孝孝
■山手■ 孝孝孝孝

十音
四聲

■士石■ 孝孝孝孝
■□耳■ 孝孝孝孝
■□二■ 孝孝孝孝
■莊震■ 孝孝孝孝

十一音
四聲

■乍□■ 孝孝孝孝
■叉赤■ 孝孝孝孝
■崇辰■ 孝孝孝孝
■卓中■ 孝孝孝孝

十二音
四聲

■宅直■ 孝孝孝孝
■坼丑■ 孝孝孝孝
■茶呈■ 孝孝孝孝

丙丙丙丙　●●●●

五音九聲

丙丙丙丙　●●●●
丙丙丙丙　●●●●
丙丙丙丙　●●●●
丙丙丙丙　●●●●

五音十聲

丙丙丙丙　●●●●
丙丙丙丙　●●●●
丙丙丙丙　●●●●

收音清和律一之六

六音一聲

帝帝帝帝　多可个舌
帝帝帝帝　禾火化八
帝帝帝帝　開宰愛○
帝帝帝帝　回每退○

六音二聲

帝帝帝帝　良兩向○
帝帝帝帝　光廣況○
帝帝帝帝　丁井亘○
帝帝帝帝　兄永瑩○

去聲闢唱呂一之五

一音五聲

古甲九癸　四四四四
□□近揆　四四四四
坤巧丘弃　四四四四
□□乾虯　四四四四

二音五聲

黑花香血　四四四四
黃華雄賢　四四四四
五瓦仰□　四四四四
吾牙月堯　四四四四

三音五聲

安亞乙一　四四四四
□爻王寅　四四四四
母馬美米　四四四四
目皃眉民　四四四四

四音五聲

夫法□飛　四四四四
父凡□吠　四四四四
武晚□尾　四四四四
文万□未　四四四四

六音　三聲

帝帝帝帝　千典旦○
帝帝帝帝　元犬半○
帝帝帝帝　臣引艮○
帝帝帝帝　君允巽○

六音　四聲

帝帝帝帝　刀早孝岳
帝帝帝帝　毛寶報霍
帝帝帝帝　牛斗奏六
帝帝帝帝　○○○玉

六音　五聲

帝帝帝帝　妻子四日
帝帝帝帝　衰○帥骨
帝帝帝帝　○○○德
帝帝帝帝　龜水貴北

六音　六聲

帝帝帝帝　宮孔衆○
帝帝帝帝　龍甬用○
帝帝帝帝　魚鼠去○
帝帝帝帝　烏虎兔○

五音　五聲

卜百丙必　四四四四
步白葡鼻　四四四四
普朴品匹　四四四四
旁排平瓶　四四四四

六音　五聲

東丹帝■　四四四四
兑大弟■　四四四四
土貪天■　四四四四
同覃田■　四四四四

七音　五聲

乃妳女■　四四四四
内南年■　四四四四
老冷吕■　四四四四
鹿犖离■　四四四四

八音　五聲

走哉足■　四四四四
自在匠■　四四四四
草采七■　四四四四
曹才全■　四四四四

帝帝帝帝　心審禁○

六音　七聲

帝帝帝帝　○○○十
帝帝帝帝　男坎欠○
帝帝帝帝　○○○妾
帝帝帝帝　●●●●

六音　八聲

帝帝帝帝　●●●●
帝帝帝帝　●●●●
帝帝帝帝　●●●●
帝帝帝帝　●●●●

六音　九聲

帝帝帝帝　●●●●
帝帝帝帝　●●●●
帝帝帝帝　●●●●
帝帝帝帝　●●●●

六音　十聲

帝帝帝帝　●●●●
帝帝帝帝　●●●●
帝帝帝帝　●●●●

思三星■　四四四四

九音　五聲

寺□象■　四四四四
□□□■　四四四四
□□□■　四四四四
■山手■　四四四四

十音　五聲

■士石■　四四四四
■□耳■　四四四四
■□二■　四四四四
■莊震■　四四四四

十一音　五聲

■乍□■　四四四四
■叉赤■　四四四四
■崇辰■　四四四四
■卓中■　四四四四

十二音　五聲

■宅直■　四四四四
■坼丑■　四四四四
■茶呈■　四四四四

收音清和律一之七

女女女女　多可个舌
七音　女女女女　禾火化八
一聲　女女女女　開宰愛○
女女女女　回每退○
女女女女　良兩向○
七音　女女女女　光廣況○
二聲　女女女女　丁井亘○
女女女女　兄永瑩○
女女女女　千典旦○
七音　女女女女　元犬半○
三聲　女女女女　臣引艮○
女女女女　君允巽○
女女女女　刀早孝岳
七音　女女女女　毛寶報霍
四聲　女女女女　牛斗奏六
女女女女　○○○玉

去聲闢唱吕一之六

古甲九癸　眔眔眔眔
一音　□□近揆　眔眔眔眔
六聲　坤巧丘弃　眔眔眔眔
□□乾虯　眔眔眔眔
黑花香血　眔眔眔眔
二音　黃華雄賢　眔眔眔眔
六聲　五瓦仰□　眔眔眔眔
吾牙月堯　眔眔眔眔
安亞乙一　眔眔眔眔
三音　□爻王寅　眔眔眔眔
六聲　母馬美米　眔眔眔眔
目皃眉民　眔眔眔眔
夫法□飛　眔眔眔眔
四音　父凡□吠　眔眔眔眔
六聲　武晚□尾　眔眔眔眔
文万□未　眔眔眔眔

女女女女　妻子四日

七音　女女女女　衰○帥骨

五聲　女女女女　○○○德

女女女女　龜水貴北

女女女女　宫孔衆○

七音　女女女女　龍甬用○

六聲　女女女女　魚鼠去○

女女女女　烏虎兔○

女女女女　心審禁○

七音　女女女女　○○○十

七聲　女女女女　男坎欠○

女女女女　○○○妾

女女女女　●●●●

七音　女女女女　●●●●

八聲　女女女女　●●●●

女女女女　●●●●

卜百丙必　衆衆衆衆

五音　步白葡鼻　衆衆衆衆

六聲　普朴品匹　衆衆衆衆

旁排平瓶　衆衆衆衆

東丹帝■　衆衆衆衆

六音　兑大弟■　衆衆衆衆

六聲　土貪天■　衆衆衆衆

同覃田■　衆衆衆衆

乃妳女■　衆衆衆衆

七音　內南年■　衆衆衆衆

六聲　老冷吕■　衆衆衆衆

鹿犖离■　衆衆衆衆

走哉足■　衆衆衆衆

八音　自在匠■　衆衆衆衆

六聲　草采七■　衆衆衆衆

曹才全■　衆衆衆衆

七音
九聲

女女女女 ●●●●
女女女女 ●●●●
女女女女 ●●●●
女女女女 ●●●●
女女女女 ●●●●

七音
十聲

女女女女 ●●●●
女女女女 ●●●●
女女女女 ●●●●

收音清和律一之八

足足足足 多可个舌

八音
一聲

足足足足 禾火化八
足足足足 開宰愛○
足足足足 回每退○
足足足足 良兩向○

八音
二聲

足足足足 光廣況○
足足足足 丁井亘○
足足足足 兄永瑩○

思三星■ 衆衆衆衆

九音
六聲

寺□象■ 衆衆衆衆
□□□■ 衆衆衆衆
□□□■ 衆衆衆衆
■山手■ 衆衆衆衆

十音
六聲

■士石■ 衆衆衆衆
■□耳■ 衆衆衆衆
■□二■ 衆衆衆衆
■莊震■ 衆衆衆衆

十一音
六聲

■乍□■ 衆衆衆衆
■叉赤■ 衆衆衆衆
■崇辰■ 衆衆衆衆
■卓中■ 衆衆衆衆

十二音
六聲

■宅直■ 衆衆衆衆
■坼丑■ 衆衆衆衆
■茶呈■ 衆衆衆衆

足足足足　千典旦○

八音　足足足足　元犬半○

三聲　足足足足　臣引艮○

足足足足　君允巽○

足足足足　刀早孝岳

八音　足足足足　毛寶報霍

四聲　足足足足　牛斗奏六

足足足足　○○○玉

足足足足　妻子四日

八音　足足足足　衰○帥骨

五聲　足足足足　○○○德

足足足足　龜水貴北

足足足足　宮孔衆○

八音　足足足足　龍甬用○

六聲　足足足足　魚鼠去○

足足足足　烏虎兔○

去聲闢唱呂一之七

古甲九癸　禁禁禁禁

一音　□□近揆　禁禁禁禁

七聲　坤巧丘弃　禁禁禁禁

□□乾虯　禁禁禁禁

黑花香血　禁禁禁禁

二音　黃華雄賢　禁禁禁禁

七聲　五瓦仰□　禁禁禁禁

吾牙月堯　禁禁禁禁

安亞乙一　禁禁禁禁

三音　□爻王寅　禁禁禁禁

七聲　母馬美米　禁禁禁禁

目皃眉民　禁禁禁禁

夫法□飛　禁禁禁禁

四音　父凡□吠　禁禁禁禁

七聲　武晚□尾　禁禁禁禁

文万□未　禁禁禁禁

八音七聲

足足足足 心審禁○
足足足足 ○○○十
足足足足 男坎欠○
足足足足 ○○○妾

八音八聲

足足足足 ●●●●
足足足足 ●●●●
足足足足 ●●●●
足足足足 ●●●●

八音九聲

足足足足 ●●●●
足足足足 ●●●●
足足足足 ●●●●
足足足足 ●●●●

八音十聲

足足足足 ●●●●
足足足足 ●●●●
足足足足 ●●●●
足足足足 ●●●●

五音七聲

卜百丙必 禁禁禁禁
步白葡鼻 禁禁禁禁
普朴品匹 禁禁禁禁
旁排平瓶 禁禁禁禁

六音七聲

東丹帝■ 禁禁禁禁
兑大弟■ 禁禁禁禁
土貪天■ 禁禁禁禁
同覃田■ 禁禁禁禁

七音七聲

乃妳女■ 禁禁禁禁
内南年■ 禁禁禁禁
老冷呂■ 禁禁禁禁
鹿犖离■ 禁禁禁禁

八音七聲

走哉足■ 禁禁禁禁
自在匠■ 禁禁禁禁
草采七■ 禁禁禁禁
曹才全■ 禁禁禁禁

收音清和律一之九

星星星星　多可个舌

九音一聲
星星星星　禾火化八
星星星星　開宰愛○
星星星星　回每退○
星星星星　良兩向○

九音二聲
星星星星　光廣況○
星星星星　丁井亘○
星星星星　兄永瑩○
星星星星　千典旦○

九音三聲
星星星星　元犬半○
星星星星　臣引艮○
星星星星　君允巽○
星星星星　刀早孝岳

九音四聲
星星星星　毛寶報霍
星星星星　牛斗奏六
星星星星　○○○玉

思三星■　禁禁禁禁

九音七聲
寺□象■　禁禁禁禁
□□□■　禁禁禁禁
□□□■　禁禁禁禁
■山手■　禁禁禁禁

十音七聲
■士石■　禁禁禁禁
■□耳■　禁禁禁禁
■□二■　禁禁禁禁
■莊震■　禁禁禁禁

十一音七聲
■乍□■　禁禁禁禁
■叉赤■　禁禁禁禁
■崇辰■　禁禁禁禁
■卓中■　禁禁禁禁

十二音七聲
■宅直■　禁禁禁禁
■坼丑■　禁禁禁禁
■茶呈■　禁禁禁禁

星星星星　妻子四日

九音五聲

星星星星　衰○帥骨

星星星星　○○○德

星星星星　龜水貴北

星星星星　宮孔衆○

九音六聲

星星星星　龍甬用○

星星星星　魚鼠去○

星星星星　烏虎兔○

星星星星　心審禁○

九音七聲

星星星星　○○○十

星星星星　男坎欠○

星星星星　○○○妾

星星星星　●●●●

九音八聲

星星星星　●●●●

星星星星　●●●●

星星星星　●●●●

去聲闢唱吕一之八

古甲九癸　●●●●

一音八聲

□□近揆　●●●●

坤巧丘弃　●●●●

□□乾虯　●●●●

黑花香血　●●●●

二音八聲

黄華雄賢　●●●●

五瓦仰□　●●●●

吾牙月堯　●●●●

安亞乙一　●●●●

三音八聲

□爻王寅　●●●●

母馬美米　●●●●

目皃眉民　●●●●

夫法□飛　●●●●

四音八聲

父凡□吠　●●●●

武晚□尾　●●●●

文万□未　●●●●

星星星星 ●●●●

九音 星星星星 ●●●●

九聲 星星星星 ●●●●

星星星星 ●●●●

星星星星 ●●●●

九音 星星星星 ●●●●

十聲 星星星星 ●●●●

星星星星 ●●●●

收音清和律一之十

手手手手 多可个舌

十音 手手手手 禾火化八

一聲 手手手手 開宰愛○

手手手手 回每退○

手手手手 良兩向○

十音 手手手手 光廣況○

二聲 手手手手 丁井亘○

手手手手 兄永瑩○

卜百丙必 ●●●●

五音 步白葡鼻 ●●●●

八聲 普朴品匹 ●●●●

旁排平瓶 ●●●●

東丹帝■ ●●●●

六音 兑大弟■ ●●●●

八聲 土貪天■ ●●●●

同覃田■ ●●●●

乃妳女■ ●●●●

七音 内南年■ ●●●●

八聲 老冷吕■ ●●●●

鹿犖离■ ●●●●

走哉足■ ●●●●

八音 自在匠■ ●●●●

八聲 草采七■ ●●●●

曹才全■ ●●●●

手手手手　千典旦○

十音　三聲

手手手手　元犬半○
手手手手　臣引艮○
手手手手　君允巽○
手手手手　刀早孝岳

十音　四聲

手手手手　毛寶報霍
手手手手　牛斗奏六
手手手手　○○○玉
手手手手　妻子四日

十音　五聲

手手手手　衰○帥骨
手手手手　○○○德
手手手手　龜水貴北
手手手手　宮孔衆○

十音　六聲

手手手手　龍甬用○
手手手手　魚鼠去○
手手手手　烏虎兔○

思三星■　●●●●

九音　八聲

寺□象■　●●●●
□□□■　●●●●
□□□■　●●●●
■山手■　●●●●

十音　八聲

■士石■　●●●●
■□耳■　●●●●
■□二■　●●●●
■莊震■　●●●●

十一音　八聲

■乍□■　●●●●
■叉赤■　●●●●
■崇辰■　●●●●
■卓中■　●●●●

十二音　八聲

■宅直■　●●●●
■坼丑■　●●●●
■茶呈■　●●●●

手手手手　心審禁○

十音七聲

手手手手　○○○十
手手手手　男坎欠○
手手手手　○○○妾
手手手手　●●●●

十音八聲

手手手手　●●●●
手手手手　●●●●
手手手手　●●●●
手手手手　●●●●

十音九聲

手手手手　●●●●
手手手手　●●●●
手手手手　●●●●
手手手手　●●●●

十音十聲

手手手手　●●●●
手手手手　●●●●
手手手手　●●●●

去聲闢唱呂一之九

古甲九癸　●●●●

一音九聲

□□近揆　●●●●
坤巧丘弃　●●●●
□□乾虯　●●●●
黑花香血　●●●●

二音九聲

黃華雄賢　●●●●
五瓦仰□　●●●●
吾牙月堯　●●●●
安亞乙一　●●●●

三音九聲

□爻王寅　●●●●
母馬美米　●●●●
目皃眉民　●●●●
夫法□飛　●●●●

四音九聲

父凡□吠　●●●●
武晚□尾　●●●●
文万□未　●●●●

收音清和律一之十一

震震震震　多可个舌

十一音一聲

震震震震　禾火化八
震震震震　開宰愛○
震震震震　回每退○
震震震震　良兩向○

十一音二聲

震震震震　光廣况○
震震震震　丁井亘○
震震震震　兄永瑩○
震震震震　千典旦○

十一音三聲

震震震震　元犬半○
震震震震　臣引艮○
震震震震　君允巽○
震震震震　刀早孝岳

十一音四聲

震震震震　毛寶報霍
震震震震　牛斗奏六
震震震震　○○○玉

卜百丙必　●●●●

五音九聲

步白精鼻　●●●●
普朴品匹　●●●●
旁排平瓶　●●●●
東丹帝■　●●●●

六音九聲

兑大弟■　●●●●
土貪天■　●●●●
同覃田■　●●●●
乃妳女■　●●●●

七音九聲

内南年■　●●●●
老冷吕■　●●●●
鹿犖离■　●●●●
走哉足■　●●●●

八音九聲

自在匠■　●●●●
草采七■　●●●●
曹才全■　●●●●

震震震震　妻子四日

十一音　五聲

震震震震　衰○帥骨
震震震震　○○○德
震震震震　龜水貴北
震震震震　宮孔衆○

十一音　六聲

震震震震　龍甬用○
震震震震　魚鼠去○
震震震震　烏虎兔○
震震震震　心審禁○

十一音　七聲

震震震震　○○○十
震震震震　男坎欠○
震震震震　○○○妾
震震震震　●●●●

十一音　八聲

震震震震　●●●●
震震震震　●●●●
震震震震　●●●●

思三星■　●●●●

九音　九聲

寺□象■　●●●●
□□□■　●●●●
□□□■　●●●●
■山手■　●●●●

十音　九聲

■士石■　●●●●
■□耳■　●●●●
■□二■　●●●●
■莊震■　●●●●

十一音　九聲

■乍□■　●●●●
■叉赤■　●●●●
■崇辰■　●●●●
■卓中■　●●●●

十二音　九聲

■宅直■　●●●●
■坼丑■　●●●●
■茶呈■　●●●●

震震震震 ●●●●

十一音 九聲 震震震震 ●●●●
震震震震 ●●●●
震震震震 ●●●●
震震震震 ●●●●

十一音 十聲 震震震震 ●●●●
震震震震 ●●●●
震震震震 ●●●●

收音清和律一之十二

十二音 一聲 中中中中 多可个舌
中中中中 禾火化八
中中中中 開宰愛○
中中中中 回每退○
中中中中 良兩向○

十二音 二聲 中中中中 光廣況○
中中中中 丁井亘○
中中中中 兄永瑩○

去聲闢唱呂一之十

一音 十聲 古甲九癸 ●●●●
□□近揆 ●●●●
坤巧丘弃 ●●●●
□□乾虯 ●●●●
黑花香血 ●●●●

二音 十聲 黄華雄賢 ●●●●
五瓦仰□ ●●●●

吾牙月堯 ●●●●

三音 十聲 安亞乙一 ●●●●
□爻王寅 ●●●●
母馬美米 ●●●●
目皃眉民 ●●●●

四音 十聲 夫法□飛 ●●●●
父凡□吠 ●●●●
武晚□尾 ●●●●
文万□未 ●●●●

中中中中　千典旦○

十二音　中中中中　元犬半○

三聲　中中中中　臣引艮○

中中中中　君允巽○

中中中中　刀早孝岳

十二音　中中中中　毛寶報霍

四聲　中中中中　牛斗奏六

中中中中　○○○玉

中中中中　妻子四日

十二音　中中中中　衰○帥骨

五聲　中中中中　○○○德

中中中中　龜水貴北

中中中中　宮孔衆○

十二音　中中中中　龍甬用○

六聲　中中中中　魚鼠去○

中中中中　烏虎兔○

卜百丙必　●●●●

五音　步白葡鼻　●●●●

十聲　普朴品匹　●●●●

旁排平瓶　●●●●

東丹帝■　●●●●

六音　兑大弟■　●●●●

十聲　土貪天■　●●●●

同覃田■　●●●●

乃妳女■　●●●●

七音　内南年■　●●●●

十聲　老冷吕■　●●●●

鹿犖离■　●●●●

走哉足■　●●●●

八音　自在匠■　●●●●

十聲　草采七■　●●●●

曹才全■　●●●●

中中中中　心審禁○
十二音　中中中中　○○○十
七聲　中中中中　男坎欠○
中中中中　○○○妾
中中中中　●●●●
十二音　中中中中　●●●●
八聲　中中中中　●●●●
中中中中　●●●●
中中中中　●●●●
十二音　中中中中　●●●●
九聲　中中中中　●●●●
中中中中　●●●●
中中中中　●●●●
十二音　中中中中　●●●●
十聲　中中中中　●●●●
中中中中　●●●●

思三星■　●●●●
九音　寺□象■　●●●●
十聲　□□□■　●●●●
□□□■　●●●●
■山手■　●●●●
十音　■士石■　●●●●
十聲　■□耳■　●●●●
■□二■　●●●●
■莊震■　●●●●
十一音　■乍□■　●●●●
十聲　■叉赤■　●●●●
■崇辰■　●●●●
■卓中■　●●●●
十二音　■宅直■　●●●●
十聲　■坼丑■　●●●●
■茶呈■　●●●●

觀物篇之四十四

星月聲去翕　土火音收濁

化况半報帥　近雄王□着弟

用〇●●●　年匠象石□直

星月聲七，下唱地之用音一百五十二，是謂去聲翕音。去聲翕音一千六十四。

土火音十二，上和天之用聲一百一十二，是謂收音濁聲。收音濁聲一千三百四十四。

星月聲去之二翕

收音濁和律二之一

近近近近　多可个舌

一音　近近近近　禾火化八

一聲　近近近近　開宰愛〇

近近近近　回每退〇

土火音收之二濁①

去聲翕唱吕二之一

古甲九癸　化化化化

一音　□□近揆　化化化化

一聲　坤巧丘弃　化化化化

□□乾虯　化化化化

① 「土火」，原作「火土」，據四庫本改。

近近近近　良兩向○

一音　近近近近　光廣況○
二聲　近近近近　丁井亘○
近近近近　兄永瑩○
近近近近　千典旦○

一音　近近近近　元犬半○
三聲　近近近近　臣引艮○
近近近近　君允巽○
近近近近　刀早孝岳

一音　近近近近　毛寶報霍
四聲　近近近近　牛斗奏六
近近近近　○○○玉
近近近近　妻子四日

一音　近近近近　衰○帥骨
五聲　近近近近　○○○德
近近近近　龜水貴北

黑花香血　化化化化

二音　黃華雄賢　化化化化
一聲　五瓦仰□　化化化化
吾牙月堯　化化化化
安亞乙一　化化化化

三音　□爻王寅　化化化化
一聲　母馬美米　化化化化
目皃眉民　化化化化
夫法□飛　化化化化

四音　父凡□吠　化化化化
一聲　武晚□尾　化化化化
文万□未　化化化化
卜百丙必　化化化化

五音　步白葡鼻　化化化化
一聲　普朴品匹　化化化化
旁排平瓶　化化化化

一音　六聲

近近近近　宮孔衆○
近近近近　龍甬用○
近近近近　魚鼠去○
近近近近　烏虎兔○
近近近近　心審禁○

一音　七聲

近近近近　○○○十
近近近近　男坎欠○
近近近近　○○○妾
近近近近　●●●●

一音　八聲

近近近近　●●●●
近近近近　●●●●
近近近近　●●●●
近近近近　●●●●

一音　九聲

近近近近　●●●●
近近近近　●●●●
近近近近　●●●●

六音　一聲

東丹帝■　化化化化
兑大弟■　化化化化
土貪天■　化化化化
同覃田■　化化化化
乃妳女■　化化化化

七音　一聲

内南年■　化化化化
老冷吕■　化化化化
鹿犖离■　化化化化
走哉足■　化化化化

八音　一聲

自在匠■　化化化化
草采七■　化化化化
曹才全■　化化化化
思三星■　化化化化

九音　一聲

寺□象■　化化化化
□□□■　化化化化
□□□■　化化化化

一音

十聲

近近近近 ●●●●

近近近近 ●●●●

近近近近 ●●●●

近近近近 ●●●●

收音濁和律二之二

雄雄雄雄 多可个舌

二音

一聲

雄雄雄雄 禾火化八

雄雄雄雄 開宰愛○

雄雄雄雄 回每退○

雄雄雄雄 良兩向○

二音

二聲

雄雄雄雄 光廣況○

雄雄雄雄 丁井亘○

雄雄雄雄 兄永瑩○

二音

三聲

雄雄雄雄 千典旦○

雄雄雄雄 元犬半○

雄雄雄雄 臣引艮○

雄雄雄雄 君允巽○

十音

一聲

■山手■ 化化化化

■士石■ 化化化化

■□耳■ 化化化化

■□二■ 化化化化

■莊震■ 化化化化

十一音

一聲

■乍□■ 化化化化

■叉赤■ 化化化化

■崇辰■ 化化化化

■卓中■ 化化化化

十二音

一聲

■宅直■ 化化化化

■坼丑■ 化化化化

■茶呈■ 化化化化

去聲翕唱呂二之二

古甲九癸 況況況況

一音

二聲

□□近揆 況況況況

坤巧丘弃 況況況況

□□乾虯 況況況況

雄雄雄雄　刀早孝岳

二音　四聲

雄雄雄雄　毛寶報霍
雄雄雄雄　牛斗奏六
雄雄雄雄　○○○玉
雄雄雄雄　妻子四日

二音　五聲

雄雄雄雄　衰○帥骨
雄雄雄雄　○○○德
雄雄雄雄　龜水貴北
雄雄雄雄　宮孔衆○

二音　六聲

雄雄雄雄　龍甬用○
雄雄雄雄　魚鼠去○
雄雄雄雄　烏虎兔○
雄雄雄雄　心審禁○

二音　七聲

雄雄雄雄　○○○十
雄雄雄雄　男坎欠○
雄雄雄雄　○○○妾

黑花香血　况况况况

二音　二聲

黃華雄賢　况况况况
五瓦仰□　况况况况
吾牙月堯　况况况况
安亞乙一　况况况况

三音　二聲

□爻王寅　况况况况
母馬美米　况况况况
目皃眉民　况况况况
夫法□飛　况况况况

四音　二聲

父凡□吠　况况况况
武晚□尾　况况况况
文万□未　况况况况
卜百丙必　况况况况

五音　二聲

步白葡鼻　况况况况
普朴品匹　况况况况
旁排平瓶　况况况况

二音八聲

雄雄雄雄　●●●●

雄雄雄雄　●●●●

雄雄雄雄　●●●●

雄雄雄雄　●●●●

二音九聲

雄雄雄雄　●●●●

雄雄雄雄　●●●●

雄雄雄雄　●●●●

雄雄雄雄　●●●●

二音十聲

雄雄雄雄　●●●●

雄雄雄雄　●●●●

雄雄雄雄　●●●●

雄雄雄雄　●●●●

收音濁和律二之三

三音一聲

王王王王　多可个舌

王王王王　禾火化八

王王王王　開宰愛○

王王王王　回每退○

六音二聲

東丹帝■　況況況況

兑大弟■　況況況況

土貪天■　況況況況

同覃田■　況況況況

七音二聲

乃妳女■　況況況況

内南年■　況況況況

老冷吕■　況況況況

鹿犖离■　況況況況

八音二聲

走哉足■　況況況況

自在匠■　況況況況

草采七■　況況況況

曹才全■　況況況況

九音二聲

思三星■　況況況況

寺□象■　況況況況

□□□■　況況況況

□□□■　況況況況

王王王王　良兩向○

三音　王王王王　光廣況○
二聲　王王王王　丁井亘○
王王王王　兄永瑩○
王王王王　千典亘○

三音　王王王王　元犬半○
三聲　王王王王　臣引艮○
王王王王　君允巽○
王王王王　刀早孝岳

三音　王王王王　毛寶報霍
四聲　王王王王　牛斗奏六
王王王王　○○○玉
王王王王　妻子四日

三音　王王王王　衰○帥骨
五聲　王王王王　○○○德
王王王王　龜水貴北

■山手■　況況況況

十音　■士石■　況況況況
二聲　■□耳■　況況況況
■□二■　況況況況
■莊震■　況況況況

十一音　■乍□■　況況況況
二聲　■叉赤■　況況況況
■崇辰■　況況況況
■卓中■　況況況況

十二音　■宅直■　況況況況
二聲　■坼丑■　況況況況
■茶呈■　況況況況

去聲翕唱呂二之三

古甲九癸　半半半半

一音　□□近揆　半半半半
三聲　坤巧丘弃　半半半半
□□乾虯　半半半半

三音　六聲

王王王王　宮孔衆○
王王王王　龍甬用○
王王王王　魚鼠去○
王王王王　烏虎兔○
王王王王　心審禁○

三音　七聲

王王王王　○○○十
王王王王　男坎欠○
王王王王　○○○妾
王王王王　●●●●

三音　八聲

王王王王　●●●●
王王王王　●●●●
王王王王　●●●●
王王王王　●●●●

三音　九聲

王王王王　●●●●
王王王王　●●●●
王王王王　●●●●

二音　三聲

黑花香血　半半半半
黃華雄賢　半半半半
五瓦仰□　半半半半
吾牙月堯　半半半半
安亞乙一　半半半半

三音　三聲

□爻王寅　半半半半
母馬美米　半半半半
目皃眉民　半半半半
夫法□飛　半半半半

四音　三聲

父凡□吠　半半半半
武晚□尾　半半半半
文万□未　半半半半
卜百丙必　半半半半

五音　三聲

步白葡鼻　半半半半
普朴品匹　半半半半
旁排平瓶　半半半半

三音十聲

王王王王●●●●

王王王王●●●●

王王王王●●●●

王王王王●●●●

收音濁和律二之四

□□□□多可个舌

四音一聲

□□□□禾火化八

□□□□開宰愛○

□□□□回每退○

□□□□良兩向○

四音二聲

□□□□光廣况○

□□□□丁井亘○

□□□□兄永瑩○

□□□□千典旦○

四音三聲

□□□□元犬半○

□□□□臣引艮○

□□□□君允巽○

六音三聲

東丹帝■半半半半

兑大弟■半半半半

土貪天■半半半半

同覃田■半半半半

乃妳女■半半半半

七音三聲

内南年■半半半半

老冷吕■半半半半

鹿犖离■半半半半

走哉足■半半半半

八音三聲

自在匠■半半半半

草采七■半半半半

曹才全■半半半半

思三星■半半半半

九音三聲

寺□象■半半半半

□□□■半半半半

□□□■半半半半

□□□□ 刀早孝岳

四音 □□□□ 毛寶報霍

四聲 □□□□ 牛斗奏六

□□□□ ○○○玉

□□□□ 妻子四日

四音 □□□□ 衰○帥骨

五聲 □□□□ ○○○德

□□□□ 龜水貴北

□□□□ 宮孔衆○

四音 □□□□ 龍甬用○

六聲 □□□□ 魚鼠去○

□□□□ 烏虎兔○

□□□□ 心審禁○

四音 □□□□ ○○○十

七聲 □□□□ 男坎欠○

□□□□ ○○○妾

■山手■ 半半半半

十音 ■士石■ 半半半半

三聲 ■□耳■ 半半半半

■□二■ 半半半半

■莊震■ 半半半半

十一音 ■乍□■ 半半半半

三聲 ■叉赤■ 半半半半

■崇辰■ 半半半半

■卓中■ 半半半半

十二音 ■宅直■ 半半半半

三聲 ■坼丑■ 半半半半

■茶呈■ 半半半半

去聲翕唱吕二之四

古甲九癸 報報報報

一音 □□近揆 報報報報

四聲 坤巧丘弃 報報報報

□□乾虯 報報報報

□□□□ ●●●●

四音 □□□□ ●●●●

八聲 □□□□ ●●●●

□□□□ ●●●●

□□□□ ●●●●

四音 □□□□ ●●●●

九聲 □□□□ ●●●●

□□□□ ●●●●

□□□□ ●●●●

四音 □□□□ ●●●●

十聲 □□□□ ●●●●

□□□□ ●●●●

收音濁和律二之五

𦬊𦬊𦬊𦬊 多可个舌

五音 𦬊𦬊𦬊𦬊 禾火化八

一聲 𦬊𦬊𦬊𦬊 開宰愛○

𦬊𦬊𦬊𦬊 回每退○

黑花香血 報報報報

二音 黃華雄賢 報報報報

四聲 五瓦仰□ 報報報報

吾牙月堯 報報報報

安亞乙一 報報報報

三音 □爻王寅 報報報報

四聲 母馬美米 報報報報

目皃眉民 報報報報

夫法□飛 報報報報

四音 父凡□吠 報報報報

四聲 武晚□尾 報報報報

文万□未 報報報報

卜百丙必 報報報報

五音 步白𦬊鼻 報報報報

四聲 普朴品匹 報報報報

旁排平瓶 報報報報

䓲䓲䓲䓲　良兩向○

五音　二聲

䓲䓲䓲䓲　光廣況○
䓲䓲䓲䓲　丁井亘○
䓲䓲䓲䓲　兄永瑩○
䓲䓲䓲䓲　千典旦○

五音　三聲

䓲䓲䓲䓲　元犬半○
䓲䓲䓲䓲　臣引艮○
䓲䓲䓲䓲　君允巽○
䓲䓲䓲䓲　刀早孝岳

五音　四聲

䓲䓲䓲䓲　毛寶報霍
䓲䓲䓲䓲　牛斗奏六
䓲䓲䓲䓲　○○○玉
䓲䓲䓲䓲　妻子四日

五音　五聲

䓲䓲䓲䓲　衰○帥骨
䓲䓲䓲䓲　○○○德
䓲䓲䓲䓲　龜水貴北

東丹帝■　報報報報

六音　四聲

兑大弟■　報報報報
土貪天■　報報報報
同覃田■　報報報報
乃妳女■　報報報報

七音　四聲

内南年■　報報報報
老冷吕■　報報報報
鹿犖离■　報報報報
走哉足■　報報報報

八音　四聲

自在匠■　報報報報
草采七■　報報報報
曹才全■　報報報報
思三星■　報報報報

九音　四聲

寺□象■　報報報報
□□□■　報報報報
□□□■　報報報報

五音六聲

葥葥葥葥 宮孔衆○
葥葥葥葥 龍甬用○
葥葥葥葥 魚鼠去○
葥葥葥葥 烏虎兔○

五音七聲

葥葥葥葥 心審禁○
葥葥葥葥 ○○○十
葥葥葥葥 男坎欠○
葥葥葥葥 ○○○妾

五音八聲

葥葥葥葥 ●●●●
葥葥葥葥 ●●●●
葥葥葥葥 ●●●●
葥葥葥葥 ●●●●

五音九聲

葥葥葥葥 ●●●●
葥葥葥葥 ●●●●
葥葥葥葥 ●●●●
葥葥葥葥 ●●●●

十音四聲

■山手■ 報報報報
■士石■ 報報報報
■□耳■ 報報報報
■□二■ 報報報報

十一音四聲

■莊震■ 報報報報
■乍□■ 報報報報
■叉赤■ 報報報報
■崇辰■ 報報報報

十二音四聲

■卓中■ 報報報報
■宅直■ 報報報報
■拆丑■ 報報報報
■茶呈■ 報報報報

去聲翕唱呂一之五

一音五聲

古甲九癸 帥帥帥帥
□□近揆 帥帥帥帥
坤巧丘弃 帥帥帥帥
□□乾虯 帥帥帥帥

黹黹黹黹　●●●●
五音　黹黹黹黹　●●●●
十聲　黹黹黹黹　●●●●
黹黹黹黹　●●●●

收音濁和律二之六

弟弟弟弟　多可个舌
六音　弟弟弟弟　禾火化八
一聲　弟弟弟弟　開宰愛○
弟弟弟弟　回每退○
弟弟弟弟　良兩向○
六音　弟弟弟弟　光廣況○
二聲　弟弟弟弟　丁井亘○
弟弟弟弟　兄永瑩○
弟弟弟弟　千典旦○
六音　弟弟弟弟　元犬半○
三聲　弟弟弟弟　臣引艮○
弟弟弟弟　君允巽○

黑花香血　帥帥帥帥
二音　黃華雄賢　帥帥帥帥
五聲　五瓦仰□　帥帥帥帥
吾牙月堯　帥帥帥帥
安亞乙一　帥帥帥帥
三音　□爻王寅　帥帥帥帥
五聲　母馬美米　帥帥帥帥
目皃眉民　帥帥帥帥
夫法□飛　帥帥帥帥
四音　父凡□吠　帥帥帥帥
五聲　武晚□尾　帥帥帥帥
文万□未　帥帥帥帥
卜百丙必　帥帥帥帥
五音　步白黹鼻　帥帥帥帥
五聲　普朴品匹　帥帥帥帥
旁排平瓶　帥帥帥帥

弟弟弟弟　刀早孝岳

六音　四聲

弟弟弟弟　毛寶報霍
弟弟弟弟　牛斗奏六
弟弟弟弟　〇〇〇玉
弟弟弟弟　妻子四日

六音　五聲

弟弟弟弟　衰〇帥骨
弟弟弟弟　〇〇〇德
弟弟弟弟　龜水貴北
弟弟弟弟　宮孔衆〇

六音　六聲

弟弟弟弟　龍甬用〇
弟弟弟弟　魚鼠去〇
弟弟弟弟　烏虎兔〇
弟弟弟弟　心審禁〇

六音　七聲

弟弟弟弟　〇〇〇十
弟弟弟弟　男坎欠〇
弟弟弟弟　〇〇〇妾

東丹帝■　帥帥帥帥

六音　五聲

兑大弟■　帥帥帥帥
土貪天■　帥帥帥帥
同覃田■　帥帥帥帥
乃妳女■　帥帥帥帥

七音　五聲

内南年■　帥帥帥帥
老冷吕■　帥帥帥帥
鹿犖离■　帥帥帥帥
走哉足■　帥帥帥帥

八音　五聲

自在匠■　帥帥帥帥
草采七■　帥帥帥帥
曹才全■　帥帥帥帥
思三星■　帥帥帥帥

九音　五聲

寺□象■　帥帥帥帥
□□□■　帥帥帥帥
□□□■　帥帥帥帥

弟弟弟弟　●●●●
六音　弟弟弟弟　●●●●
八聲　弟弟弟弟　●●●●
弟弟弟弟　●●●●
弟弟弟弟　●●●●
六音　弟弟弟弟　●●●●
九聲　弟弟弟弟　●●●●
弟弟弟弟　●●●●
弟弟弟弟　●●●●
六音　弟弟弟弟　●●●●
十聲　弟弟弟弟　●●●●
弟弟弟弟　●●●●

收音濁和律二之七

年年年年　多可个舌
七音　年年年年　禾火化八

■山手■　帥帥帥帥
十音　■士石■　帥帥帥帥
五聲　■□耳■　帥帥帥帥
■□二■　帥帥帥帥
■莊震■　帥帥帥帥
十一音　■乍□■　帥帥帥帥
五聲　■叉赤■　帥帥帥帥
■崇辰■　帥帥帥帥
■卓中■　帥帥帥帥
十二音　■宅直■　帥帥帥帥
五聲　■坼丑■　帥帥帥帥
■茶呈■　帥帥帥帥

去聲翕唱呂二之六

古甲九癸　用用用用
一音　□□近揆　用用用用

一聲 年年年年 開宰愛○
年年年年 回每退○
年年年年 良兩向○
七音 年年年年 光廣況○
二聲 年年年年 丁井亘○
年年年年 兄永瑩○
年年年年 千典旦○
七音 年年年年 元犬半○
三聲 年年年年 臣引艮○
年年年年 君允巽○
年年年年 刀早孝岳
七音 年年年年 毛寶報霍
四聲 年年年年 牛斗奏六
年年年年 ○○○玉
年年年年 妻子四日
七音 年年年年 衰○帥骨

六聲 坤巧丘弃 用用用用
□□乾虯 用用用用
黑花香血 用用用用
二音 黃華雄賢 用用用用
六聲 五瓦仰□ 用用用用
吾牙月堯 用用用用
安亞乙一 用用用用
三音 □爻王寅 用用用用
六聲 母馬美米 用用用用
目皃眉民 用用用用
夫法□飛 用用用用
四音 父凡□吠 用用用用
六聲 武晚□尾 用用用用
文万□未 用用用用
卜百丙必 用用用用
五音 步白葡鼻 用用用用

五聲

年年年年　○○○德
年年年年　龜水貴北
年年年年　宮孔衆○

七音　六聲

年年年年　龍甬用○
年年年年　魚鼠去○
年年年年　烏虎兔○
年年年年　心審禁○

七音　七聲

年年年年　○○○十
年年年年　男坎欠○
年年年年　○○○妾
年年年年　●●●●

七音　八聲

年年年年　●●●●
年年年年　●●●●
年年年年　●●●●
年年年年　●●●●

七音

年年年年　●●●●

六聲

普朴品匹　用用用用
旁排平瓶　用用用用
東丹帝■　用用用用

六音　六聲

兑大弟■　用用用用
土貪天■　用用用用
同覃田■　用用用用
乃妳女■　用用用用

七音　六聲

內南年■　用用用用
老冷吕■　用用用用
鹿犖离■　用用用用
走哉足■　用用用用

八音　六聲

自在匠■　用用用用
草采七■　用用用用
曹才全■　用用用用
思三星■　用用用用

九音

寺□象■　用用用用

九聲　年年年年　●●●●
　　　年年年年　●●●●
　　　年年年年　●●●●
七音　年年年年　●●●●
十聲　年年年年　●●●●
　　　年年年年　●●●●

收音濁和律一之八

匠匠匠匠　多可个舌
八音　匠匠匠匠　禾火化八
一聲　匠匠匠匠　開宰愛○
　　　匠匠匠匠　回每退○
　　　匠匠匠匠　良兩向○
八音　匠匠匠匠　光廣況○
二聲　匠匠匠匠　丁井亘○
　　　匠匠匠匠　兄永瑩○

六聲　□□□■　用用用用
　　　□□□■　用用用用
　　　■山手■　用用用用
十音　■土石■　用用用用
六聲　■□耳■　用用用用
　　　■□二■　用用用用
　　　■莊震■　用用用用
十一音　■乍□■　用用用用
六聲　■叉赤■　用用用用
　　　■崇辰■　用用用用
　　　■卓中■　用用用用
十二音　■宅直■　用用用用
六聲　■坼丑■　用用用用
　　　■茶呈■　用用用用

去聲翕唱吕一之七

匠匠匠匠　千典旦○

八音三聲

匠匠匠匠　元犬半○
匠匠匠匠　臣引艮○
匠匠匠匠　君允巽○
匠匠匠匠　刀早孝岳

八音四聲

匠匠匠匠　毛寶報霍
匠匠匠匠　牛斗奏六
匠匠匠匠　○○○玉
匠匠匠匠　妻子四日

八音五聲

匠匠匠匠　衰○帥骨
匠匠匠匠　○○○德
匠匠匠匠　龜水貴北
匠匠匠匠　宮孔衆○

八音六聲

匠匠匠匠　龍甬用○
匠匠匠匠　魚鼠去○
匠匠匠匠　烏虎兔○

古甲九癸　○○○○

一音七聲

□□近揆　○○○○
坤巧丘弃　○○○○
□□乾虯　○○○○
黑花香血　○○○○

二音七聲

黃華雄賢　○○○○
五瓦仰□　○○○○
吾牙月堯　○○○○
安亞乙一　○○○○

三音七聲

□爻王寅　○○○○
母馬美米　○○○○
目皃眉民　○○○○
夫法□飛　○○○○

四音七聲

父凡□吠　○○○○
武晚□尾　○○○○
文万□未　○○○○

八音七聲

匠匠匠匠心審禁○
匠匠匠匠○○○十
匠匠匠匠男坎欠○
匠匠匠匠○○○妾

八音八聲

匠匠匠匠●●●●
匠匠匠匠●●●●
匠匠匠匠●●●●
匠匠匠匠●●●●

八音九聲

匠匠匠匠●●●●
匠匠匠匠●●●●
匠匠匠匠●●●●
匠匠匠匠●●●●

八音十聲

匠匠匠匠●●●●
匠匠匠匠●●●●
匠匠匠匠●●●●
匠匠匠匠●●●●

五音七聲

卜百丙必○○○○
步白精鼻○○○○
普朴品匹○○○○
旁排平瓶○○○○

六音七聲

東丹帝■○○○○
兌大弟■○○○○
土貪天■○○○○
同覃田■○○○○

七音七聲

乃妳女■○○○○
内南年■○○○○
老冷吕■○○○○
鹿犖离■○○○○

八音七聲

走哉足■○○○○
自在匠■○○○○
草采七■○○○○
曹才全■○○○○

收音濁和律一之九

象象象象　多可个舌

九音　一聲

象象象象　禾火化八
象象象象　開宰愛○
象象象象　回每退○
象象象象　良兩向○

九音　二聲

象象象象　光廣况○
象象象象　丁井亘○
象象象象　兄永瑩○
象象象象　千典旦○

九音　三聲

象象象象　元犬半○
象象象象　臣引艮○
象象象象　君允巽○
象象象象　刀早孝岳

九音　四聲

象象象象　毛寶報霍
象象象象　牛斗奏六
象象象象　○○○玉

思三星■　○○○○

九音　七聲

寺□象■　○○○○
□□□■　○○○○
□□□■　○○○○
■山手■　○○○○

十音　七聲

■士石■　○○○○
■□耳■　○○○○
■□二■　○○○○
■莊震■　○○○○

十一音　七聲

■乍□■　○○○○
■叉赤■　○○○○
■崇辰■　○○○○
■卓中■　○○○○

十二音　七聲

■宅直■　○○○○
■坼丑■　○○○○
■茶呈■　○○○○

九音　五聲

象象象象　妻子四日
象象象象　衰○帥骨
象象象象　○○○德
象象象象　龜水貴北
象象象象　宮孔衆○

九音　六聲

象象象象　龍甬用○
象象象象　魚鼠去○
象象象象　烏虎兔○
象象象象　心審禁○

九音　七聲

象象象象　○○○十
象象象象　男坎欠○
象象象象　○○○妾
象象象象　●●●●

九音　八聲

象象象象　●●●●
象象象象　●●●●
象象象象　●●●●

去聲翕唱呂二之八

一音　八聲

古甲九癸　●●●●
□□近揆　●●●●
坤巧丘弃　●●●●
□□乾虯　●●●●
黑花香血　●●●●

二音　八聲

黃華雄賢　●●●●
五瓦仰□　●●●●
吾牙月堯　●●●●
安亞乙一　●●●●

三音　八聲

□爻王寅　●●●●
母馬美米　●●●●
目皃眉民　●●●●
夫法□飛　●●●●

四音　八聲

父凡□吠　●●●●
武晚□尾　●●●●
文万□未　●●●●

象象象象　●●●●

九音　九聲

象象象象　●●●●
象象象象　●●●●
象象象象　●●●●
象象象象　●●●●

九音　十聲

象象象象　●●●●
象象象象　●●●●
象象象象　●●●●
象象象象　●●●●

收音濁和律二之十

石石石石　多可个舌

十音　一聲

石石石石　禾火化八
石石石石　開宰愛○
石石石石　回每退○
石石石石　良兩向○

十音　二聲

石石石石　光廣況○
石石石石　丁井亘○
石石石石　兄永瑩○

卜百丙必　●●●●

五音　八聲

步白葡鼻　●●●●
普朴品匹　●●●●
旁排平瓶　●●●●
東丹帝■　●●●●

六音　八聲

兑大弟■　●●●●
土貪天■　●●●●
同覃田■　●●●●
乃妳女■　●●●●

七音　八聲

内南年■　●●●●
老冷吕■　●●●●
鹿犖离■　●●●●
走哉足■　●●●●

八音　八聲

自在匠■　●●●●
草采七■　●●●●
曹才全■　●●●●

石石石石　千典旦○

十音三聲

石石石石　元犬半○
石石石石　臣引艮○
石石石石　君允巽○
石石石石　刀早孝岳

十音四聲

石石石石　毛寶報霍
石石石石　牛斗奏六
石石石石　○○○玉
石石石石　妻子四日

十音五聲

石石石石　衰○帥骨
石石石石　○○○德
石石石石　龜水貴北
石石石石　宮孔衆○

十音六聲

石石石石　龍甬用○
石石石石　魚鼠去○
石石石石　烏虎兔○

思三星■　●●●●

九音八聲

寺□象■　●●●●
□□□■　●●●●
□□□■　●●●●
■山手■　●●●●

十音八聲

■士石■　●●●●
■□耳■　●●●●
■□二■　●●●●
■莊震■　●●●●

十一音八聲

■乍□■　●●●●
■叉赤■　●●●●
■崇辰■　●●●●
■卓中■　●●●●

十二音八聲

■宅直■　●●●●
■坼丑■　●●●●
■茶呈■　●●●●

石石石石 心審禁○

十音七聲

石石石石 ○○○十

石石石石 男坎欠○

石石石石 ○○○妾

石石石石 ●●●●

十音八聲

石石石石 ●●●●

石石石石 ●●●●

石石石石 ●●●●

石石石石 ●●●●

十音九聲

石石石石 ●●●●

石石石石 ●●●●

石石石石 ●●●●

石石石石 ●●●●

十音十聲

石石石石 ●●●●

石石石石 ●●●●

石石石石 ●●●●

去聲翕唱呂二之九

古甲九癸 ●●●●

一音九聲

□□近揆 ●●●●

坤巧丘弃 ●●●●

□□乾虯 ●●●●

黑花香血 ●●●●

二音九聲

黄華雄賢 ●●●●

五瓦仰□ ●●●●

吾牙月堯 ●●●●

安亞乙一 ●●●●

三音九聲

□爻王寅 ●●●●

母馬美米 ●●●●

目皃眉民 ●●●●

夫法□飛 ●●●●

四音九聲

父凡□吠 ●●●●

武晚□尾 ●●●●

文万□未 ●●●●

收音濁和律一之十一

十一音　一聲

□□□□　多可个舌
□□□□　禾火化八
□□□□　開宰愛○
□□□□　回每退○

十一音　二聲

□□□□　良兩向○
□□□□　光廣況○
□□□□　丁井亘○
□□□□　兄永瑩○

十一音　三聲

□□□□　千典旦○
□□□□　元犬半○
□□□□　臣引艮○
□□□□　君允巽○

十一音　四聲

□□□□　刀早孝岳
□□□□　毛寶報霍
□□□□　牛斗奏六
□□□□　○○○玉

五音　九聲

卜百丙必　●●●●
步白葡鼻　●●●●
普朴品匹　●●●●
旁排平瓶　●●●●

六音　九聲

東丹帝■　●●●●
兑大弟■　●●●●
土貪天■　●●●●
同覃田■　●●●●

七音　九聲

乃妳女■　●●●●
内南年■　●●●●
老冷吕■　●●●●
鹿犖离■　●●●●

八音　九聲

走哉足■　●●●●
自在匠■　●●●●
草采七■　●●●●
曹才全■　●●●●

□□□□　妻子四日

十一音　五聲

□□□□　衰○帥骨
□□□□　○○○德
□□□□　龜水貴北
□□□□　宮孔衆○

十一音　六聲

□□□□　龍甬用○
□□□□　魚鼠去○
□□□□　烏虎兔○
□□□□　心審禁○

十一音　七聲

□□□□　○○○十
□□□□　男坎欠○
□□□□　○○○妾
□□□□　●●●●

十一音　八聲

□□□□　●●●●
□□□□　●●●●
□□□□　●●●●

九音　九聲

思三星■　●●●●
寺□象■　●●●●
□□□■　●●●●
□□□■　●●●●
■山手■　●●●●

十音　九聲

■士石■　●●●●
■□耳■　●●●●
■□二■　●●●●
■莊震■　●●●●

十一音　九聲

■乍□■　●●●●
■叉赤■　●●●●
■崇辰■　●●●●
■卓中■　●●●●

十二音　九聲

■宅直■　●●●●
■坼丑■　●●●●
■茶呈■　●●●●

□□□□ ●●●●
十一音 □□□□ ●●●●
九聲 □□□□ ●●●●
□□□□ ●●●●
□□□□ ●●●●
十二音 □□□□ ●●●●
十聲 □□□□ ●●●●
□□□□ ●●●●

收音濁和律二之十二

直直直直 多可个舌
十二音 直直直直 禾火化八
一聲 直直直直 開宰愛○
直直直直 回每退○
直直直直 良兩向○
十二音 直直直直 光廣況○

去聲翕唱呂二之十

古甲九癸 ●●●●
一音 □□近揆 ●●●●
十聲 坤巧丘弃 ●●●●
□□乾虯 ●●●●
黑花香血 ●●●●
二音 黃華雄賢 ●●●●
十聲 五瓦仰□ ●●●●
吾牙月堯 ●●●●
安亞乙一 ●●●●
三音 □爻王寅 ●●●●
十聲 母馬美米 ●●●●
目皃眉民 ●●●●
夫法□飛 ●●●●
四音 父凡□吠 ●●●●

二聲 直直直直 丁井亘○
直直直直 兄永瑩○
直直直直 千典旦○
十二音 直直直直 元犬半○
三聲 直直直直 臣引艮○
直直直直 君允巽○
直直直直 刀早孝岳
十二音 直直直直 毛寶報霍
四聲 直直直直 牛斗奏六
直直直直 ○○○玉
直直直直 妻子四日
十二音 直直直直 衰○帥骨
五聲 直直直直 ○○○德
直直直直 龜水貴北
直直直直 宮孔衆○
十二音 直直直直 龍甬用○

十聲 武晚□尾 ●●●●
文万□未 ●●●●
卜百丙必 ●●●●
五音 步白葡鼻 ●●●●
十聲 普朴品匹 ●●●●
旁排平瓶 ●●●●
東丹帝■ ●●●●
六音 兑大弟■ ●●●●
十聲 土貪天■ ●●●●
同覃田■ ●●●●
乃妳女■ ●●●●
七音 内南年■ ●●●●
十聲 老冷吕■ ●●●●
鹿犖离■ ●●●●
走哉足■ ●●●●
八音 自在匠■ ●●●●

六聲　直直直直　魚鼠去○
　　　直直直直　烏虎兔○
　　　直直直直　心審禁○
十二音　直直直直　○○○十
七聲　直直直直　男坎欠○
　　　直直直直　○○○妾
　　　直直直直　●●●●
十二音　直直直直　●●●●
八聲　直直直直　●●●●
　　　直直直直　●●●●
　　　直直直直　●●●●
十二音　直直直直　●●●●
九聲　直直直直　●●●●
　　　直直直直　●●●●
　　　直直直直　●●●●
十二音　直直直直　●●●●

十聲　草采七■　●●●●
　　　曹才全■　●●●●
　　　思三星■　●●●●
九音　寺□象■　●●●●
十聲　□□□■　●●●●
　　　□□□■　●●●●
　　　■山手■　●●●●
十音　■士石■　●●●●
十聲　■□耳■　●●●●
　　　■□二■　●●●●
　　　■莊震■　●●●●
十一音　■乍□■　●●●●
十聲　■叉赤■　●●●●
　　　■崇辰■　●●●●
　　　■卓中■　●●●●
十二音　■宅直■　●●●●

十聲 直直直直 ●●●●

直直直直 ●●●●

觀物篇之四十五

星星聲去闢

愛亘艮奏○

去欠●●●

星星聲七，下唱地之用音一百五十二，是謂去聲闢音。去聲闢音一千六十四。

星星聲去之三闢

收音清和律三之一

丘丘丘丘 多可个舌

一音 丘丘丘丘 禾火化八

一聲 丘丘丘丘 開宰愛○

丘丘丘丘 回每退○

丘丘丘丘 良兩向○

一音 丘丘丘丘 光廣況○

十聲 ■坼丑■ ●●●●

■茶呈■ ●●●●

土土音收清

丘仰美□品天

吕七□耳赤丑

土土音十二，上和天之用聲一百一十二，是謂收音清聲。收音清聲一千三百四十四。

土土音收之三清

去聲闢唱吕三之一

古甲九癸 愛愛愛愛

一音 □□近揆 愛愛愛愛

一聲 坤巧丘弃 愛愛愛愛

□□乾虯 愛愛愛愛

黑花香血 愛愛愛愛

二音 黃華雄賢 愛愛愛愛

二聲 丘丘丘丘 丁井亘○
丘丘丘丘 兄永瑩○
丘丘丘丘 千典旦○
一音 丘丘丘丘 元犬半○
三聲 丘丘丘丘 臣引艮○
丘丘丘丘 君允巽○
丘丘丘丘 刀早孝岳
一音 丘丘丘丘 毛寶報霍
四聲 丘丘丘丘 牛斗奏六
丘丘丘丘 ○○○玉
丘丘丘丘 妻子四日
一音 丘丘丘丘 衰○帥骨
五聲 丘丘丘丘 ○○○德
丘丘丘丘 龜水貴北
丘丘丘丘 宮孔衆○
一音 丘丘丘丘 龍甬用○

一聲 五瓦仰□ 愛愛愛愛
吾牙月堯 愛愛愛愛
安亞乙一 愛愛愛愛
三音 □爻王寅 愛愛愛愛
一聲 母馬美米 愛愛愛愛
目皃眉民 愛愛愛愛
夫法□飛 愛愛愛愛
四音 父凡□吠 愛愛愛愛
一聲 武晚□尾 愛愛愛愛
文万□未 愛愛愛愛
卜百丙必 愛愛愛愛
五音 步白葡鼻 愛愛愛愛
一聲 普朴品匹 愛愛愛愛
旁排平瓶 愛愛愛愛
東丹帝■ 愛愛愛愛
六音 兑大弟■ 愛愛愛愛

六聲　丘丘丘丘　魚鼠去○
丘丘丘丘　烏虎兔○
丘丘丘丘　心審禁○
一音　丘丘丘丘　○○○十
七聲　丘丘丘丘　男坎欠○
丘丘丘丘　○○○妾
丘丘丘丘　●●●●
一音　丘丘丘丘　●●●●
八聲　丘丘丘丘　●●●●
丘丘丘丘　●●●●
丘丘丘丘　●●●●
一音　丘丘丘丘　●●●●
九聲　丘丘丘丘　●●●●
丘丘丘丘　●●●●
丘丘丘丘　●●●●
一音　丘丘丘丘　●●●●

一聲　土貪天■　愛愛愛愛
同覃田■　愛愛愛愛
乃妳女■　愛愛愛愛
七音　內南年■　愛愛愛愛
一聲　老冷吕■　愛愛愛愛
鹿犖离■　愛愛愛愛
走哉足■　愛愛愛愛
八音　自在匠■　愛愛愛愛
一聲　草采七■　愛愛愛愛
曹才全■　愛愛愛愛
思三星■　愛愛愛愛
九音　寺□象■　愛愛愛愛
一聲　□□□■　愛愛愛愛
□□□■　愛愛愛愛
■山手■　愛愛愛愛
十音　■士石■　愛愛愛愛

十聲　丘丘丘丘　●●●●
　　　丘丘丘丘　●●●●

收音清和律三之二

　　　仰仰仰仰　多可个舌
二音　仰仰仰仰　禾火化八
一聲　仰仰仰仰　開宰愛○
　　　仰仰仰仰　回每退○
　　　仰仰仰仰　良兩向○
二音　仰仰仰仰　光廣况○
二聲　仰仰仰仰　丁井亘○
　　　仰仰仰仰　兄永瑩○
　　　仰仰仰仰　千典旦○
二音　仰仰仰仰　元犬半○
三聲　仰仰仰仰　臣引艮○
　　　仰仰仰仰　君允巽○
　　　仰仰仰仰　刀早孝岳
二音　仰仰仰仰　毛寶報霍

一聲　■□耳■　愛愛愛愛
　　　■□二■　愛愛愛愛
　　　■莊震■　愛愛愛愛
十一音　■乍□■　愛愛愛愛
一聲　■叉赤■　愛愛愛愛
　　　■崇辰■　愛愛愛愛
　　　■卓中■　愛愛愛愛
十二音　■宅直■　愛愛愛愛
一聲　■坼丑■　愛愛愛愛
　　　■茶呈■　愛愛愛愛

去聲闢唱呂三之二

　　　古甲九癸　亘亘亘亘
一音　□□近揆　亘亘亘亘
二聲　坤巧丘弃　亘亘亘亘
　　　□□乾虯　亘亘亘亘
　　　黑花香血　亘亘亘亘
二音　黄華雄賢　亘亘亘亘

四聲　仰仰仰仰　牛斗奏六
　　　仰仰仰仰　○○○玉
　　　仰仰仰仰　妻子四日
二音　仰仰仰仰　衰○帥骨
五聲　仰仰仰仰　○○○德
　　　仰仰仰仰　龜水貴北
　　　仰仰仰仰　宮孔衆○
二音　仰仰仰仰　龍甬用○
六聲　仰仰仰仰　魚鼠去○
　　　仰仰仰仰　烏虎兔○
　　　仰仰仰仰　心審禁○
二音　仰仰仰仰　○○○十
七聲　仰仰仰仰　男坎欠○
　　　仰仰仰仰　○○○妾
　　　仰仰仰仰　●●●●
二音　仰仰仰仰　●●●●

二聲　五瓦仰□　亘亘亘亘
　　　吾牙月堯　亘亘亘亘
　　　安亞乙一　亘亘亘亘
三音　□爻王寅　亘亘亘亘
二聲　母馬美米　亘亘亘亘
　　　目皃眉民　亘亘亘亘
　　　夫法□飛　亘亘亘亘
四音　父凡□吠　亘亘亘亘
二聲　武晚□尾　亘亘亘亘
　　　文万□未　亘亘亘亘
　　　卜百丙必　亘亘亘亘
五音　步白葡鼻　亘亘亘亘
二聲　普朴品匹　亘亘亘亘
　　　旁排平瓶　亘亘亘亘
　　　東丹帝■　亘亘亘亘
六音　兑大弟■　亘亘亘亘

八聲　仰仰仰仰　●●●●
仰仰仰仰　●●●●
仰仰仰仰　●●●●
二音　仰仰仰仰　●●●●
九聲　仰仰仰仰　●●●●
仰仰仰仰　●●●●
仰仰仰仰　●●●●
二音　仰仰仰仰　●●●●
十聲　仰仰仰仰　●●●●
仰仰仰仰　●●●●

收音清和律三之三

美美美美　多可个舌
三音　美美美美　禾火化八
一聲　美美美美　開宰愛○
美美美美　回每退○
美美美美　良兩向○
三音　美美美美　光廣況○

二聲　土貪天■　亘亘亘亘
同覃田■　亘亘亘亘
乃妳女■　亘亘亘亘
七音　内南年■　亘亘亘亘
二聲　老冷吕■　亘亘亘亘
鹿犖离■　亘亘亘亘
走哉足■　亘亘亘亘
八音　自在匠■　亘亘亘亘
二聲　草采七■　亘亘亘亘
曹才全■　亘亘亘亘
思三星■　亘亘亘亘
九音　寺□象■　亘亘亘亘
二聲　□□□■　亘亘亘亘
□□□■　亘亘亘亘
■山手■　亘亘亘亘
十音　■士石■　亘亘亘亘

二聲 美美美美 丁井亘○
美美美美 兄永瑩○
美美美美 千典旦○
三音 美美美美 元犬半○
三聲 美美美美 臣引艮○
美美美美 君允巽○
美美美美 刀早孝岳
三音 美美美美 毛寶報霍
四聲 美美美美 牛斗奏六
美美美美 ○○○玉
美美美美 妻子四日
三音 美美美美 衰○帥骨
五聲 美美美美 ○○○德
美美美美 龜水貴北
美美美美 宮孔衆○
三音 美美美美 龍甬用○

二聲 ■□耳■ 亘亘亘亘
■□二■ 亘亘亘亘
■莊震■ 亘亘亘亘
十一音 ■乍□■ 亘亘亘亘
二聲 ■叉赤■ 亘亘亘亘
■崇辰■ 亘亘亘亘
■卓中■ 亘亘亘亘
十二音 ■宅直■ 亘亘亘亘
二聲 ■坼丑■ 亘亘亘亘
■茶呈■ 亘亘亘亘

去聲闢唱呂三之三

古甲九癸 艮艮艮艮
一音 □□近揆 艮艮艮艮
三聲 坤巧丘弃 艮艮艮艮
□□乾虯 艮艮艮艮
黑花香血 艮艮艮艮
二音 黃華雄賢 艮艮艮艮

六聲 美美美美 魚鼠去○
美美美美 烏虎兔○
美美美美 心審禁○

三音 美美美美 ○○○十
七聲 美美美美 男坎欠○
美美美美 ○○○妾
美美美美 ●●●●

三音 美美美美 ●●●●
八聲 美美美美 ●●●●
美美美美 ●●●●
美美美美 ●●●●

三音 美美美美 ●●●●
九聲 美美美美 ●●●●
美美美美 ●●●●
美美美美 ●●●●

三音 美美美美 ●●●●

三聲 五瓦仰□ 良良良良
吾牙月堯 良良良良
安亞乙一 良良良良

三音 □爻王寅 良良良良
三聲 母馬美米 良良良良
目皃眉民 良良良良
夫法□飛 良良良良

四音 父凡□吠 良良良良
三聲 武晚□尾 良良良良
文万□未 良良良良
卜百丙必 良良良良

五音 步白葡鼻 良良良良
三聲 普朴品匹 良良良良
旁排平瓶 良良良良
東丹帝■ 良良良良

六音 兑大弟■ 良良良良

十聲 美美美美 ●●●●
美美美美 ●●●●

收音清和律三之四

□□□□ 多可个舌
四音一聲 □□□□ 禾火化八
□□□□ 開宰愛○
□□□□ 回每退○
□□□□ 良兩向○
四音二聲 □□□□ 光廣況○
□□□□ 丁井亘○
□□□□ 兄永瑩○
□□□□ 千典旦○
四音三聲 □□□□ 元犬半○
□□□□ 臣引艮○
□□□□ 君允巽○
□□□□ 刀早孝岳
四音 □□□□ 毛寶報霍

三聲 土貪天■ 艮艮艮艮
同覃田■ 艮艮艮艮
乃妳女■ 艮艮艮艮
七音三聲 內南年■ 艮艮艮艮
老冷呂■ 艮艮艮艮
鹿犖离■ 艮艮艮艮
走哉足■ 艮艮艮艮
八音三聲 自在匠■ 艮艮艮艮
草采七■ 艮艮艮艮
曹才全■ 艮艮艮艮
思三星■ 艮艮艮艮
九音三聲 寺□象■ 艮艮艮艮
□□□■ 艮艮艮艮
□□□■ 艮艮艮艮
■山手■ 艮艮艮艮
十音 ■士石■ 艮艮艮艮

四聲 □□□□ 牛斗奏六

□□□□ ○○○玉

□□□□ 妻子四日

四音 □□□□ 衰○帥骨

五聲 □□□□ ○○○德

□□□□ 龜水貴北

□□□□ 宮孔衆○

四音 □□□□ 龍甬用○

六聲 □□□□ 魚鼠去○

□□□□ 烏虎兔○

□□□□ 心審禁○

四音 □□□□ ○○○十

七聲 □□□□ 男坎欠○

□□□□ ○○○妾

□□□□ ●●●●

四音 □□□□ ●●●●

三聲 ■□耳■ 艮艮艮艮

■□二■ 艮艮艮艮

■莊震■ 艮艮艮艮

十一音 ■乍□■ 艮艮艮艮

三聲 ■叉赤■ 艮艮艮艮

■崇辰■ 艮艮艮艮

■卓中■ 艮艮艮艮

十二音 ■宅直■ 艮艮艮艮

三聲 ■坼丑■ 艮艮艮艮

■茶呈■ 艮艮艮艮

去聲闢唱呂三之四

古甲九癸 奏奏奏奏

一音 □□近揆 奏奏奏奏

四聲 坤巧丘弃 奏奏奏奏

□□乾虯 奏奏奏奏

黑花香血 奏奏奏奏

二音 黃華雄賢 奏奏奏奏

八聲 □□□□ ●●●●
□□□□ ●●●●
□□□□ ●●●●
四音 □□□□ ●●●●
九聲 □□□□ ●●●●
□□□□ ●●●●
□□□□ ●●●●
四音 □□□□ ●●●●
十聲 □□□□ ●●●●
□□□□ ●●●●

收音清和律三之五

品品品品 多可个舌
五音 品品品品 禾火化八
一聲 品品品品 開宰愛○
品品品品 回每退○
品品品品 良兩向○
五音 品品品品 光廣况○

四聲 五瓦仰□ 奏奏奏奏
吾牙月堯 奏奏奏奏
安亞乙一 奏奏奏奏
三音 □爻王寅 奏奏奏奏
四聲 母馬美米 奏奏奏奏
目皃眉民 奏奏奏奏
夫法□飛 奏奏奏奏
四音 父凡□吠 奏奏奏奏
四聲 武晚□尾 奏奏奏奏
文万□未 奏奏奏奏
卜百丙必 奏奏奏奏
五音 步白葡鼻 奏奏奏奏
四聲 普朴品匹 奏奏奏奏
旁排平瓶 奏奏奏奏
東丹帝■ 奏奏奏奏
六音 兑大弟■ 奏奏奏奏

二聲　品品品品　丁井亘○
品品品品　兄永瑩○
品品品品　千典旦○
五音　品品品品　元犬半○
三聲　品品品品　臣引艮○
品品品品　君允巽○
品品品品　刀早孝岳
五音　品品品品　毛寶報霍
四聲　品品品品　牛斗奏六
品品品品　○○○玉
品品品品　妻子四日
五音　品品品品　衰○帥骨
五聲　品品品品　○○○德
品品品品　龜水貴北
品品品品　宮孔衆○
五音　品品品品　龍甬用○

四聲　土貪天■　奏奏奏奏
同覃田■　奏奏奏奏
乃妳女■　奏奏奏奏
七音　内南年■　奏奏奏奏
四聲　老冷吕■　奏奏奏奏
鹿犖离■　奏奏奏奏
走哉足■　奏奏奏奏
八音　自在匠■　奏奏奏奏
四聲　草采七■　奏奏奏奏
曹才全■　奏奏奏奏
思三星■　奏奏奏奏
九音　寺□象■　奏奏奏奏
四聲　□□□■　奏奏奏奏
□□□■　奏奏奏奏
■山手■　奏奏奏奏
十音　■士石■　奏奏奏奏

六聲 品品品品 魚鼠去○
品品品品 烏虎兔○
品品品品 心審禁○
五音 品品品品 ○○○十
七聲 品品品品 男坎欠○
品品品品 ○○○妾
品品品品 ●●●●
五音 品品品品 ●●●●
八聲 品品品品 ●●●●
品品品品 ●●●●
品品品品 ●●●●
五音 品品品品 ●●●●
九聲 品品品品 ●●●●
品品品品 ●●●●
品品品品 ●●●●
五音 品品品品 ●●●●

四聲 ■□耳■ 奏奏奏奏
■□二■ 奏奏奏奏
■莊震■ 奏奏奏奏
十一音 ■乍□■ 奏奏奏奏
四聲 ■叉赤■ 奏奏奏奏
■崇辰■ 奏奏奏奏
■卓中■ 奏奏奏奏
十二音 ■宅直■ 奏奏奏奏
四聲 ■坼丑■ 奏奏奏奏
■茶呈■ 奏奏奏奏

去聲闢唱呂三之五

古甲九癸 ○○○○
一音 □□近揆 ○○○○
五聲 坤巧丘弃 ○○○○
□□乾虯 ○○○○
黑花香血 ○○○○
二音 黃華雄賢 ○○○○

十聲　品品品品　●●●●
　　　品品品品　●●●●

收音清和律三之六

　　　天天天天　多可个舌
六音　天天天天　禾火化八
一聲　天天天天　開宰愛○
　　　天天天天　回每退○
　　　天天天天　良兩向○
六音　天天天天　光廣況○
二聲　天天天天　丁井亘○
　　　天天天天　兄永瑩○
　　　天天天天　千典旦○
六音　天天天天　元犬半○
三聲　天天天天　臣引艮○
　　　天天天天　君允巽○
　　　天天天天　刀早孝岳
六音　天天天天　毛寶報霍

五聲　五瓦仰□　○○○○
　　　吾牙月堯　○○○○
　　　安亞乙一　○○○○
三音　□爻王寅　○○○○
五聲　母馬美米　○○○○
　　　目皃眉民　○○○○
　　　夫法□飛　○○○○
四音　父凡□吠　○○○○
五聲　武晚□尾　○○○○
　　　文万□未　○○○○
　　　卜百丙必　○○○○
五音　步白葡鼻　○○○○
五聲　普朴品匹　○○○○
　　　旁排平瓶　○○○○
　　　東丹帝■　○○○○
六音　兑大弟■　○○○○

四聲
天天天天　牛斗奏六
天天天天　○○○玉
天天天天　妻子四日
六音
天天天天　衰○帥骨
五聲
天天天天　○○○德
天天天天　龜水貴北
天天天天　宮孔衆○
六音
天天天天　龍甬用○
六聲
天天天天　魚鼠去○
天天天天　烏虎兔○
天天天天　心審禁○
六音
天天天天　○○○十
七聲
天天天天　男坎欠○
天天天天　○○○妾
天天天天　●●●●
六音
天天天天　●●●●

五聲
土貪天■　○○○○
同覃田■　○○○○
乃妳女■　○○○○
七音
内南年■　○○○○
五聲
老冷吕■　○○○○
鹿犖离■　○○○○
走哉足■　○○○○
八音
自在匠■　○○○○
五聲
草采七■　○○○○
曹才全■　○○○○
思三星■　○○○○
九音
寺□象■　○○○○
五聲
□□□■　○○○○
□□□■　○○○○
■山手■　○○○○
十音
■士石■　○○○○

八聲 天天天天 ●●●●
天天天天 ●●●●
天天天天 ●●●●
六音 天天天天 ●●●●
九聲 天天天天 ●●●●
天天天天 ●●●●
天天天天 ●●●●
六音 天天天天 ●●●●
十聲 天天天天 ●●●●
天天天天 ●●●●

收音清和律三之七

呂呂呂呂 多可个舌
七音 呂呂呂呂 禾火化八
一聲 呂呂呂呂 開宰愛○
呂呂呂呂 回每退○
呂呂呂呂 良兩向○
七音 呂呂呂呂 光廣況○

五聲 ■□耳■ ○○○○
■□二■ ○○○○
■莊震■ ○○○○
十一音 ■乍□■ ○○○○
五聲 ■叉赤■ ○○○○
■崇辰■ ○○○○
■卓中■ ○○○○
十二音 ■宅直■ ○○○○
五聲 ■坼丑■ ○○○○
■茶呈■ ○○○○

去聲闢唱呂三之六

古甲九癸 去去去去
一音 □□近揆 去去去去
六聲 坤巧丘弃 去去去去
□□乾虯 去去去去
黑花香血 去去去去
二音 黃華雄賢 去去去去

二聲 吕吕吕吕 丁井亘○
吕吕吕吕 兄永瑩○
吕吕吕吕 千典旦○
七音 吕吕吕吕 元犬半○
三聲 吕吕吕吕 臣引艮○
吕吕吕吕 君允巽○
吕吕吕吕 刀早孝岳
七音 吕吕吕吕 毛寶報霍
四聲 吕吕吕吕 牛斗奏六
吕吕吕吕 ○○○玉
吕吕吕吕 妻子四日
七音 吕吕吕吕 衰○帥骨
五聲 吕吕吕吕 ○○○德
吕吕吕吕 龜水貴北
吕吕吕吕 宮孔衆○
七音 吕吕吕吕 龍甬用○

六聲 五瓦仰□ 去去去去
吾牙月堯 去去去去
安亞乙一 去去去去
三音 □爻王寅 去去去去
六聲 母馬美米 去去去去
目皃眉民 去去去去
夫法□飛 去去去去
四音 父凡□吠 去去去去
六聲 武晚□尾 去去去去
文万□未 去去去去
卜百丙必 去去去去
五音 步白葡鼻 去去去去
六聲 普朴品匹 去去去去
旁排平瓶 去去去去
東丹帝■ 去去去去
六音 兑大弟■ 去去去去

六聲 吕吕吕吕 魚鼠去○
吕吕吕吕 烏虎兔○
吕吕吕吕 心審禁○
七音 吕吕吕吕 ○○○十
七聲 吕吕吕吕 男坎欠○
吕吕吕吕 ○○○妾
吕吕吕吕 ●●●●
七音 吕吕吕吕 ●●●●
八聲 吕吕吕吕 ●●●●
吕吕吕吕 ●●●●
吕吕吕吕 ●●●●
七音 吕吕吕吕 ●●●●
九聲 吕吕吕吕 ●●●●
吕吕吕吕 ●●●●
吕吕吕吕 ●●●●
七音 吕吕吕吕 ●●●●

六聲 土貪天■ 去去去去
同覃田■ 去去去去
乃妳女■ 去去去去
七音 內南年■ 去去去去
六聲 老冷吕■ 去去去去
鹿犖离■ 去去去去
走哉足■ 去去去去
八音 自在匠■ 去去去去
六聲 草采七■ 去去去去
曹才全■ 去去去去
思三星■ 去去去去
九音 寺□象■ 去去去去
六聲 □□□■ 去去去去
□□□■ 去去去去
■山手■ 去去去去
十音 ■士石■ 去去去去

十聲　呂呂呂呂　●●●●
呂呂呂呂　●●●●

收音清和律三之八

七七七七　多可个舌
八音　七七七七　禾火化八
一聲　七七七七　開宰愛○
七七七七　回每退○
七七七七　良兩向○
八音　七七七七　光廣況○
二聲　七七七七　丁井亘○
七七七七　兄永瑩○
七七七七　千典旦○
八音　七七七七　元犬半○
三聲　七七七七　臣引艮○
七七七七　君允巽○
七七七七　刀早孝岳
八音　七七七七　毛寶報霍

六聲　■□耳■　去去去去
■□二■　去去去去
■莊震■　去去去去
十一音　■乍□■　去去去去
六聲　■叉赤■　去去去去
■崇辰■　去去去去
■卓中■　去去去去
十二音　■宅直■　去去去去
六聲　■拆丑■　去去去去
■茶呈■　去去去去

去聲闢唱呂三之七

古甲九癸　欠欠欠欠
一音　□□近揆　欠欠欠欠
七聲　坤巧丘弃　欠欠欠欠
□□乾虯　欠欠欠欠
黑花香血　欠欠欠欠
二音　黃華雄賢　欠欠欠欠

四聲

七七七七　牛斗奏六
七七七七　〇〇〇玉
七七七七　妻子四日

八音

七七七七　衰〇帥骨

五聲

七七七七　〇〇〇德
七七七七　龜水貴北
七七七七　宮孔衆〇

八音

七七七七　龍甬用〇

六聲

七七七七　魚鼠去〇
七七七七　烏虎兔〇
七七七七　心審禁〇

八音

七七七七　〇〇〇十

七聲

七七七七　男坎欠〇
七七七七　〇〇〇妾
七七七七　●●●●

八音

七七七七　●●●●

七聲

五瓦仰□　欠欠欠欠
吾牙月堯　欠欠欠欠
安亞乙一　欠欠欠欠

三音

□爻王寅　欠欠欠欠

七聲

母馬美米　欠欠欠欠
目皃眉民　欠欠欠欠
夫法□飛　欠欠欠欠

四音

父凡□吠　欠欠欠欠

七聲

武晚□尾　欠欠欠欠
文万□未　欠欠欠欠
卜百丙必　欠欠欠欠

五音

步白葡鼻　欠欠欠欠

七聲

普朴品匹　欠欠欠欠
旁排平瓶　欠欠欠欠
東丹帝■　欠欠欠欠

六音

兑大弟■　欠欠欠欠

八聲　七七七七　●●●●
七七七七　●●●●
七七七七　●●●●
八音　七七七七　●●●●
九聲　七七七七　●●●●
七七七七　●●●●
七七七七　●●●●
八音　七七七七　●●●●
十聲　七七七七　●●●●
七七七七　●●●●

收音清和律三之九

□□□□　多可个舌
九音　□□□□　禾火化八
一聲　□□□□　開宰愛○
□□□□　回每退○
□□□□　良兩向○
九音　□□□□　光廣況○

七聲　土貪天■　欠欠欠欠
同覃田■　欠欠欠欠
乃妳女■　欠欠欠欠
七音　内南年■　欠欠欠欠
七聲　老冷吕■　欠欠欠欠
鹿犖离■　欠欠欠欠
走哉足■　欠欠欠欠
八音　自在匠■　欠欠欠欠
七聲　草采七■　欠欠欠欠
曹才全■　欠欠欠欠
思三星■　欠欠欠欠
九音　寺□象■　欠欠欠欠
七聲　□□□■　欠欠欠欠
□□□■　欠欠欠欠
■山手■　欠欠欠欠
十音　■士石■　欠欠欠欠

二聲 □□□□ 丁井亘○
□□□□ 兄永瑩○
□□□□ 千典旦○
九音 □□□□ 元犬半○
三聲 □□□□ 臣引艮○
□□□□ 君允巽○
□□□□ 刀早孝岳
九音 □□□□ 毛寶報霍
四聲 □□□□ 牛斗奏六
□□□□ ○○○玉
□□□□ 妻子四日
九音 □□□□ 衰○帥骨
五聲 □□□□ ○○○德
□□□□ 龜水貴北
□□□□ 宮孔衆○
九音 □□□□ 龍甬用○

七聲 ■□耳■ 欠欠欠欠
■□二■ 欠欠欠欠
■莊震■ 欠欠欠欠
十一音 ■乍□■ 欠欠欠欠
七聲 ■叉赤■ 欠欠欠欠
■崇辰■ 欠欠欠欠
■卓中■ 欠欠欠欠
十二音 ■宅直■ 欠欠欠欠
七聲 ■坼丑■ 欠欠欠欠
■茶呈■ 欠欠欠欠

去聲闢唱呂三之八

古甲九癸 ●●●●
一音 □□近揆 ●●●●
八聲 坤巧丘弃 ●●●●
□□乾虯 ●●●●
黑花香血 ●●●●
二音 黃華雄賢 ●●●●

六聲 □□□□ 魚鼠去○
□□□□ 烏虎兔○
□□□□ 心審禁○
九音 □□□□ ○○○十
七聲 □□□□ 男坎欠○
□□□□ ○○○妾
□□□□ ●●●●
九音 □□□□ ●●●●
八聲 □□□□ ●●●●
□□□□ ●●●●
□□□□ ●●●●
九音 □□□□ ●●●●
九聲 □□□□ ●●●●
□□□□ ●●●●
□□□□ ●●●●
九音 □□□□ ●●●●

八聲 五瓦仰□ ●●●●
吾牙月堯 ●●●●
安亞乙一 ●●●●
三音 □爻王寅 ●●●●
八聲 母馬美米 ●●●●
目皃眉民 ●●●●
夫法□飛 ●●●●
四音 父凡□吠 ●●●●
八聲 武晚□尾 ●●●●
文万□未 ●●●●
卜百丙必 ●●●●
五音 步白葡鼻 ●●●●
八聲 普朴品匹 ●●●●
旁排平瓶 ●●●●
東丹帝■ ●●●●
六音 兑大弟■ ●●●●

十聲　□□□□　●●●●
　　　□□□□　●●●●

收音清和律三之十

　　　耳耳耳耳　多可个舌
十音　耳耳耳耳　禾火化八
一聲　耳耳耳耳　開宰愛○
　　　耳耳耳耳　回每退○
　　　耳耳耳耳　良兩向○
十音　耳耳耳耳　光廣況○
二聲　耳耳耳耳　丁井亘○
　　　耳耳耳耳　兄永瑩○
　　　耳耳耳耳　千典旦○
十音　耳耳耳耳　元犬半○
三聲　耳耳耳耳　臣引艮○
　　　耳耳耳耳　君允巽○
　　　耳耳耳耳　刀早孝岳
十音　耳耳耳耳　毛寳報霍

八聲　土貪天■　●●●●
　　　同覃田■　●●●●
　　　乃妳女■　●●●●
七音　內南年■　●●●●
八聲　老冷吕■　●●●●
　　　鹿犖离■　●●●●
　　　走哉足■　●●●●
八音　自在匠■　●●●●
八聲　草采七■　●●●●
　　　曹才全■　●●●●
　　　思三星■　●●●●
九音　寺□象■　●●●●
八聲　□□□■　●●●●
　　　□□□■　●●●●
　　　■山手■　●●●●
十音　■士石■　●●●●

四聲 耳耳耳耳 牛斗奏六
耳耳耳耳 ○○○玉
耳耳耳耳 妻子四日
十音 耳耳耳耳 衰○帥骨
五聲 耳耳耳耳 ○○○德
耳耳耳耳 龜水貴北
耳耳耳耳 宮孔衆○
十音 耳耳耳耳 龍甬用○
六聲 耳耳耳耳 魚鼠去○
耳耳耳耳 烏虎兔○
耳耳耳耳 心審禁○
十音 耳耳耳耳 ○○○十
七聲 耳耳耳耳 男坎欠○
耳耳耳耳 ○○○妾
耳耳耳耳 ●●●●
十音 耳耳耳耳 ●●●●

八聲 ■□耳■ ●●●●
■□二■ ●●●●
■莊震■ ●●●●
十一音 ■乍□■ ●●●●
八聲 ■叉赤■ ●●●●
■崇辰■ ●●●●
■卓中■ ●●●●
十二音 ■宅直■ ●●●●
八聲 ■坼丑■ ●●●●
■茶呈■ ●●●●

去聲闢唱呂三之九

古甲九癸 ●●●●
一音 □□近揆 ●●●●
九聲 坤巧丘弃 ●●●●
□□乾虯 ●●●●
黑花香血 ●●●●
二音 黃華雄賢 ●●●●

八聲 耳耳耳耳 ●●●●
耳耳耳耳 ●●●●
耳耳耳耳 ●●●●
十音 耳耳耳耳 ●●●●
九聲 耳耳耳耳 ●●●●
耳耳耳耳 ●●●●
耳耳耳耳 ●●●●
十音 耳耳耳耳 ●●●●
十聲 耳耳耳耳 ●●●●
耳耳耳耳 ●●●●

收音清和律三之十一

赤赤赤赤 多可个舌
十一音 赤赤赤赤 禾火化八
一聲 赤赤赤赤 開宰愛○
赤赤赤赤 回每退○
赤赤赤赤 良兩向○
十一音 赤赤赤赤 光廣況○

九聲 五瓦仰□ ●●●●
吾牙月堯 ●●●●
安亞乙一 ●●●●
三音 □爻王寅 ●●●●
九聲 母馬美米 ●●●●
目皃眉民 ●●●●
夫法□飛 ●●●●
四音 父凡□吠 ●●●●
九聲 武晚□尾 ●●●●
文万□未 ●●●●
卜百丙必 ●●●●
五音 步白葡鼻 ●●●●
九聲 普朴品匹 ●●●●
旁排平瓶 ●●●●
東丹帝■ ●●●●
六音 兑大弟■ ●●●●

二聲 赤赤赤赤 丁井亘○
赤赤赤赤 兄永瑩○
赤赤赤赤 千典旦○
十一音 赤赤赤赤 元犬半○
三聲 赤赤赤赤 臣引艮○
赤赤赤赤 君允巽○
赤赤赤赤 刀早孝岳
十一音 赤赤赤赤 毛寶報霍
四聲 赤赤赤赤 牛斗奏六
赤赤赤赤 ○○○玉
赤赤赤赤 妻子四日
十一音 赤赤赤赤 衰○帥骨
五聲 赤赤赤赤 ○○○德
赤赤赤赤 龜水貴北
赤赤赤赤 宮孔衆○
十一音 赤赤赤赤 龍甬用○

九聲 土貪天■ ●●●●
同覃田■ ●●●●
乃妳女■ ●●●●
七音 内南年■ ●●●●
九聲 老冷吕■ ●●●●
鹿犖离■ ●●●●
走哉足■ ●●●●
八音 自在匠■ ●●●●
九聲 草采七■ ●●●●
曹才全■ ●●●●
思三星■ ●●●●
九音 寺□象■ ●●●●
九聲 □□□■ ●●●●
□□□■ ●●●●
■山手■ ●●●●
十音 ■士石■ ●●●●

六聲 赤赤赤赤 魚鼠去○
赤赤赤赤 烏虎兔○
赤赤赤赤 心審禁○
十一音 赤赤赤赤 ○○○十
七聲 赤赤赤赤 男坎欠○
赤赤赤赤 ○○○妾
赤赤赤赤 ●●●●
十一音 赤赤赤赤 ●●●●
八聲 赤赤赤赤 ●●●●
赤赤赤赤 ●●●●
赤赤赤赤 ●●●●
十一音 赤赤赤赤 ●●●●
九聲 赤赤赤赤 ●●●●
赤赤赤赤 ●●●●
赤赤赤赤 ●●●●
十一音 赤赤赤赤 ●●●●

九聲 ■□耳■ ●●●●
■□二■ ●●●●
■莊震■ ●●●●
十一音 ■乍□■ ●●●●
九聲 ■叉赤■ ●●●●
■崇辰■ ●●●●
■卓中■ ●●●●
十二音 ■宅直■ ●●●●
九聲 ■坼丑■ ●●●●
■茶呈■ ●●●●

去聲闢唱呂三之十

古甲九癸 ●●●●
一音 □□近揆 ●●●●
十聲 坤巧丘弃 ●●●●
□□乾虯 ●●●●
黑花香血 ●●●●
二音 黃華雄賢 ●●●●

十聲 赤赤赤赤 ●●●●
赤赤赤赤 ●●●●

收音清和律三之十二

丑丑丑丑 多可个舌
十二音 丑丑丑丑 禾火化八
一聲 丑丑丑丑 開宰愛○
丑丑丑丑 回每退○
丑丑丑丑 良兩向○
十二音 丑丑丑丑 光廣況○
二聲 丑丑丑丑 丁井亘○
丑丑丑丑 兄永瑩○
丑丑丑丑 千典旦○
十二音 丑丑丑丑 元犬半○
三聲 丑丑丑丑 臣引艮○
丑丑丑丑 君允巽○
丑丑丑丑 刀早孝岳
十二音 丑丑丑丑 毛寶報霍

十聲 五瓦仰□ ●●●●
吾牙月堯 ●●●●
安亞乙一 ●●●●
三音 □爻王寅 ●●●●
十聲 母馬美米 ●●●●
目皃眉民 ●●●●
夫法□飛 ●●●●
四音 父凡□吠 ●●●●
十聲 武晚□尾 ●●●●
文万□未 ●●●●
卜百丙必 ●●●●
五音 步白葡鼻 ●●●●
十聲 普朴品匹 ●●●●
旁排平瓶 ●●●●
東丹帝■ ●●●●
六音 兑大弟■ ●●●●

四聲 丑丑丑丑 牛斗奏六
丑丑丑丑 ○○○玉
丑丑丑丑 妻子四日
十二音 丑丑丑丑 衰○帥骨
五聲 丑丑丑丑 ○○○德
丑丑丑丑 龜水貴北
丑丑丑丑 宮孔衆○
十二音 丑丑丑丑 龍甬用○
六聲 丑丑丑丑 魚鼠去○
丑丑丑丑 烏虎兔○
丑丑丑丑 心審禁○
十二音 丑丑丑丑 ○○○十
七聲 丑丑丑丑 男坎欠○
丑丑丑丑 ○○○妾
丑丑丑丑 ●●●●
十二音 丑丑丑丑 ●●●●

十聲 土貪天■ ●●●●
同覃田■ ●●●●
乃妳女■ ●●●●
七音 内南年■ ●●●●
十聲 老冷吕■ ●●●●
鹿犖离■ ●●●●
走哉足■ ●●●●
八音 自在匠■ ●●●●
十聲 草采七■ ●●●●
曹才全■ ●●●●
思三星■ ●●●●
九音 寺□象■ ●●●●
十聲 □□□■ ●●●●
□□□■ ●●●●
■山手■ ●●●●
十音 ■士石■ ●●●●

八聲 丑丑丑丑 ●●●●
丑丑丑丑 ●●●●
丑丑丑丑 ●●●●
十二音 丑丑丑丑 ●●●●
九聲 丑丑丑丑 ●●●●
丑丑丑丑 ●●●●
丑丑丑丑 ●●●●
十二音 丑丑丑丑 ●●●●
十聲 丑丑丑丑 ●●●●
丑丑丑丑 ●●●●

觀物篇之四十六

星辰聲去翕
退瑩巽○貴
兔○●●●

十聲 ■□耳■ ●●●●
■□二■ ●●●●
■莊震■ ●●●●
十一音 ■乍□■ ●●●●
十聲 ■叉赤■ ●●●●
■崇辰■ ●●●●
■卓中■ ●●●●
十二音 ■宅直■ ●●●●
十聲 ■坼丑■ ●●●●
■茶呈■ ●●●●

土石音收濁
乾月眉□平田
离全□二辰呈

星辰聲七，下唱地之用音一百五十二，是謂去聲翕音。去聲翕音一千六十四。

星辰聲去之四翕

收音濁和律四之一

乾乾乾乾　多可个舌

一音　乾乾乾乾　禾火化八

一聲　乾乾乾乾　開宰愛○

乾乾乾乾　回每退○

乾乾乾乾　良兩向○

一音　乾乾乾乾　光廣況○

二聲　乾乾乾乾　丁井亘○

乾乾乾乾　兄永瑩○

土石音十二，上和天之用聲一百一十二，是謂收音濁聲。收音濁聲一千三百四十四。

土石音收之四濁①

去聲翕唱呂四之一

古甲九癸　退退退退

一音　□□近揆　退退退退

一聲　坤巧丘弃　退退退退

□□乾虯　退退退退

黑花香血　退退退退

二音　黃華雄賢　退退退退

一聲　五瓦仰□　退退退退

吾牙月堯　退退退退

① 「土石」，原作「石土」，據四庫本改。

乾乾乾乾　千典旦○

一音　乾乾乾乾　元犬半○

三聲　乾乾乾乾　臣引艮○

乾乾乾乾　君允巽○

乾乾乾乾　刀早孝岳

一音　乾乾乾乾　毛寶報霍

四聲　乾乾乾乾　牛斗奏六

乾乾乾乾　○○○玉

乾乾乾乾　妻子四日

一音　乾乾乾乾　衰○帥骨

五聲　乾乾乾乾　○○○德

乾乾乾乾　龜水貴北

乾乾乾乾　宮孔衆○

一音　乾乾乾乾　龍甬用○

六聲　乾乾乾乾　魚鼠去○

乾乾乾乾　烏虎兎○

安亞乙一　退退退退

三音　□爻王寅　退退退退

一聲　母馬美米　退退退退

目皃眉民　退退退退

夫法□飛　退退退退

四音　父凡□吠　退退退退

一聲　武晚□尾　退退退退

文万□未　退退退退

卜百丙必　退退退退

五音　歩白莆鼻　退退退退

一聲　普朴品匹　退退退退

旁排平瓶　退退退退

東丹帝■　退退退退

六音　兊大弟■　退退退退

一聲　土貪天■　退退退退

同覃田■　退退退退

一音七聲

乾乾乾乾　心審禁○
乾乾乾乾　○○○十
乾乾乾乾　男坎欠○
乾乾乾乾　○○○妾

一音八聲

乾乾乾乾　●●●●
乾乾乾乾　●●●●
乾乾乾乾　●●●●
乾乾乾乾　●●●●

一音九聲

乾乾乾乾　●●●●
乾乾乾乾　●●●●
乾乾乾乾　●●●●
乾乾乾乾　●●●●

一音十聲

乾乾乾乾　●●●●
乾乾乾乾　●●●●
乾乾乾乾　●●●●
乾乾乾乾　●●●●

七音一聲

乃妳女■　退退退退
內南年■　退退退退
老冷呂■　退退退退
鹿犖离■　退退退退

八音一聲

走哉足■　退退退退
自在匠■　退退退退
草采七■　退退退退
曹才全■　退退退退

九音一聲

思三星■　退退退退
寺□象■　退退退退
□□□■　退退退退
□□□■　退退退退

十音一聲

■山手■　退退退退
■士石■　退退退退
■□耳■　退退退退
■□二■　退退退退

收音濁和律四之二

月月月月　多可个舌

二音一聲

月月月月　禾火化八
月月月月　開宰愛○
月月月月　回每退○

月月月月　良兩向○

二音二聲

月月月月　光廣況○
月月月月　丁井亘○
月月月月　兄永瑩○

月月月月　千典旦○

二音三聲

月月月月　元犬半○
月月月月　臣引艮○
月月月月　君允巽○

月月月月　刀早孝岳

二音四聲

月月月月　毛寶報霍
月月月月　牛斗奏六
月月月月　○○○玉

■莊震■　退退退退

十一音一聲

■乍□■　退退退退
■叉赤■　退退退退
■崇辰■　退退退退

■卓中■　退退退退

十二音一聲

■宅直■　退退退退
■坼丑■　退退退退
■茶呈■　退退退退

去聲翕唱呂四之二

古甲九發　瑩瑩瑩瑩

一音二聲

□□近揆　瑩瑩瑩瑩
坤巧丘弃　瑩瑩瑩瑩
□□乾虬　瑩瑩瑩瑩

黑花香血　瑩瑩瑩瑩

二音二聲

黃華雄賢　瑩瑩瑩瑩
五瓦仰□　瑩瑩瑩瑩
吾牙月堯　瑩瑩瑩瑩

月月月月　妻子四日

二音　五聲

月月月月　衰○帥骨
月月月月　○○○德
月月月月　龜水貴北
月月月月　宮孔衆○

二音　六聲

月月月月　龍甬用○
月月月月　魚鼠去○
月月月月　烏虎兔○
月月月月　心審禁○

二音　七聲

月月月月　○○○十
月月月月　男坎欠○
月月月月　○○○妾
月月月月　●●●●

二音　八聲

月月月月　●●●●
月月月月　●●●●
月月月月　●●●●

安亞乙一　瑩瑩瑩瑩

三音　二聲

□爻王寅　瑩瑩瑩瑩
母馬美米　瑩瑩瑩瑩
目皃眉民　瑩瑩瑩瑩
夫法□飛　瑩瑩瑩瑩

四音　二聲

父凡□吠　瑩瑩瑩瑩
武晩□尾　瑩瑩瑩瑩
文万□未　瑩瑩瑩瑩
卜百丙必　瑩瑩瑩瑩

五音　二聲

步白葡鼻　瑩瑩瑩瑩
普朴品匹　瑩瑩瑩瑩
旁排平瓶　瑩瑩瑩瑩
東丹帝■　瑩瑩瑩瑩

六音　二聲

兑大弟■　瑩瑩瑩瑩
土貪天■　瑩瑩瑩瑩
同覃田■　瑩瑩瑩瑩

月月月月　●●●●
二音　月月月月　●●●●
九聲　月月月月　●●●●
月月月月　●●●●
月月月月　●●●●
月月月月　●●●●
二音　月月月月　●●●●
十聲　月月月月　●●●●
月月月月　●●●●

收音濁和律四之三

眉眉眉眉　多可个舌
三音　眉眉眉眉　禾火化八
一聲　眉眉眉眉　開宰愛○
眉眉眉眉　回每退○
眉眉眉眉　良兩向○
三音　眉眉眉眉　光廣況○
二聲　眉眉眉眉　丁井亘○
眉眉眉眉　兄永瑩○

乃妳女■　瑩瑩瑩瑩
七音　內南年■　瑩瑩瑩瑩
二聲　老冷吕■　瑩瑩瑩瑩
鹿犖离■　瑩瑩瑩瑩
走哉足■　瑩瑩瑩瑩
八音　自在匠■　瑩瑩瑩瑩
二聲　草采七■　瑩瑩瑩瑩
曹才全■　瑩瑩瑩瑩
思三星■　瑩瑩瑩瑩
九音　寺□象■　瑩瑩瑩瑩
二聲　□□□■　瑩瑩瑩瑩
□□□■　瑩瑩瑩瑩
■山手■　瑩瑩瑩瑩
十音　■士石■　瑩瑩瑩瑩
二聲　■□耳■　瑩瑩瑩瑩
■□二■　瑩瑩瑩瑩

眉眉眉眉　千典旦○

三音　眉眉眉眉　元犬半○

三聲　眉眉眉眉　臣引艮○

眉眉眉眉　君允巽○

眉眉眉眉　刀早孝岳

三音　眉眉眉眉　毛寶報霍

四聲　眉眉眉眉　牛斗奏六

眉眉眉眉　○○○玉

眉眉眉眉　妻子四日

三音　眉眉眉眉　衰○帥骨

五聲　眉眉眉眉　○○○德

眉眉眉眉　龜水貴北

眉眉眉眉　宮孔衆○

三音　眉眉眉眉　龍甬用○

■莊震■　瑩瑩瑩瑩

十一音　■乍□■　瑩瑩瑩瑩

二聲　■叉赤■　瑩瑩瑩瑩

■崇辰■　瑩瑩瑩瑩

■卓中■　瑩瑩瑩瑩

十二音　■宅直■　瑩瑩瑩瑩

二聲　■坼丑■　瑩瑩瑩瑩

■茶呈■　瑩瑩瑩瑩

去聲翕唱呂四之三

古甲九癸　巽巽巽巽

一音　□□近揆　巽巽巽巽

三聲　坤巧丘弃　巽巽巽巽

□□乾虯　巽巽巽巽

黑花香血　巽巽巽巽

二音　黃華雄賢　巽巽巽巽

六聲 眉眉眉眉 魚鼠去○
眉眉眉眉 烏虎兔○
眉眉眉眉 心審禁○
三音 眉眉眉眉 ○○○十
七聲 眉眉眉眉 男坎欠○
眉眉眉眉 ○○○妾
眉眉眉眉 ●●●●
三音 眉眉眉眉 ●●●●
八聲 眉眉眉眉 ●●●●
眉眉眉眉 ●●●●
眉眉眉眉 ●●●●
三音 眉眉眉眉 ●●●●
九聲 眉眉眉眉 ●●●●
眉眉眉眉 ●●●●
眉眉眉眉 ●●●●
三音 眉眉眉眉 ●●●●

三聲 五瓦仰□ 巽巽巽巽
吾牙月堯 巽巽巽巽
安亞乙一 巽巽巽巽
三音 □爻王寅 巽巽巽巽
三聲 母馬美米 巽巽巽巽
目皃眉民 巽巽巽巽
夫法□飛 巽巽巽巽
四音 父凡□吠 巽巽巽巽
三聲 武晚□尾 巽巽巽巽
文万□未 巽巽巽巽
卜百丙必 巽巽巽巽
五音 步白葡鼻 巽巽巽巽
三聲 普朴品匹 巽巽巽巽
旁排平瓶 巽巽巽巽
東丹帝■ 巽巽巽巽
六音 兑大弟■ 巽巽巽巽

十聲　眉眉眉眉　●●●●
　　　眉眉眉眉　●●●●

收音濁和律四之四

　　　□□□□　多可个舌
四音　□□□□　禾火化八
一聲　□□□□　開宰愛○
　　　□□□□　回每退○
　　　□□□□　良兩向○
四音　□□□□　光廣况○
二聲　□□□□　丁井亘○
　　　□□□□　兄永瑩○
　　　□□□□　千典旦○
四音　□□□□　元犬半○
三聲　□□□□　臣引艮○
　　　□□□□　君允巽○
　　　□□□□　刀早孝岳
四音　□□□□　毛寶報霍

三聲　土貪天■　巽巽巽巽
　　　同覃田■　巽巽巽巽
　　　乃妳女■　巽巽巽巽
七音　内南年■　巽巽巽巽
三聲　老冷吕■　巽巽巽巽
　　　鹿犖离■　巽巽巽巽
　　　走哉足■　巽巽巽巽
八音　自在匠■　巽巽巽巽
三聲　草采七■　巽巽巽巽
　　　曹才全■　巽巽巽巽
　　　思三星■　巽巽巽巽
九音　寺□象■　巽巽巽巽
三聲　□□□■　巽巽巽巽
　　　□□□■　巽巽巽巽
　　　■山手■　巽巽巽巽
十音　■士石■　巽巽巽巽

四聲 □□□□ 牛斗奏六
□□□□ ○○○玉
□□□□ 妻子四日
四音 □□□□ 衰○帥骨
五聲 □□□□ ○○○德
□□□□ 龜水貴北
□□□□ 宫孔衆○
四音 □□□□ 龍甬用○
六聲 □□□□ 魚鼠去○
□□□□ 烏虎兔○
□□□□ 心審禁○
四音 □□□□ ○○○十
七聲 □□□□ 男坎欠○
□□□□ ○○○妾
□□□□ ●●●●
四音 □□□□ ●●●●

三聲 ■□耳■ 巽巽巽巽
■□二■ 巽巽巽巽
■莊震■ 巽巽巽巽
十一音 ■乍□■ 巽巽巽巽
三聲 ■叉赤■ 巽巽巽巽
■崇辰■ 巽巽巽巽
■卓中■ 巽巽巽巽
十二音 ■宅直■ 巽巽巽巽
三聲 ■坼丑■ 巽巽巽巽
■茶呈■ 巽巽巽巽

去聲翕唱呂四之四

古甲九癸 ○○○○
一音 □□近揆 ○○○○
四聲 坤巧丘弃 ○○○○
□□乾虯 ○○○○
黑花香血 ○○○○
二音 黄華雄賢 ○○○○

八聲　□□□□　●●●●

□□□□　●●●●

□□□□　●●●●

四音　□□□□　●●●●

九聲　□□□□　●●●●

□□□□　●●●●

□□□□　●●●●

四音　□□□□　●●●●

十聲　□□□□　●●●●

□□□□　●●●●

收音濁和律四之五

平平平平　多可个舌

五音　平平平平　禾火化八

一聲　平平平平　開宰愛○

平平平平　回每退○

平平平平　良兩向○

五音　平平平平　光廣況○

四聲　五瓦仰□　○○○○

吾牙月堯　○○○○

安亞乙一　○○○○

三音　□爻王寅　○○○○

四聲　母馬美米　○○○○

目皃眉民　○○○○

夫法□飛　○○○○

四音　父凡□吠　○○○○

四聲　武晚□尾　○○○○

文万□未　○○○○

五音　卜百丙必　○○○○

步白葡鼻　○○○○

四聲　普朴品匹　○○○○

旁排平瓶　○○○○

東丹帝■　○○○○

六音　兑大弟■　○○○○

二聲　平平平平　丁井亘○
平平平平　兄永瑩○
平平平平　千典旦○
五音　平平平平　元犬半○
三聲　平平平平　臣引艮○
平平平平　君允巽○
平平平平　刀早孝岳
五音　平平平平　毛寶報霍
四聲　平平平平　牛斗奏六
平平平平　○○○玉
平平平平　妻子四日
五音　平平平平　衰○帥骨
五聲　平平平平　○○○德
平平平平　龜水貴北
平平平平　宮孔衆○
五音　平平平平　龍甬用○

四聲　土貪天■　○○○○
同覃田■　○○○○
乃妳女■　○○○○
七音　内南年■　○○○○
四聲　老冷吕■　○○○○
鹿犖离■　○○○○
走哉足■　○○○○
八音　自在匠■　○○○○
四聲　草采七■　○○○○
曹才全■　○○○○
思三星■　○○○○
九音　寺□象■　○○○○
四聲　□□□■　○○○○
□□□■　○○○○
■山手■　○○○○
十音　■士石■　○○○○

六聲 平平平平 魚鼠去○
平平平平 烏虎兔○
平平平平 心審禁○
五音 平平平平 ○○○十
七聲 平平平平 男坎欠○
平平平平 ○○○妾
平平平平 ●●●●
五音 平平平平 ●●●●
八聲 平平平平 ●●●●
平平平平 ●●●●

平平平平 ●●●●
五音 平平平平 ●●●●
九聲 平平平平 ●●●●
平平平平 ●●●●
平平平平 ●●●●
五音 平平平平 ●●●●

四聲 ■□耳■ ○○○○
■□二■ ○○○○
■莊震■ ○○○○
十一音 ■乍□■ ○○○○
四聲 ■叉赤■ ○○○○
■崇辰■ ○○○○
■卓中■ ○○○○
十二音 ■宅直■ ○○○○
四聲 ■坼丑■ ○○○○
■茶呈■ ○○○○

去聲翕唱呂四之五

古甲九癸 貴貴貴貴
一音 □□近揆 貴貴貴貴
五聲 坤巧丘弃 貴貴貴貴
□□乾虯 貴貴貴貴
黑花香血 貴貴貴貴
二音 黃華雄賢 貴貴貴貴

十聲 平平平平 ●●●●
平平平平 ●●●●

收音濁和律四之六

田田田田 多可个舌
六音 田田田田 禾火化八
一聲 田田田田 開宰愛○
田田田田 回每退○
田田田田 良兩向○
六音 田田田田 光廣況○
二聲 田田田田 丁井亘○
田田田田 兄永瑩○
田田田田 千典旦○
六音 田田田田 光廣況○
三聲 田田田田 臣引艮○
田田田田 君允巽○
田田田田 刀早孝岳
六音 田田田田 毛寶報霍

五聲 五瓦仰□ 貴貴貴貴
吾牙月堯 貴貴貴貴
安亞乙一 貴貴貴貴
三音 □爻王寅 貴貴貴貴
五聲 母馬美米 貴貴貴貴
目皃眉民 貴貴貴貴
夫法□飛 貴貴貴貴
四音 父凡□吠 貴貴貴貴
五聲 武晚□尾 貴貴貴貴
文万□未 貴貴貴貴
卜百丙必 貴貴貴貴
五音 步白葡鼻 貴貴貴貴
五聲 普朴品匹 貴貴貴貴
旁排平瓶 貴貴貴貴
東丹帝■ 貴貴貴貴
六音 兑大弟■ 貴貴貴貴

四聲 田田田田 牛斗奏六
田田田田 ○○○玉
田田田田 妻子四日
六音 田田田田 衰○帥骨
五聲 田田田田 ○○○德
田田田田 龜水貴北
田田田田 宮孔衆○
六音 田田田田 龍甬用○
六聲 田田田田 魚鼠去○
田田田田 烏虎兔○
田田田田 心審禁○
六音 田田田田 ○○○十
七聲 田田田田 男坎欠○
田田田田 ○○○妾
田田田田 ●●●●
六音 田田田田 ●●●●

五聲 土貪天■ 貴貴貴貴
同覃田■ 貴貴貴貴
乃妳女■ 貴貴貴貴
七音 内南年■ 貴貴貴貴
五聲 老冷吕■ 貴貴貴貴
鹿犖离■ 貴貴貴貴
走哉足■ 貴貴貴貴
八音 自在匠■ 貴貴貴貴
五聲 草采七■ 貴貴貴貴
曹才全■ 貴貴貴貴
思三星■ 貴貴貴貴
九音 寺□象■ 貴貴貴貴
五聲 □□□■ 貴貴貴貴
□□□■ 貴貴貴貴
■山手■ 貴貴貴貴
十音 ■士石■ 貴貴貴貴

八聲 田田田田 ●●●●
田田田田 ●●●●
田田田田 ●●●●
六音 田田田田 ●●●●
九聲 田田田田 ●●●●
田田田田 ●●●●
田田田田 ●●●●
六音 田田田田 ●●●●
十聲 田田田田 ●●●●
田田田田 ●●●●

收音濁和律四之七

离离离离 多可个舌
七音 离离离离 禾火化八
一聲 离离离离 開宰愛○
离离离离 回每退○
离离离离 良兩向○
七音 离离离离 光廣況○

五聲 ■□耳■ 貴貴貴貴
■□二■ 貴貴貴貴
■莊震■ 貴貴貴貴
十一音 ■乍□■ 貴貴貴貴
五聲 ■叉赤■ 貴貴貴貴
■崇辰■ 貴貴貴貴
■卓中■ 貴貴貴貴
十二音 ■宅直■ 貴貴貴貴
五聲 ■坼丑■ 貴貴貴貴
■茶呈■ 貴貴貴貴

去聲翕唱呂四之六

古甲九癸 兔兔兔兔
一音 □□近揆 兔兔兔兔
六聲 坤巧丘弃 兔兔兔兔
□□乾虯 兔兔兔兔
黑花香血 兔兔兔兔
二音 黃華雄賢 兔兔兔兔

二聲　离离离离　丁井亘○
　　　离离离离　兄永瑩○
　　　离离离离　千典旦○
七音　离离离离　元犬半○
三聲　离离离离　臣引艮○
　　　离离离离　君允巽○
　　　离离离离　刀早孝岳
七音　离离离离　毛寶報霍
四聲　离离离离　牛斗奏六
　　　离离离离　○○○玉
　　　离离离离　妻子四日
七音　离离离离　衰○帥骨
五聲　离离离离　○○○德
　　　离离离离　龜水貴北
　　　离离离离　宮孔衆○
七音　离离离离　龍甬用○

六聲　五瓦仰□　兔兔兔兔
　　　吾牙月堯　兔兔兔兔
　　　安亞乙一　兔兔兔兔
三音　□爻王寅　兔兔兔兔
六聲　母馬美米　兔兔兔兔
　　　目皃眉民　兔兔兔兔
　　　夫法□飛　兔兔兔兔
四音　父凡□吠　兔兔兔兔
六聲　武晚□尾　兔兔兔兔
　　　文万□未　兔兔兔兔
　　　卜百丙必　兔兔兔兔
五音　步白葡鼻　兔兔兔兔
六聲　普朴品匹　兔兔兔兔
　　　旁排平瓶　兔兔兔兔
　　　東丹帝■　兔兔兔兔
六音　兑大弟■　兔兔兔兔

六聲 离离离离 魚鼠去○
离离离离 烏虎兔○
离离离离 心審禁○
七音 离离离离 ○○○十
七聲 离离离离 男坎欠○
离离离离 ○○○妾
离离离离 ●●●●
七音 离离离离 ●●●●
八聲 离离离离 ●●●●
离离离离 ●●●●
离离离离 ●●●●
七音 离离离离 ●●●●
九聲 离离离离 ●●●●
离离离离 ●●●●
离离离离 ●●●●
七音 离离离离 ●●●●

六聲 土貪天■ 兔兔兔兔
同覃田■ 兔兔兔兔
乃妳女■ 兔兔兔兔
七音 内南年■ 兔兔兔兔
六聲 老冷吕■ 兔兔兔兔
鹿犖离■ 兔兔兔兔
走哉足■ 兔兔兔兔
八音 自在匠■ 兔兔兔兔
六聲 草采七■ 兔兔兔兔
曹才全■ 兔兔兔兔
思三星■ 兔兔兔兔
九音 寺□象■ 兔兔兔兔
六聲 □□□■ 兔兔兔兔
□□□■ 兔兔兔兔
■山手■ 兔兔兔兔
十音 ■士石■ 兔兔兔兔

十聲　禼禼禼禼　●●●●
　　　禼禼禼禼　●●●●

收音濁和律四之八

　　　全全全全　多可个舌
八音　全全全全　禾火化八
一聲　全全全全　開宰愛〇
　　　全全全全　回每退〇
　　　全全全全　良兩向〇
八音　全全全全　光廣況〇
二聲　全全全全　丁井亘〇
　　　全全全全　兄永瑩〇
　　　全全全全　千典旦〇
八音　全全全全　元犬半〇
三聲　全全全全　臣引艮〇
　　　全全全全　君允巽〇
　　　全全全全　刀早孝岳
八音　全全全全　毛寶報霍

六聲　■□耳■　兔兔兔兔
　　　■□二■　兔兔兔兔
　　　■莊震■　兔兔兔兔
十一音　■乍□■　兔兔兔兔
六聲　■叉赤■　兔兔兔兔
　　　■崇辰■　兔兔兔兔
　　　■卓中■　兔兔兔兔
十二音　■宅直■　兔兔兔兔
六聲　■坼丑■　兔兔兔兔
　　　■茶呈■　兔兔兔兔

去聲翕唱呂四之七

　　　古甲九癸　〇〇〇〇
一音　□□近揆　〇〇〇〇
七聲　坤巧丘弃　〇〇〇〇
　　　□□乾虯　〇〇〇〇
　　　黑花香血　〇〇〇〇
二音　黃華雄賢　〇〇〇〇

四聲

全全全全　牛斗奏六
全全全全　〇〇〇玉
全全全全　妻子四日

八音

全全全全　衰〇帥骨

五聲

全全全全　〇〇〇德
全全全全　龜水貴北
全全全全　宮孔衆〇

八音

全全全全　龍甬用〇

六聲

全全全全　魚鼠去〇
全全全全　烏虎兔〇
全全全全　心審禁〇

八音

全全全全　〇〇〇十

七聲

全全全全　男坎欠〇
全全全全　〇〇〇妾
全全全全　●●●●

八音

全全全全　●●●●

七聲

五瓦仰□　〇〇〇〇
吾牙月堯　〇〇〇〇
安亞乙一　〇〇〇〇

三音

□爻王寅　〇〇〇〇

七聲

母馬美米　〇〇〇〇
目皃眉民　〇〇〇〇
夫法□飛　〇〇〇〇

四音

父凡□吠　〇〇〇〇

七聲

武晚□尾　〇〇〇〇
文万□未　〇〇〇〇
卜百丙必　〇〇〇〇

五音

步白葡鼻　〇〇〇〇

七聲

普朴品匹　〇〇〇〇
旁排平瓶　〇〇〇〇
東丹帝■　〇〇〇〇

六音

兑大弟■　〇〇〇〇

八聲　全全全全　●●●●

全全全全　●●●●

全全全全　●●●●

八音　全全全全　●●●●

九聲　全全全全　●●●●

全全全全　●●●●

全全全全　●●●●

八音　全全全全　●●●●

十聲　全全全全　●●●●

全全全全　●●●●

收音濁和律四之九

□□□□　多可个舌

九音　□□□□　禾火化八

一聲　□□□□　開宰愛○

□□□□　回每退○

□□□□　良兩向○

九音　□□□□　光廣況○

七聲　土貪天■　○○○○

同覃田■　○○○○

乃妳女■　○○○○

七音　内南年■　○○○○

七聲　老冷吕■　○○○○

鹿犖离■　○○○○

走哉足■　○○○○

八音　自在匠■　○○○○

七聲　草采七■　○○○○

曹才全■　○○○○

思三星■　○○○○

九音　寺□象■　○○○○

七聲　□□□■　○○○○

□□□■　○○○○

■山手■　○○○○

十音　■士石■　○○○○

二聲 □□□□ 丁井亘○
□□□□ 兄永瑩○
□□□□ 千典亘○
九音 □□□□ 元犬半○
三聲 □□□□ 臣引艮○
□□□□ 君允巽○
□□□□ 刀早孝岳
九音 □□□□ 毛寶報霍
四聲 □□□□ 牛斗奏六
□□□□ ○○○玉
□□□□ 妻子四日
九音 □□□□ 衰○帥骨
五聲 □□□□ ○○○德
□□□□ 龜水貴北
□□□□ 宮孔衆○
九音 □□□□ 龍甬用○

七聲 ■□耳■ ○○○○
■□二■ ○○○○
■莊震■ ○○○○
十一音 ■乍□■ ○○○○
七聲 ■叉赤■ ○○○○
■崇辰■ ○○○○
■卓中■ ○○○○
十二音 ■宅直■ ○○○○
七聲 ■坼丑■ ○○○○
■茶呈■ ○○○○

去聲翕唱呂四之八

古甲九癸 ●●●●
一音 □□近揆 ●●●●
八聲 坤巧丘弃 ●●●●
□□乾虯 ●●●●
黑花香血 ●●●●
二音 黄華雄賢 ●●●●

六聲 □□□□ 魚鼠去○
□□□□ 烏虎兔○
□□□□ 心審禁○
九音 □□□□ ○○○十
七聲 □□□□ 男坎欠○
□□□□ ○○○妾
□□□□ ●●●●
九音 □□□□ ●●●●
八聲 □□□□ ●●●●
□□□□ ●●●●
□□□□ ●●●●
九音 □□□□ ●●●●
九聲 □□□□ ●●●●
□□□□ ●●●●
□□□□ ●●●●
九音 □□□□ ●●●●

八聲 五瓦仰□ ●●●●
吾牙月堯 ●●●●
安亞乙一 ●●●●
三音 □爻王寅 ●●●●
八聲 母馬美米 ●●●●
目皃眉民 ●●●●
夫法□飛 ●●●●
四音 父凡□吠 ●●●●
八聲 武晚□尾 ●●●●
文万□未 ●●●●
卜百丙必 ●●●●
五音 步白葡鼻 ●●●●
八聲 普朴品匹 ●●●●
旁排平瓶 ●●●●
東丹帝■ ●●●●
六音 兑大弟■ ●●●●

十聲 □□□□ ●●●●

□□□□ ●●●●

收音濁和律四之十

二二二二 多可个舌

十音 二二二二 禾火化八

一聲 二二二二 開宰愛○

二二二二 回每退○

二二二二 良兩向○

十音 二二二二 光廣況○

二聲 二二二二 丁井亘○

二二二二 兄永瑩○

二二二二 千典旦○

十音 二二二二 元犬半○

三聲 二二二二 臣引艮○

二二二二 君允巽○

二二二二 刀早孝岳

十音 二二二二 毛寶報霍

八聲 土貪天■ ●●●●

同覃田■ ●●●●

乃妳女■ ●●●●

七音 內南年■ ●●●●

八聲 老冷呂■ ●●●●

鹿犖离■ ●●●●

走哉足■ ●●●●

八音 自在匠■ ●●●●

八聲 草采七■ ●●●●

曹才全■ ●●●●

思三星■ ●●●●

九音 寺□象■ ●●●●

八聲 □□□■ ●●●●

□□□■ ●●●●

■山手■ ●●●●

十音 ■士石■ ●●●●

四聲 三三三二 牛斗奏六

三三三二 ○○○玉

三三三二 妻子四日

十音 三三三二 衰○帥骨

五聲 三三三二 ○○○德

三三三二 龜水貴北

三三三二 宮孔衆○

十音 三三三二 龍甬用○

六聲 三三三二 魚鼠去○

三三三二 烏虎兔○

三三三二 心審禁○

十音 三三三二 ○○○十

七聲 三三三二 男坎欠○

三三三二 ○○○妾

三三三二 ●●●●

十音 三三三二 ●●●●

八聲 ■□耳■ ●●●●

■□二■ ●●●●

■莊震■ ●●●●

十一音 ■乍□■ ●●●●

八聲 ■叉赤■ ●●●●

■崇辰■ ●●●●

■卓中■ ●●●●

十二音 ■宅直■ ●●●●

八聲 ■坼丑■ ●●●●

■茶呈■ ●●●●

去聲翕唱呂四之九

古甲九癸 ●●●●

一音 □□近揆 ●●●●

九聲 坤巧丘弃 ●●●●

□□乾虯 ●●●●

黑花香血 ●●●●

二音 黃華雄賢 ●●●●

八聲 二二二二 ●●●●
二二二二 ●●●●
二二二二 ●●●●
十音 二二二二 ●●●●
九聲 二二二二 ●●●●
二二二二 ●●●●
二二二二 ●●●●
十音 二二二二 ●●●●
十聲 二二二二 ●●●●
二二二二 ●●●●

收音濁和律四之十一

辰辰辰辰 多可个舌
十一音 辰辰辰辰 禾火化八
一聲 辰辰辰辰 開宰愛○
辰辰辰辰 回每退○
辰辰辰辰 良兩向○
十一音 辰辰辰辰 光廣況○

九聲 五瓦仰□ ●●●●
吾牙月堯 ●●●●
安亞乙一 ●●●●
三音 □爻王寅 ●●●●
九聲 母馬美米 ●●●●
目皃眉民 ●●●●
夫法□飛 ●●●●
四音 父凡□吠 ●●●●
九聲 武晚□尾 ●●●●
文万□未 ●●●●
卜百丙必 ●●●●
五音 步白葡鼻 ●●●●
九聲 普朴品匹 ●●●●
旁排平瓶 ●●●●
東丹帝■ ●●●●
六音 兑大弟■ ●●●●

二聲

辰辰辰辰　丁井亘○
辰辰辰辰　兄永瑩○
辰辰辰辰　千典旦○

十一音

辰辰辰辰　元犬半○

三聲

辰辰辰辰　臣引艮○
辰辰辰辰　君允巽○
辰辰辰辰　刀早孝岳

十一音

辰辰辰辰　毛寶報霍

四聲

辰辰辰辰　牛斗奏六
辰辰辰辰　○○○玉
辰辰辰辰　妻子四日

十一音

辰辰辰辰　衰○帥骨

五聲

辰辰辰辰　○○○德
辰辰辰辰　龜水貴北
辰辰辰辰　宮孔衆○

十一音

辰辰辰辰　龍甬用○

九聲

土貪天■　●●●●
同覃田■　●●●●
乃妳女■　●●●●

七音

内南年■　●●●●

九聲

老冷吕■　●●●●
鹿犖离■　●●●●
走哉足■　●●●●

八音

自在匠■　●●●●

九聲

草采七■　●●●●
曹才全■　●●●●
思三星■　●●●●

九音

寺□象■　●●●●

九聲

□□□■　●●●●
□□□■　●●●●
■山手■　●●●●

十音

■士石■　●●●●

六聲　辰辰辰辰　魚鼠去○
　　　辰辰辰辰　烏虎兔○
　　　辰辰辰辰　心審禁○
十一音　辰辰辰辰　○○○十
七聲　辰辰辰辰　男坎欠○
　　　辰辰辰辰　○○○妾
　　　辰辰辰辰　●●●●
十一音　辰辰辰辰　●●●●
八聲　辰辰辰辰　●●●●
　　　辰辰辰辰　●●●●
　　　辰辰辰辰　●●●●
十一音　辰辰辰辰　●●●●
九聲　辰辰辰辰　●●●●
　　　辰辰辰辰　●●●●

九聲　■□耳■　●●●●
　　　■□二■　●●●●
　　　■莊震■　●●●●
十一音　■乍□■　●●●●
九聲　■叉赤■　●●●●
　　　■崇辰■　●●●●
　　　■卓中■　●●●●
十二音　■宅直■①　●●●●
九聲　■坼丑■　●●●●
　　　■茶呈■　●●●●

去聲翕唱呂四之十

　　　古甲九癸　●●●●
一音　□□近揆　●●●●
十聲　坤巧丘弃　●●●●
　　　□□乾虯　●●●●

① 「直」，原作「道」，據四庫本改。

辰辰辰辰 ●●●●

十一音 辰辰辰辰 ●●●●

十聲 辰辰辰辰 ●●●●

辰辰辰辰 ●●●●

收音濁和律四之十二

呈呈呈呈 多可个舌

十二音 呈呈呈呈 禾火化八

一聲 呈呈呈呈 開宰愛○

呈呈呈呈 回每退○

呈呈呈呈 良兩向○

十二音 呈呈呈呈 光廣況○

二聲 呈呈呈呈 丁井亘○

呈呈呈呈 兄永瑩○

呈呈呈呈 千典旦○

十二音 呈呈呈呈 元犬半○

三聲 呈呈呈呈 臣引艮○

呈呈呈呈 君允巽○

黑花香血 ●●●●

二音 黃華雄賢 ●●●●

十聲 五瓦仰□ ●●●●

吾牙月堯 ●●●●

安亞乙一 ●●●●

三音 □爻王寅 ●●●●

十聲 母馬美米 ●●●●

目皃眉民 ●●●●

夫法□飛 ●●●●

四音 父凡□吠 ●●●●

十聲 武晚□尾 ●●●●

文万□未 ●●●●

卜百丙必 ●●●●

五音 步白葡鼻 ●●●●

十聲 普朴品匹 ●●●●

旁排平瓶 ●●●●

呈呈呈呈 刀早孝岳

十二音　四聲

呈呈呈呈 毛寶報霍
呈呈呈呈 牛斗奏六
呈呈呈呈 ○○○玉
呈呈呈呈 妻子四日

十二音　五聲

呈呈呈呈 衰○帥骨
呈呈呈呈 ○○○德
呈呈呈呈 龜水貴北
呈呈呈呈 宮孔衆○

十二音　六聲

呈呈呈呈 龍甬用○
呈呈呈呈 魚鼠去○
呈呈呈呈 烏虎兔○
呈呈呈呈 心審禁○

十二音　七聲

呈呈呈呈 ○○○十
呈呈呈呈 男坎欠○
呈呈呈呈 ○○○妾

東丹帝■ ●●●●

六音　十聲

兑大弟■ ●●●●
土貪天■ ●●●●
同覃田■ ●●●●
乃妳女■ ●●●●

七音　十聲

內南年■ ●●●●
老冷吕■ ●●●●
鹿犖离■ ●●●●
走哉足■ ●●●●

八音　十聲

自在匠■ ●●●●
草采七■ ●●●●
曹才全■ ●●●●
思三星■ ●●●●

九音　十聲

寺□象■ ●●●●
□□□■ ●●●●
□□□■ ●●●●

呈呈呈呈　●●●●

十二音　呈呈呈呈　●●●●

八聲　呈呈呈呈　●●●●

呈呈呈呈　●●●●

呈呈呈呈　●●●●

十二音　呈呈呈呈　●●●●

九聲　呈呈呈呈　●●●●

呈呈呈呈　●●●●

呈呈呈呈　●●●●

十二音　呈呈呈呈　●●●●

十聲　呈呈呈呈　●●●●

呈呈呈呈　●●●●

■山手■　●●●●

十音　■士石■　●●●●

十聲　■□耳■　●●●●

■□二■　●●●●

■莊震■　●●●●

十一音　■乍□■　●●●●

十聲　■叉赤■　●●●●

■崇辰■　●●●●

■卓中■　●●●●

十二音　■宅直■　●●●●

十聲　■坼丑■　●●●●

■茶呈■　●●●●